Giftgesetz der DDR

— Rechtsvorschriften mit Kommentar —

GIFTGESETZ DER DDR

Rechtsvorschriften mit Kommentar

Herausgegeben und bearbeitet von

Dr. rer. nat. Horst Paulenz

und

Peter Elstner

Mit 25 Abbildungen und 7 Tabellen

AKADEMIE-VERLAG · BERLIN 1980

Mitarbeiter:

PhR Eva Höbold

Dr. rer. nat. Ernst Rickelt

Manfred Sattler

Dr. sc. nat. Ursula Stephan

Dr. rer. nat. Wolfgang Wiedner

Redaktionsschluß: 31. 12. 1979

Erschienen im Akademie-Verlag, DDR-1080 Berlin, Leipziger Straße 3—4

Lizenznummer: 202 · 100/521/80
Gesamtherstellung: VEB Druckerei „Thomas Müntzer", 5820 Bad Langensalza
Einband: Annemarie Wagner
Bestellnummer: 762 682 8 (6537) · LSV 1204, 2064, 2934, 1314
Printed in GDR
DDR 18,— M

Inhalt

Anlage:

Verzeichnis der Rechtsvorschriften

Vorwort

Der wissenschaftlich-technische Fortschritt führt in der chemischen Industrie und in den anderen Zweigen der Volkswirtschaft zur ständigen Entwicklung neuer chemischer Stoffe. Gegenwärtig finden in der Welt rund eine halbe Million chemischer Substanzen Anwendung, von denen etwa 100000 als potentielle Giftstoffe in Betracht kommen.

Der Kreis der Bürger, der im Arbeitsprozeß und im privaten Bereich mit chemischen Stoffen in Berührung kommt, die eine Gefährdung ihrer Gesundheit mit sich bringen können, wird damit ständig größer.

Diese Stoffe können aber auch die Tier- und Pflanzenwelt schädigen oder die Umwelt beeinträchtigen, wie Beispiele nicht ordnungsgemäßer Beseitigung toxischer Abprodukte beweisen. Im Interesse des Gesundheitsschutzes der Bürger ist es daher notwendig, den gefahrlosen Umgang mit derartigen chemischen Stoffen, die gleichzeitig Gifte sind, gesetzlich zu regeln. Das vorliegende Giftgesetz ordnet sich ein in den Rahmen bereits erlassener Rechtsbestimmungen zum Schutz des Menschen, der Tier- und Pflanzenwelt. Seine richtige und konsequente Anwendung wird das humanistische Grundanliegen unseres sozialistischen Staates — Sorge um den Menschen sowie Erhaltung und Förderung seiner Gesundheit und Leistungsfähigkeit — verwirklichen helfen.

Möge die Kommentierung des Giftgesetzes dieses Grundanliegen verdeutlichen und für die staatlichen Leiter, die Giftbeauftragten und alle Werktätigen, die mit Giften umgehen eine Unterstützung bei ihrer verantwortungsvollen Tätigkeit zur Verwirklichung des gefahrlosen Umganges mit giftigen Stoffen sein.

Berlin, im November 1978 — Die Verfasser

Einleitung

Der wissenschaftlich-technische Fortschritt führt in zunehmendem Maße zu einer Chemisierung der Volkswirtschaft und vieler anderer Bereiche. Durch die chemische Industrie sowie die anderen Zweige der Volkswirtschaft wurden und werden zahlreiche Substanzen und Stoffe entwickelt, die, werden sie unkontrolliert angewendet, eine gesundheitsschädigende Wirkung gegenüber den Menschen sowie der Tier- und Pflanzenwelt haben können.

Trotzdem ist die Entwicklung solcher Stoffe notwendig, um das materielle und kulturelle Lebensniveau unserer Bürger zu erhöhen. Nicht nur in der Industrie und in der Landwirtschaft zeigt sich diese Entwicklung, sondern auch wichtige Haushaltschemikalien und Dinge des täglichen Bedarfs werden zum Teil unter der Verwendung von Stoffen hergestellt, deren Zwischenprodukte die menschliche Gesundheit schädigen können. So werden viele Plastgegenstände aus Polyvinylchlorid (PVC) hergestellt, einem Produkt des giftigen Vinylchlorids, das durch die Verarbeitung jedoch seinen giftigen Charakter völlig verliert.

In der sozialistischen Landwirtschaft vollzieht sich auf der Grundlage der Intensivierung der schrittweise Übergang zur industriemäßigen Produktion. Dies wird u. a. durch die zunehmende Anwendung von Mineraldüngern, Pflanzenschutz- und Vorratsschutzmitteln und Mittel zur Steuerung biologischer Prozesse erreicht. Ohne den Einsatz der Pflanzenschutz- und Vorratsschutzmittel ist es kaum möglich, die durch Schaderreger und Schädlinge verursachten Verluste an Erntegütern zu verringern, die insgesamt noch immer etwa ein Drittel der Welternte ausmachen. Hinzu kommt die Anwendung von Pflanzenschutzmitteln im Bereich der Forstwirtschaft, sowie von Holzschutzmitteln in der holzverarbeitenden Industrie und im privaten Sektor.

Bekannt ist auch, daß eine unsachgemäße Ablagerung von gifthaltigen Stoffen zu einer Gefährdung des Grundwassers und damit zu Gesundheitsschäden oder volkswirtschaftlichen Verlusten führen kann.

Nahezu alle der zu den genannten Zwecken und für andere Anwendungsgebiete der Volkswirtschaft entwickelten chemischen Stoffe sowie die daraus hergestellten chemisch-technischen Erzeugnisse können — wenn sie falsch oder kritiklos angewendet werden — als Gifte wirken, gibt es doch streng genommen keine ungiftigen Substanzen, wie bereits PARACELSUS (1493—1541) feststellte:

Alle Dinge sind Gifte,
und nichts ist ohne Gift,
allein die Dosis macht,
daß ein Ding kein Gift ist.

Waren es in früheren Jahrhunderten meist den Einzelnen treffende Unfälle oder auch beabsichtigte Handlungen, wie Mord und Selbstmord, so bestehen heute erhöhte Gefährdungsmöglichkeiten für eine Vielzahl von Menschen. Am Beispiel der Pflanzenschutzmittel und Mittel zur Steuerung biologischer Prozesse sei die Entwicklung der letzten Jahre aufgezeigt. So gab es im Jahre 1960 in der DDR auf diesem Gebiet 34 Wirkstoffe, aus denen etwa 150 Präparate hergestellt wurden. Im Jahre 1977 waren bereits 132 Wirkstoffe im Einsatz, die in mehr als 270 Präparaten enthalten waren. Der Gutachterausschuß zur Einstufung von Giften hatte im ersten Halbjahr 1978 bereits 6 neue Wirkstoffe zu klassifizieren. Die Weltgesundheitsorganisation schätzt die Situation auf dem Gebiet chemischer Stoffe so ein, daß derzeit etwa 4 Millionen definierter chemischer Stoffe aus natürlichen Produkten isoliert oder synthetisiert wurden, von denen ca. 60000 im täglichen Leben Anwendung finden. Über 1500 dieser chemischen Stoffe sind Bestandteile von Pflanzenschutzmitteln, etwa 4000 werden in Arzneimitteln angewandt und ca. 5500 sind Lebensmittelzusatzstoffe.

Im Interesse des Gesundheitsschutzes der Bürger ist es daher notwendig, daß der gefahrlose Umgang mit giftigen Stoffen in der Industrie, der Landwirtschaft und in anderen Bereichen, im Handel und im Haushalt sowie die Beseitigung von nicht mehr nutzbaren gifthaltigen Abprodukten gesetzlich geregelt wird.

Das Giftgesetz aus dem Jahre 1950 reichte nicht mehr aus, um den Gesundheitsschutz der Bürger angesichts der zunehmenden Chemisierung zu gewährleisten.

Zum damaligen Zeitpunkt wurden relativ wenig chemische Stoffe verwendet. Daher erstreckte sich der Geltungsbereich des Gesetzes aus dem Jahre 1950 vorrangig auf den Umgang und die Abgabe von Giften im Bereich des Handels. Der große Sektor der industriellen Verarbeitung, der Lagerung und der schadlosen Beseitigung nicht mehr nutzbarer Gifte war zunehmend unzureichend erfaßt. Seit dieser Zeit aber haben die Werktätigen in den mehr als 10000 Betrieben, Kombinaten und Einrichtungen der Republik, in denen mit Giften umgegangen wird, dennoch dem Anliegen des Gesundheitsschutzes Rechnung getragen. Mehr als 12000 Giftverantwortliche waren in Industrie und Handel, in den Bereichen der Volksbildung, des Hoch- und Fachschulwesens, der Forschungsinstitute sowie in anderen Einrichtungen eingesetzt.

In vielen Betrieben und Einrichtungen, in denen Umgang mit Giften erfolgt, sind spezifische Fragen des Verkehrs mit diesen Stoffen Bestandteil des Kampfes um den Titel „Betrieb der vorbildlichen Ordnung und Sicherheit".

Das alte Giftgesetz genügte nicht mehr der gesellschaftlichen Entwicklung in unserer Republik, noch entsprach es den internationalen Entwicklungstendenzen. Der ständigen Steigerung des Umganges mit giftigen Stoffen in den Industriebereichen wurden die Festlegungen über die Verantwortung der Betriebe und Einrichtungen nicht mehr gerecht.

Durch die ständige Entwicklung neuer chemischer Stoffe konnte das Verzeichnis der Gifte im Giftgesetz von 1950 nicht mehr dem jeweils aktuellen Stand angeglichen werden. Das neue Giftgesetz bietet die Möglichkeit, das Verzeichnis der Gifte zu ergänzen bzw. zu ändern.

Die geringe Anpassungsfähigkeit des alten Giftverzeichnisses war zuweilen die Ursache dafür, daß in der Volkswirtschaft mit neu synthetisierten oder importierten Stoffen umgegangen wurde, die zwar giftig, aber nicht im Verzeichnis des Giftgesetzes ausgewiesen waren. Diese Tatsache, die ungenügende Kenntnis mancher Werktätiger über giftige Stoffe und der unsachgemäße Umgang mit Giften führte zu vermeidbaren Arbeitsunfällen mit einer durchschnittlichen Arbeitsunfähigkeit von über 10 Tagen.

Zur Anwendung gesundheitlicher Gefahren bei möglichen Vergiftungen wurden toxikologische Beratungsdienste in der Hauptstadt Berlin und in den Bezirksstädten Dresden, Erfurt, Halle, Leipzig, Magdeburg und Rostock sowie in Greifswald und Jena geschaffen, von denen die Beratungsdienste in Berlin, Leipzig, Magdeburg und Rostock Tag und Nacht besetzt sind.

Seit Mitte der 60iger Jahre werden diese relativ gleichmäßig mit jährlich ca. 3000 Anfragen bei Vergiftungsfällen in Anspruch genommen.

Diese toxikologischen Beratungsdienste konnten jedoch nicht voll wirksam werden, da die Auskunftspflicht der Betriebe gegenüber diesen Einrichtungen nicht gesetzlich geregelt war und ein entsprechender zentraler toxikologischer Auskunftsdienst fehlte.

Den möglichen gesundheitlichen Gefahren bei strafbaren Handlungen entsprachen im Hinblick auf die hohe Giftigkeit der Stoffe nicht mehr die im alten Giftgesetz vorgesehenen strafrechtlichen Sanktionen.

So konnten Strafen im wesentlichen erst dann ausgesprochen werden, wenn bereits Vergiftungen aufgetreten waren. In diesen Sinne konnten vorbeugende Maßnahmen nicht in erforderlichem Umfange durchgesetzt werden.

Mit dem Giftgesetz des Jahres 1950 wurde nur der Schutz des Menschen beim direkten Umgang mit giftigen Stoffen geregelt und dabei außer Acht gelassen, daß der Schutz der Tier- und Pflanzenwelt direkt und indirekt für den Schutz des Menschen erforderlich ist. Das vorliegende Gesetz ergänzt die in den letzten Jahren erlassenen Rechtsbestimmungen zum Schutz des Menschen, der Tier-

und Pflanzenwelt. Das Gesetz über den Verkehr mit Giften stellt in seiner Schutzfunktion für den Bürger und die Umwelt die Grundkodifikation dar. Es kann jedoch nicht den gesamten Komplex der Schadstoffe erfassen. Daher bilden analoge Gesetze mit entsprechender Schutzfunktion, wie das Arzneimittelgesetz, das Suchtmittelgesetz, das Lebensmittelgesetz, das Wassergesetz, das Landeskulturgesetz und das Atomenergiegesetz, das den Umgang mit radioaktiven Stoffen regelt, die notwendigen Verpflechtungen zum Giftgesetz. Zu all diesen gesetzlichen Bestimmungen wurde eine Vielzahl spezifischer Regelungen in den jeweiligen Volkswirtschaftsbereichen erlassen. Hierzu gehören auch die staatlichen Standards, Arbeitsschutzanordnungen und weitere Regelungen zum Schutze der Werktätigen.

In Übereinstimmung mit bereits bestehenden Gesetzen und anderen Rechtsvorschriften wurde im vorliegenden Gesetz die Verantwortung der Leiter der staatlichen und wirtschaftsleitenden Organe, der Betriebe, Kombinate und Einrichtungen sowie der Vorstände der Genossenschaften für eine hohe Ordnung und Sicherheit im Verkehr mit Giften wesentlich erhöht. Sie werden insbesondere verpflichtet, durch eine straffe Kontrolle die Rechtsvorschriften konsequent zu verwirklichen sowie alle erforderlichen Maßnahmen zur Verhinderung und Bekämpfung von Havarien zu treffen.

Der Gegenstand des neuen Gesetzes über den Verkehr mit Giften wird durch wissenschaftliche Kriterien bestimmt, so daß entsprechend dem Grad der Gefährlichkeit für das Leben und die Gesundheit der Menschen auf der Grundlage dieser Kriterien eine klare und eindeutige Einstufung der Gifte möglich ist.

Die Minister und Leiter anderer zentraler Staatsorgane haben zu sichern, daß die in ihrem Bereich hergestellten chemischen Stoffe nach diesen Kriterien geprüft werden. Sie sind dafür verantwortlich, daß mit chemischen Stoffen, bei denen anzunehmen ist, daß es sich um Gifte handelt, auch vor ihrer Einstufung so umgegangen wird, daß eine Gesundheitsgefährdung und mißbräuchliche Verwendung ausgeschlossen ist.

Bei der Festlegung der Einstufungskriterien wurden die Vorarbeiten zur Schaffung eines einheitlichen Giftpasses für die RGW-Mitgliedsländer und UNO-Empfehlungen berücksichtigt. Die Grundsätze zur Einstufung und zum Umgang mit Giften erleichtern die Zusammenarbeit mit den sozialistischen Bruderländern auf diesem Gebiet.

Die Einteilung der Gifte in nicht mehr drei Abteilungen, sondern in zwei Abteilungen

hochgiftige Stoffe — Gifte der Abteilung 1
giftige Stoffe — Gifte der Abteilung 2

folgt ebenfalls internationalen Entwicklungen. Dies läßt beim Umgang mit Giften klarere Regelungen als bisher zu und ermöglichst die notwendige Konzentration auf die Kontrolle des Verkehrs mit hochgiftigen Stoffen.

Zum Schutze des Menschen und seiner Umwelt wurde der Geltungsbereich des neuen Giftgesetzes auf die schadlose Beseitigung nicht mehr nutzbarer Gifte ausgedehnt. Damit erstreckt sich die Verantwortlichkeit der Leiter der Betriebe und Einrichtungen auch auf die Beseitigung giftiger Stoffe.

Die Verfahrensweise der schadlosen Beseitigung der Gifte bzw. gifthaltigen Abprodukte wird in der 2. Durchführungsbestimmung zur 6. Durchführungsverordnung zum Landeskulturgesetz geregelt, die insgesamt die Beseitigung toxischer Abprodukte zum Inhalt hat. Im Gegensatz zu den kapitalistischen Staaten, in denen durch das Streben nach Profit die Erfordernisse des Gesundheitsschutzes vielfach auf das gröblichste mißachtet werden, wie dies Giftmüllskandale in der BRD oder Havarien durch Mißachtung der erforderlichen Sicherheitsbestimmungen in Italien gezeigt haben, ist der Gesundheitsschutz der Werktätigen in unserem sozialistischen Staat eine gesamtgesellschaftliche Aufgabe. Mit dem vorliegenden Gesetz wird diesen Erfordernissen beim Umgang mit Giften auch rechtlich Rechnung getragen.

In das vorliegende Gesetz sind bewährte Bestimmungen übernommen worden, andererseits wurden viele Fragen völlig neu geregelt. So sind die Stellung, Aufgaben und Befugnisse der Giftbeauftragten in ihrer Funktion als Beauftragte der Leiter der Betriebe und Einrichtungen erstmalig und eindeutig festgelegt. Ihnen obliegt eine hohe Verantwortung für den ordnungsgemäßen Umgang mit Giften. Sie erhielten die Befugnis, hierfür die erforderlichen Weisungen zu erteilen und bei Gefahren für Leben und Gesundheit der Menschen und der Nutztiere Sofortmaßnahmen einzuleiten.

Mit dem vorliegenden Gesetz wurden neue wissenschaftliche und gesundheitliche Erkenntnisse zum Wohle der Werktätigen rechtlich gefaßt. Es dient der weiteren Vervollkommnung des Gesundheitsschutzes und des Schutzes der natürlichen Umwelt und ihrer Gestaltung im Interesse der ständigen Verbesserung der Arbeits- und Lebensbedingungen der Werktätigen unter Nutzung der Vorzüge des Sozialismus. Es steht in Übereinstimmung mit dem humanistischen Anliegen sozialistischer Politik, alles zu tun zum Wohle unseres Volkes.

Grundsätze

Die Grundsätze des Verkehrs mit Giften werden in den §§ 1—3 des Giftgesetzes dargelegt.

Gesetz

§ 1

(1) Gifte im Sinne dieses Gesetzes sind chemische Stoffe (Elemente, Verbindungen, Gemische) die durch ihre toxische Wirkung im lebenden Organismus vorübergehend oder bleibend Gesundheitsschädigungen verursachen oder den Tod herbeiführen können. Radioaktive Stoffe sind nicht Gifte im Sinne dieses Gesetzes.

Einige Beispiele sollen den Begriff des „chemischen Stoffes" im Sinne des Giftgesetzes näher erläutern helfen. So werden z. B. Chlor und Brom als Elemente verstanden, die beide in die Giftabteilung 2 eingestuft wurden. In die Gruppe der chemischen Verbindungen gehören die meisten der im Verzeichnis der Gifte aufgeführten Stoffe. Die Anführung von Beispielen ist daher entbehrlich.

Unter Gemischen sind zwei oder mehrere miteinander vermischte Stoffe (Elemente, Verbindungen) zu verstehen. Giftige Gemische können gasförmig, fest bzw. flüssig sein. Zu der letztgenannten Gruppe gehören u. a. die Säuren und Laugen, die in die Giftabteilung 2 eingestuft wurden.

Nicht chemische Stoffe im Sinne des Giftgesetzes sind jene Produkte, die durch Umwandlung giftiger Stoffe entstanden sind und dabei ihre giftigen Eigenschaften verloren haben. Bei dieser Betrachtungsweise muß die Einschränkung „im Sinne des Giftgesetzes" Beachtung finden, denn im weiteren Sinne sind natürlich alle Stoffe letztendlich chemischer Natur.

Einige Beispiele sollen das verdeutlichen.

— Vinylchlorid als chemische Verbindung ist ein Gift der Abteilung 2. Auch Gemische mit Vinylchloridanteil können Gifte darstellen. Das Polymere, Polyvinylchlorid (PVC) jedoch, stellt kein Gemisch im Sinne des Giftgesetzes dar. Seine ursprünglich toxischen Eigenschaften gehen beim Polymerisationsprozeß verloren. Demnach ist keine Tatsache gegeben, das Polymere als Gift einzustufen. Daraus gefertigte Halbzeuge und Produkte unterliegen dann ebenfalls nicht mehr der Giftgesetzgebung. Je nach dem für welchen Anwendungszweck ein PVC-Granulat eingesetzt wird, unterliegt es den jeweiligen gesetzlichen Regelungen. Werden z. B. Bedarfsgegenstände daraus gefertigt, gelten die Bestimmungen des Lebensmittelgesetzes vom 30. November 1962 (GBl. I Nr. 12 S. 111). Plastwerkstoffe und Plastformstoffe sind nicht als Gemische im Sinne des Giftgesetzes anzusehen. Für Bedarfsgegenstände unterliegen sie einer gesonderten Rechtsbestimmung (AO vom 20. Juni 1967, GBl.-Sdr. Nr. 553) Eine tierexperimentell-toxikologische Untersuchung von Plast-Granulaten ist direkt gar nicht möglich. Das Granulat müßte vor einer Applikation entsprechend zerkleinert oder mikronisiert werden. Durch eine Mikronisierung aber kann sich die toxische Wirkung und damit die Aussage grundlegend ändern.

— In der Polyurethanchemie werden als B-Komponenten Isocyanate eingesetzt. Die bisher entwickelten Isocyanate sind als chemisch reine Verbindungen den Giftabteilungen 1 bzw. 2 zugeordnet worden. Zu den Anwendern gelangen jedoch u. a. vorvernetzte Prepolymere, die die gewünschten chemischen Eigenschaften der Isocyanate besitzen, jedoch gar nicht oder sehr gering toxisch sind. Die aus den A-Komponenten (SYStolen) und den B-Konponenten (SYStanaten) hergestellten Polyurethan-Schäume bzw. Polyurethanformteile stellen keine Gemische dar. Durch den Polyadditionsprozeß entstehen ungiftige Produkte, die mit den giftigen Isocyanaten lediglich von der chemischen Struktur her gewisse Gemeinsamkeiten besitzen.

— Erzeugnisse, wie Verstärkerröhren, Bildröhren, Leuchtstoffröhren, Geräte der Mikroelektronik u. s. w., die chemische Stoffe, die als Gifte eingestuft sind, enthalten, werden selbstverständlich nicht den Festlegungen des Giftgesetzes unterworfen. In Zweifelsfällen entscheidet der Minister für Gesundheitswesen über die Einstufung bzw. Nichteinstufung.

Der Verkehr mit radioaktiven Stoffen wurde aus dem Geltungsbereich dieser Rechtsvorschrift herausgenommen, da hierfür eigenständige gesetzliche Regelungen Gültigkeit haben.

§ 1

(2) Der Minister für Gesundheitswesen legt Kriterien fest, nach denen chemische Stoffe zu prüfen und entsprechend dem Grad der Gefährlichkeit für das Leben und die Gesundheit der Menschen in hochgiftige Stoffe (Gifte der Abteilung 1) und giftige Stoffe (Gifte der Abteilung 2) einzustufen sind.

Die Einteilung chemischer Stoffe entsprechend dem Grad der Giftwirkung findet erstmalig in einem Giftgesetz eine wissenschaftliche Basis. Das Tierexperiment muß hier in der Mehrzahl der Fälle die erforderlichen Daten liefern. Die Vorschriften für die tierexperimentell — toxikologische Prüfung wurden unter Heranziehung von Materialien der Weltgesundheitsorganisation (WHO) und der Grenzwertkommission der UdSSR erarbeitet. Die toxische Wirkung eines Stoffes wird im Sinne des Giftgesetzes nur im Hinblick auf seine akute, also sofortige Wirkung und in Erweiterung auf seine subchronische Wirkung, d. h. bei mehrfacher Gabe innerhalb einer festgesetzten Zeit bestimmt. Es muß hier ausdrücklich darauf hingewiesen werden, daß spezielle toxische Wirkungen, wie Mutagenität (erbschädigende Wirkung), Kanzerogenität (krebserregende Wirkung) u. a. keine toxikologischen Aussagen im Sinne des Giftgesetzes darstellen. Das Giftgesetz will und kann nicht Fragen der gesundheitlichen Unbedenklichkeit von Stoffen, Fragen des Arbeitsschutzes bzw. der Arbeitsmedizin beantworten.

Das Tierexperiment ist so aufgebaut, daß weitgehend alle Möglichkeiten des Kontaktes mit dem chemischen Stoff erfaßt sind. Die orale Aufnahme eines Stoffes, also das Verschlucken, Trinken oder Essen, die inhalative Aufnahme durch das Atmen sowie die perkutane Aufnahme durch Hautkontakt mit dem chemischen Stoff gehören zu den Eintrittsmöglichkeiten, auf denen ein giftiger Stoff in den Organismus gelangen kann.

Einer der 4 Versuchsansätze, die im § 1 Absätze 2 und 3 der 1. Durchführungsbestimmung vorgegeben sind, muß dabei mindestens gewählt werden. In speziellen Fällen kann der Gutachterausschuß zur Einstufung von Giften das Einstufungsverfahren von der Durchführung verschiedener Tests abhängig machen.

Die akuten Tests dienen der Bestimmung der letalen Dosis (LD_{50}), d. h. der Dosis, bei der 50% der Versuchstiere verenden. Der Beobachtungszeitraum bei akuten Tests unterscheidet sich grundsätzlich von dem anderer Tests. Es muß hier festgestellt werden, daß eine Methodenstandardisierung in der DDR bisher noch nicht vorlag. Das Giftgesetz versucht durch entsprechende Vorgaben diesen Mangel zu überwinden. Da bei der toxikologischen Untersuchung chemischer Stoffe zunächst der akute Test im Vordergrund steht, also die Bestimmung des LD_{50}-Wertes erfolgt, wird in der Regel bei der Einstufung eines chemischen Stoffes dieser Wert zugrunde gelegt.

Auch das Heranziehen toxikologischer Daten, die durch methodisch abweichende Verfahren ermittelt wurden, so z. B. bei verändertem Beobachtungszeitraum oder bei Einsatz einer anderen Versuchstierart (anstelle der Ratte die weiße Maus), gestattet den Experten, die Giftigkeit eines Stoffes einzuschätzen. Das ist besonders wichtig beim Heranziehen von Literaturdaten, auf das aus rein praktischen Gründen nicht verzichtet werden kann.

Die Einstufung von Stoffen kann gemäß § 1 Abs. 1 Punkt 2 der 1. Durchführungsbestimmung abweichend von den tierexperimentellen Ergebnissen erfolgen. Das wird immer dann der Fall sein, wenn die Ergebnisse der Tierversuche nicht mit der beim Menschen bekannten Wirkung übereinstimmen. Der Grund hierfür kann z. B. im abweichenden Metabolismus, und in der unterschiedlichen Aufnahme oder Ausscheidung der Metabolite eines Stoffes bei Mensch und Tier zu suchen sein.

§ 1

(3) Die Minister und Leiter anderer zentraler Staatsorgane sind dafür verantwortlich, daß die in ihrem Bereich hergestellten, gewonnenen oder für den Import vorgesehenen chemischen Stoffe nach den für Gifte geltenden Kriterien zwecks Einstufung geprüft werden.

(4) Der Minister für Gesundheitswesen entscheidet über die Einstufung der Gifte.

Vergleiche hierzu den Kommentar im Abschnitt „Verfahrensweise zur Einstufung eines chemischen Stoffes als Gift“.

§ 1

(5) Der Minister für Gesundheitswesen wird bei der Einstufung von Giften durch einen Gutachterausschuß beraten. Die Mitglieder des Gutachterausschusses werden durch den Minister für Gesundheitswesen auf Vorschlag der Leiter der zuständigen zentralen Staatsorgane berufen.

Vergleiche hierzu den Kommentar im Abschnitt „Gutachterausschuß zur Einstufung von Giften“.

Gesetz

§ 2

(1) Der Verkehr mit Giften umfaßt die Herstellung, Gewinnung und Verarbeitung, die Lagerung, die Verwendung, den Erwerb, den Besitz, die Abgabe, den Transport und die Beseitigung von Giften sowie im Produktionsprozeß entstehenden Zwischenprodukten, die Gifte sind.

Eine neue, umfassendere Definition des bisherigen Begriffes „Umgang“ mit Giften machte sich erforderlich. Der Begriff „Umgang“ wurde durch „Verkehr“ ersetzt. Die einzelnen Arten des Verkehrs mit Giften sind nur im § 2 Abs. 1 des Gesetzes vollständig aufgeführt.

Wird der Begriff „Verkehr“ mit Giften verwendet, so bedeutet das stets die Gesamtheit der Arten des Verkehrs. Sind nur bestimmte Arten des Verkehrs gemeint, wird im Gesetz bzw. in den Durchführungsbestimmungen konkret darauf Bezug genommen. Arten des Verkehrs mit Giften sind:

— Herstellung
— Gewinnung
— Verarbeitung
— Lagerung

— Verwendung
— Erwerb
— Besitz
— Abgabe
— Transport
— Beseitigung.

Neu erfaßt wurden in dieser Definition die Begriffe Gewinnung, Lagerung, Besitz, Abgabe und Beseitigung.

Die Gewinnung umfaßt auch die aus der Natur gewonnenen Gifte. Der Begriff „Lagerung“ ersetzt den bisherigen Terminus „Aufbewahrung“ und ist umfassender definiert.

Der Begriff „Besitz“ wurde aus juristischen Gründen aufgenommen, da auch ohne den Erwerb von Giften ein Besitz möglich ist. Die bisherige Bezeichnung „Handel“, die nur den kommerziellen Bereich erfaßte, wurde durch den weiterreichenden Begriff der Abgabe ersetzt.

Die Aufnahme des Begriffs der „Beseitigung“ stellt eine wesentliche Erweiterung des Geltungsbereiches des Giftgesetzes dar. Die Beseitigung von Giften ist immer im Zusammenhang mit der 2. Durchführungsbestimmung zur 6. Durchführungsverordnung zum Landeskulturgesetz zu sehen.

Im § 2 Absatz 1 wird auch eine Aussage über die Handhabung von Zwischenprodukten, die gleichzeitig Gifte sind, getroffen. Giftige Zwischenprodukte sind als chemische Stoffe zu betrachten, die nach den für Gifte geltenden Kriterien zwecks Einstufung geprüft werden müssen. Unter Zwischenprodukten sind hier stofflich faßbare Substanzen zu verstehen, die im technologischen Prozeß auftreten und das Reaktionssystem — wenn auch nur kurzzeitig — verlassen.

§ 2

(2) Der Verkehr mit Arzneimitteln, diesen gleichgestellten Stoffen und Zubereitungen, mit Suchtmitteln und mit Gesundheitspflegemitteln richtet sich, auch wenn sie zugleich Gifte sind oder solche enthalten, nach den dafür geltenden Gesetzen und anderen Rechtsvorschriften.

Zum Verständnis sei hier noch ausgeführt, daß der Verkehr mit Arzneimitteln bzw. diesen gleichgestellten Stoffen und Zubereitungen, die zugleich Gifte darstellen oder enthalten, vom Arzneimittel- bzw. Suchtmittelgesetz erfaßt werden; das betrifft jedoch nicht die Ausgangsstoffe. Diese sind entsprechend den gesetzlichen Bestimmungen des Giftgesetzes zu handhaben. Beispielsweise wurden Pholedrin als Gift der Abteilung 2 und Strychnin als Gift der Abteilung 1 in das Verzeichnis eingestufter Gifte aufgenommen.

Verantwortlichkeit

Die Verantwortlichkeit beim Verkehr mit Giften wird im § 4 des Giftgesetzes geregelt.

Gesetz

§ 4

(1) Die Leiter der Staatsorgane, der wirtschaftsleitenden Organe, Betriebe, Kombinate und Einrichtungen sowie die Vorstände der Genossenschaften haben in ihrem Verantwortungsbereich alle Voraussetzungen für einen ordnungsgemäßen Verkehr mit Giften zu schaffen. Durch eine straffe Kontrolle haben sie die Einhaltung der für den Verkehr mit Giften geltenden Rechtsvorschriften und betrieblichen Weisungen zu gewährleisten sowie zu sichern, daß nur solche Gifte nach Art und Menge gelagert werden, die zur Erfüllung der Aufgaben notwendig sind.

Für den Verkehr mit Giften ist der Leiter voll verantwortlich. Die Verpflichtung, alle Voraussetzungen für einen ordnungsgemäßen Verkehr mit Giften zu schaffen, schließt sowohl die materiell-technischen Bedingungen, als auch die Schaffung der geforderten personellen Voraussetzungen ein. Jeder Leiter muß deshalb die Festlegungen des Gesetzes und der dazu erlassenen Bestimmungen, die darauf gerichtet sind, dem Hauptanliegen: „Schutz von Leben und Gesundheit der Bürger vor Gefährdung und Schädigung durch Gifte" Rechnung zu tragen, zu seinen eigenen Forderungen machen.

Die Pflicht, durch eine straffe Kontrolle die Einhaltung der für den Verkehr mit Giften geltenden Rechtsvorschriften und betrieblichen Weisungen zu gewährleisten, macht die Verantwortung der Leiter für die Kontrolle in eigener Zuständigkeit deutlich. Das ist eine klare Abgrenzung zur staatlichen Kontrolle nach § 11 des Gesetzes, die als eine Kontrollbefugnis ausgestaltet wurde.

Die Leiter tragen auch dafür Verantwortung, daß entsprechend der Forderung im § 3 Abs. 2 des Gesetzes der Verkehr mit Giften auf das unbedingt notwendige Maß beschränkt wird und keine Überbestände sowie nicht mehr benötigte Gifte gelagert werden.

§ 4

(2) Die Leiter der Betriebe, Kombinate, Betriebe der Kombinate und Einrichtungen sowie die Vorsitzenden der Genossenschaften (nachfolgend Leiter der Betriebe und Einrichtungen genannt) haben die notwendigen Sicherheitsmaßnahmen für die

einzelnen Stufen des Produktionsprozesses und des sonstigen Verkehrs mit Giften, zur Verhinderung und Bekämpfung von Havarien, Bränden und Explosionen und zur schadlosen Beseitigung nicht mehr nutzbarer Gifte zu treffen und Verhaltensregeln für den Katastrophenfall festzulegen. Soweit die Festlegungen die medizinische Betreuung betreffen, sind sie mit dem zuständigen Kreis- bzw. Bezirksarzt abzustimmen.

Die geforderten Sicherheitsmaßnahmen ergeben sich insbesondere aus

— den spezifischen Eigenschaften bestimmter Gifte, (gasförmig, giftige Gase entwickelnde Stoffe, selbstentzündlich bzw. leicht brennbar, zur Explosion neigend u. dgl.)
— den Besonderheiten des Produktionsprozesses (besondere Maßnahmen zum Schutze der Beschäftigten, technische Sicherheitseinrichtungen zur Verhinderung des Entweichens von Giften u. dgl.)

und sind unter Beachtung der spezifischen Bedingungen durch den Leiter des Betriebes bzw. der Einrichtung festzulegen. Sie sind insbesondere darauf auszurichten, Havarien, Brände und Explosionen zu verhindern und zu bekämpfen.

Einzubeziehen in diese Sicherheitsmaßnahmen ist auch die schadlose Beseitigung nicht mehr nutzbarer Gifte.

§ 4

(3) Die Leiter der Betriebe und Einrichtungen sind dafür verantwortlich, daß in Produktionsabteilungen, Lagern, Laboratorien, Handelseinrichtungen, Bildungseinrichtungen und dergleichen, in denen mit Giften umgegangen wird, Giftbeauftragte eingesetzt werden, die die dafür geforderte persönliche Eignung und fachliche Befähigung besitzen und das 18. Lebensjahr vollendet haben.

Um die Verantwortlichkeit des Leiters für einen ordnungsgemäßen Verkehr mit Giften deutlich hervorzuheben, wurden die bisherigen „Giftverantwortlichen“ in „Giftbeauftragte“ umbenannt. Ein oder mehrere Giftbeauftragte sollten vom Leiter in allen selbständigen Bereichen der Betriebe und Einrichtungen eingesetzt werden, unabhängig davon, in welcher Weise der Verkehr mit Giften erfolgt. Innerhalb des Betriebes darf es keinen Verkehr mit Giften geben, der nicht von einem Giftbeauftragten beaufsichtigt und kontrolliert wird.

Der als Giftbeauftragte eingesetzte Werktätige muß die ihm im § 12 der 1. Durchführungsbestimmung übertragenen Aufgaben und Befugnisse wahrnehmen können.

Bei der Prüfung der persönlichen Eignung sind die physischen Voraussetzungen, das Verantwortungsbewußtsein und die moralischen Eigenschaften zu berücksichtigen. Die fachliche Befähigung ist durch einen Befähigungsnachweis zu belegen, der nach erfolgreich abgelegter Prüfung vom zuständigen staatlichen Organ ausgestellt wird.

§ 4

(4) Mit chemischen Stoffen, von denen auf Grund ihrer Eigenschaften anzunehmen ist, daß es sich um Gifte handelt, ist auch vor ihrer Einstufung als Gifte so umzugehen, daß eine Gesundheitsgefährdung und mißbräuchliche Verwendung ausgeschlossen ist.

Bei der schnellen Entwicklung von chemischen Stoffen ist davon auszugehen, daß ihre toxische Wirkung nicht sofort eindeutig bekannt ist. Die Einstufung neuer chemischer Stoffe durch den Gutachterausschuß zur Einstufung von Giften setzt die Vorlage eines toxikologischen Gutachtens durch den Antragsteller voraus. Da Letzteres einen gewissen Zeitraum in Anspruch nimmt, muß zur Gewährleistung des Gesundheitsschutzes und der Verhinderung einer mißbräuchlichen Verwendung potentiell toxischer Stoffe erwartet werden, daß die Betriebe und Einrichtungen mit diesen Stoffen wie mit Giften umgehen. Das setzt neben großem fachlichen Wissen ein hohes Maß an Verantwortungsbewußtsein voraus.

Stellung, Aufgaben und Befugnisse der Giftbeauftragten

Die Stellung sowie die Aufgaben und Befugnisse der Giftbeauftragten werden im § 4 Absatz 3 des Giftgesetzes und im § 12 der 1. Durchführungsbestimmung geregelt.

Gesetz

Vergleiche hierzu den Kommentar zum § 4 Absatz 3 des Giftgesetzes im Abschnitt „Verantwortlichkeit".

1. Durchführungsbestimmung

§ 12

(1) Die Giftbeauftragten handeln im Auftrag der Leiter der Betriebe und Einrichtungen. Sie haben im Rahmen der ihnen übertragenen Aufgaben zu gewährleisten, daß

- **die Festlegungen zur ordnungsgemäßen und sicheren Lagerung der Gifte eingehalten werden;**
- **ein exakter Nachweis über den Bestand, den Zugang und Abgang sowie über die schadlose Beseitigung nicht mehr nutzbarer Gifte geführt wird und die hierzu angewiesenen Kontrollen durchgeführt werden;**
- **die Schlüssel zu den Giftlagern und/oder zu den Behältnissen für die Lagerung von Giften vor dem Zugriff Unbefugter sicher verwahrt werden;**
- **Lager, Behältnisse und Lagerflächen sowie Arbeitsgeräte entsprechend gekennzeichnet sind;**
- **Gifte ordnungsgemäß verpackt und die Verpackungen wie gefordert gekennzeichnet sind;**
- **eine Abgabe an andere Betriebe und Einrichtungen und eine Weitergabe innerhalb des Betriebes bzw. der Einrichtung nur an Berechtigte erfolgt;**
- **die zum Verkehr mit Giften Berechtigten kontrolliert und vierteljährlich über die Bestimmungen des Gesetzes aktenkundig belehrt werden;**
- **Verluste, Fehlbestände und andere Unregelmäßigkeiten sofort dem Leiter des Betriebes bzw. der Einrichtung gemeldet werden;**
- **die jährlich geforderte Aufstellung des Bestandes an Giften der Abteilung 1 gefertigt und an das örtlich zuständige Volkspolizei-Kreisamt übergeben wird;**
- **nicht mehr nutzbare Gifte einer anderweitigen Verwertung oder schadlosen Beseitigung auf der Grundlage der Entscheidung der Leiter der Betriebe und Einrichtungen entsprechend den Rechtsvorschriften zugeführt werden.**

Der Giftbeauftragte handelt im Auftrag des Leiters. Damit wird seine Stellung im Rahmen des Verkehrs mit Giften, insbesondere bei der Gewährleistung von Ordnung und Sicherheit bestimmt. Mit der konkreten Festlegung der Aufgaben wird seine Verantwortung klar von der Verantwortlichkeit der Leiter der Betriebe und Einrichtungen im § 4 des Gesetzes abgegrenzt.

Bei der Feststellung von Rechtsverletzungen wird deshalb durch die staatlichen Kontrollorgane zu prüfen sein, ob diese der Leiter des Betriebes oder der Giftbeauftragte zu verantworten hat.

Die Gewährleistung einer hohen Ordnung und Sicherheit sowie die Wahrnehmung der ihm übertragenen Aufgaben macht es erforderlich, dem Giftbeauftragten bestimmte Befugnisse zu übertragen, die im Absatz 2 fixiert sind.

(2) Zur Wahrnehmung der im Absatz 1 genannten Aufgaben haben die Giftbeauftragten die Befugnis,

- **zur Einhaltung der Rechtsvorschriften über den Verkehr mit Giften den am Verkehr mit Giften Beteiligten erforderliche Weisungen zu erteilen;**
- **bei plötzlich eintretenden Gefahren für Leben und Gesundheit der Menschen und der Nutztiere im Verkehr mit Giften Sofortmaßnahmen zur Beseitigung der Gefahren einzuleiten und durchzuführen;**
- **eine sofortige Umlagerung oder andere Maßnahmen zur Sicherung der Gifte vor unbefugten Zugriff zu veranlassen, wenn eine ordnungsgemäße und sichere Lagerung infolge von Defekten oder anderen Störungen nicht mehr gewährleistet ist;**
- **zur Wahrnehmung ihrer Kontrollpflichten Räume zu betreten und Anlagen zu kontrollieren in denen der Verkehr mit Giften erfolgt, sowie in dafür vorhandene Unterlagen Einsicht zu nehmen.**

Mit der klaren Abgrenzung der Verantwortlichkeit des Giftbeauftragten gegenüber der seines Leiters, der Fixierung seiner Aufgaben und Befugnisse wurde einem Anliegen des FDGB-Bundesvorstandes Rechnung getragen.

Verfahrensweise zur Einstufung eines chemischen Stoffes als Gift

Das Einstufungsverfahren wird im § 1 Absatz 3 und 4 des Giftgesetzes bestimmt.

Gesetz

§ 1

(3) Die Minister und Leiter anderer zentraler Staatsorgane sind dafür verantwortlich, daß die in ihrem Bereich hergestellten, gewonnenen oder für den Import vorgesehenen chemischen Stoffe nach den für Gifte geltenden Kriterien zwecks Einstufung geprüft werden.

(4) Der Minister für Gesundheitswesen entscheidet über die Einstufung der Gifte.

Gemäß § 1, Absatz 3 des Giftgesetzes müssen die im Bereich aller Volkswirtschaftszweige hergestellten, gewonnenen oder für den Import vorgesehenen chemischen Stoffe nach den für Gifte geltenden Kriterien zwecks Einstufung geprüft werden. Für Produkte, die z. B. in der chemischen Industrie hergestellt werden, ist der Minister für chemische Industrie verantwortlich. Zur Untersetzung der Aufgaben und zur Klärung und Bearbeitung im Bereich der chemischen Industrie, die im Zusammenhang mit den Festlegungen des Giftgesetzes auftreten, wurde durch die Verfügung 2/78 vom 14. 03. 78 des Ministers für chemische Industrie das „Wissenschaftlich-technische Zentrum für Arbeitsschutz, Arbeitshygiene und Toxikologie in der chemischen Industrie“ (WTZ AAT, 402 Halle, Reilstr. 27) beauftragt. In der Verfügung heißt es unter anderem: „Das WTZ erfaßt und bearbeitet die Anträge auf Einstufungsuntersuchungen sowie die Anträge auf Ausnahmeregelung. Einzelheiten der Beantragung werden vom Direktor des WTZ in Abstimmung mit dem zuständigen Bereich im Ministerium für Gesundheitswesen festgelegt.“

Der organisatorische Ablauf der Einstufung eines chemischen Stoffes wird in der chemischen Industrie wie folgt geregelt:

— Betriebsleiter, Betriebsdirektoren oder die zuständigen Leiter der Einrichtungen wenden sich an den Hauptgiftbeauftragten ihres Kombinates bzw. ihrer VVB. Von diesem erhalten sie die entsprechenden Einstufungsformulare. Der Betrieb schickt diese Formulare in mindestens 11facher Ausfertigung ausgefüllt an das WTZ zurück. Den Formularen ist ein formloser Antrag beizufügen, in dem die Technologie der Herstellung, der vorgesehene Verwendungszweck und die Zahl der mit diesem Stoff in Berührung kommenden Personen ausgewiesen ist. Das Einstufungsformular muß neben chemischen und physikalischen Angaben auch toxikologische Daten enthalten, um die sich der Betrieb zu bemühen hat. Die Quelle der Daten ist anzugeben. Ist dem Betrieb die Beschaffung von Angaben zur Toxizität seines Produktes nicht möglich, muß gleichzeitig mit dem Einstufungsantrag die toxikologische Untersuchung beantragt werden.

— Die Vielzahl von Stoffen, die in der chemischen Industrie hergestellt werden, macht eine Auswahl und Prüfung durch das WTZ erforderlich. Die Auswahl ist unter dem Gesichtspunkt der volkswirtschaftlichen Dringlichkeit erforderlich. Die Prüfung der eingereichten Einstufungsformulare ist nach folgenden Aspekten vorzunehmen:

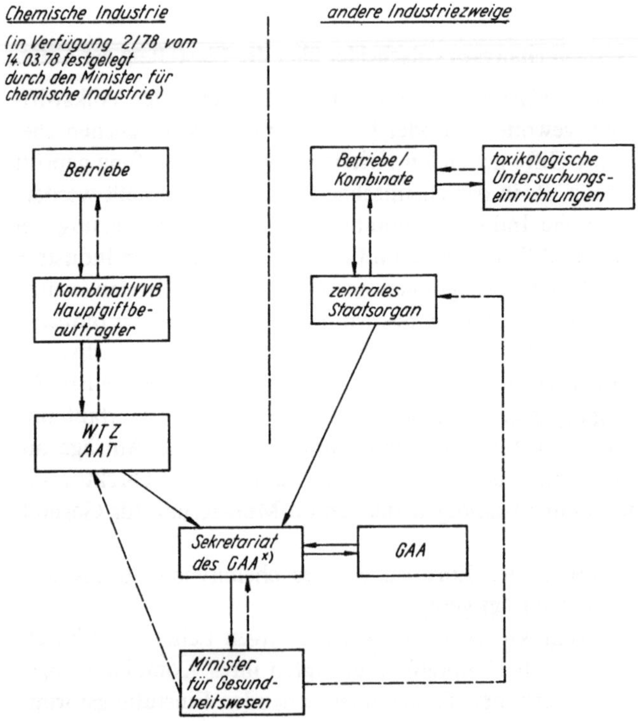

Abb. 1: Verfahrensweg zur Einstufung chemischer Stoffe als Gifte durch den Minister für Gesundheitswesen

* Gutachterausschuß zur Einstufung von Giften

1. Vollständigkeit der eingereichten Unterlagen
2. Notwendigkeit weiterer Literaturrecherchen bzw. tierexperimenteller Versuche
3. Vorklärung der Einstufung in eine Giftabteilung bzw. Erteilung von Negativbescheiden
4. Weiterleitung der ggf. vervollständigten Unterlagen an den Gutachterausschuß zur Einstufung von Giften.

— Die Entscheidung des Ministers für Gesundheitswesen über die Einstufung eines chemischen Stoffes als Gift der Abteilung 1 oder 2 auf der Grundlage der Empfehlung des Gutachterausschusses geht bei Produkten der chemischen Industrie in der Regel dem WTZ, in allen anderen Fällen, gemäß § 1 Absatz 5 der 1. Durchführungsbestimmung, dem jeweiligen zentralen Staatsorgan zu.

Für den Import vorgesehene chemische Stoffe sind vor der Einfuhr in die DDR hinsichtlich ihrer Toxizität nach den Kriterien des Giftgesetzes der DDR zu überprüfen. Das Importorgan ist demnach verpflichtet, für die für den Import vorgesehenen chemischen Stoffe, bei denen anzunehmen ist, daß es sich um Gifte im Sinne des Giftgesetzes handelt, toxikologische Zertifikate dem Gutachter-

Handelsname des Produktes: | Nr.
Hersteller:

I Bezeichnungen

Weitere Namen | Summen-Strukturformel
Chem. Bezeichnung
Chem. Stoffklasse

II physikalisch chem. Daten

Aggregatzustand: fest (kompakt, pulvrig, pastös)
flüssig
gasförmig
Sdp. Smp.
Brennbar (A B A 850/1) ja nein
Dampfdruck
Dichte
Farbe
Geruch

Löslichkeit:
a) in Wasser
b) in Alkohol
c) in Paraffin, Subliqu.
d) in fetten Ölen

Chem. Reaktivität:
a) sauer
b) basisch
c) neutral
d) oxidierend
e) reduzierend

III Toxikologie

Akute Toxizität:

Tierart:	Tierart:	Tierart:
LD_{50} (oral)	LD_{50} (oral)	LD_{50} (oral)
LD_{50} (dermal)	LD_{50} (dermal)	LD_{50} (dermal)
LC_{50} (inhalati)	LC_{50} (inhalativ)	LC_{50} (inhalativ)

Subakuter/Subchronischer Test: Tage Mensch:

Tierart:	Tierart:	LD/LC
LD_{50} (oral)	LD_{50} (oral)	
LD_{50} (dermal)	LD_{50} (dermal)	
LC_{50} (inhalativ)	LC_{50} (inhalativ)	

Symptom Gesundheitsschäd. Einwirkung auf:
a) Haut
b) Atmungsorgane
c) Nervensystem
d) Schleimhäute
e) Augen

Spätschäden

MAK TGL

Giftabteilung:

Hauptaufnahmewege:

Abb. 2

ausschuß zur Einstufung von Giften zuzuleiten. Sofern diese Stoffe schon im Verzeichnis eingestufter Gifte aufgeführt sind, entfällt diese Verpflichtung.

In der Regel kann das Importorgan die notwendigen Angaben vom Hersteller bzw. Exporteur anfordern. Besteht dazu keine Möglichkeit, muß sich das Importorgan zwecks Erstattung eines toxikologischen Gutachtens über den zu importierenden chemischen Stoff an eine toxikologische Untersuchungseinrichtung wenden. Diese Maßnahmen müssen zeitlich vor dem geplanten Import liegen, so daß der chemische Stoff beim Passieren der Grenze zur DDR bereits toxikologisch klassifiziert ist.

Abb. 2 zeigt die Vorderseite und Abb. 3 zeigt die Rückseite des Antragformulars für den Gutachterausschuß zur Einstufung von Giften, welches im Bereich des Ministeriums für chemische Industrie Eingang gefunden hat. Die Betriebe der chemischen Industrie erhalten diese Formulare über die Hauptgiftbeauftragten.

Handelsname des Produktes		Nr.
IV Technologie und Anwendung	Verfahren: Zahl der Exponierten: Gefährdungsmöglichkeiten: Anwendung: Einsatzgebiet: Technologie:	
V Erste Hilfe Therapie		
VI Literatur-Notizen (Quellenangabe)		

Abb. 3

Gutachterausschuß zur Einstufung von Giften

Aufgaben und Zusammensetzung des Gutachterausschusses zur Einstufung von Giften werden im § 1 Absätze 4 und 5 des Giftgesetzes und im § 2 der 1. Durchführungsbestimmung zum Giftgesetz geregelt.

Gesetz

§ 1

(4) Der Minister für Gesundheitswesen entscheidet über die Einstufung der Gifte.

(5) Der Minister für Gesundheitswesen wird bei der Einstufung von Giften durch einen Gutachterausschuß beraten. Die Mitglieder des Gutachterausschusses werden durch den Minister für Gesundheitswesen auf Vorschlag der Leiter der zuständigen zentralen Staatsorgane berufen.

1. Durchführungsbestimmung

§ 2

Gutachterausschuß

(1) Der Gutachterausschuß zur Einstufung von Giften ist ein Gremium, in dem Wissenschaftler und Praktiker

— des Gesundheitswesens,
— des Hoch- und Fachschulwesens,
— der Land- Forst- und Nahrungsgüterwirtschaft,
— der chemischen Industrie,
— des Verkehrswesens,
— der Nationalen Volksarmee,
— der Akademie der Wissenschaften der DDR und
— der Akademie der Landwirtschaftswissenschaften der DDR

vertreten sind.

(2) Aufgaben und Arbeitsweise des Gutachterausschusses werden in einer Arbeitsordnung durch den Minister für Gesundheitswesen festgelegt.

Dem Gutachterausschuß zur Einstufung von Giften (nachfolgend Gutachterausschuß genannt) kommen folgende Aufgaben zu:

— Gutachterliche Beratung des Ministers für Gesundheitswesen bei der Entscheidung über die Einstufung von chemischen Stoffen als Gifte in die Abteilung 1 oder 2 und über die Umstufung oder Löschung eingestufter

Gifte nach gesellschaftlichen Erfordernissen entsprechend dem fortgeschrittenen Erkenntnisstand der Wissenschaft.

- Behandlung der Anträge zur Klassifizierung eines Erzeugnisses nach dem Giftgesetz und Klärung von Anfragen zur Auslegung von Einstufungskriterien.
- Beratung der Staatlichen Hygieneinspektion, der Arbeitshygieneinpsketion und der Deutschen Volkspolizei insbesondere bei der Verfolgung von Ordnungswidrigkeiten bzw. strafbaren Handlungen, die gegen das Giftgesetz verstoßen.
- Mitwirkung bei der Ausarbeitung von Empfehlungen zur Verhinderung von Vergiftungen, die als Folgen insbesondere von Havarien, Bränden, Explosionen und Katastrophen eintreten können.
- Mitwirkung bei der Untersuchung und Aufklärung von Vergiftungsfällen im Zusammenhang mit Havarien, Bränden, Explosionen und Katastrophen.
- Mitwirkung bei der Ausarbeitung von Empfehlungen für den Transport von Giften.
- Mitwirkung bei der Ausarbeitung von Empfehlungen für Forschungs- und Entwicklungsaufgaben auf dem Gebiet der Toxikologie chemischer Stoffe im Zusammenhang mit ihrer Einstufung als Gifte.
- Beratung des Ministers für Gesundheitswesen bei der Ausarbeitung von Rechtsvorschriften auf dem Gebiet des Giftwesens.

Die Verteter der antragstellenden Betriebe können zu Beratungen des Gutachterausschusses über die Einstufung ihrer Produkte hinzugezogen werden.

Die unmittelbare Information des Zentralen Toxikologischen Auskunftsdienstes ist dadurch gegeben, daß ein Vertreter des Zentralen Toxikologischen Auskunftsdienstes an den Beratungen des Gutachterausschusses teilnimmt.

Die Klassifizierung eines Erzeugnisses hinsichtlich seiner Toxizität wird nach Kriterien, die im § 1 der 1. Durchführungsbestimmung festgelegt sind, vorgenommen. Das bedeutet, daß eine Einstufung eines chemischen Erzeugnisses nur auf der Grundlage toxikologischer Daten bzw. Gutachten erfolgen kann. Toxikologische Daten (meist LD_{50}- und LC_{50}-Werte) werden im allgemeinen aus tierexperimentellen Untersuchungen gewonnen.

Für viele Substanzen oder Substanzgruppen liegen auch Erfahrungen darüber vor, ob und in welchem Umfang diese Stoffe den menschlichen Organismus zu schädigen vermögen. Derartige Erfahrungen sind bei der Bewertung aus toxikologischer Sicht bei der Einordnung in das Giftgesetz zu berücksichsichtigen.

Das soll ein Beispiel verdeutlichen:

Bei der im Giftgesetz vorgeschriebenen Versuchstierart Ratte beträgt die ermittelte LD_{50} (oral) für Triorthokresylphosphat ca. 15 g/kg Körpergewicht. Wenn man nur das Tierexperiment zur Beurteilung der Giftigkeit heranzieht, wäre diese Verbindung als völlig harmlos zu betrachten. Es ist aber bekannt, daß wenige Milliliter Triorthokresylphosphat genügen, um beim Menschen irreversible Lähmungen hervorzurufen. Auf Grund dieser Wirkung wurde Triorthokresylphosphat durch den Gutachterausschuß als Gift der Abteilung 1 eingestuft.

Liegen keine neueren toxikologischen Gutachten vor, ist notwendigerweise auf Literaturwerte zurückzugreifen. Diese Daten bedürfen jedoch einer besonders kritischen Bewertung und neben der mittleren letalen Dosis sollte der Vergiftungsverlauf beschrieben sein, um eine Beurteilung der Substanz vornehmen zu können.

Nicht alle Fragestellungen, die auf spezifische Gesundheitsschädigungen Antwort geben sollen, können an dem Versuchstier Ratte studiert werden. Es ist daher im Einzelfall erforderlich, weitere Tierarten zur Beurteilung des Gesundheitsrisikos und damit zur Klassifizierung heranzuziehen. So werden Probleme der Nervenschädigung durch chemische Substanzen an Katzen oder Hühnern, sowie Probleme der Hautschädigung an Meerschweinchen und Kaninchen untersucht, da sich diese Tierarten als günstigere Modelle erwiesen haben.

Ohne Vorlage toxikologischer Gutachten bzw. entsprechender Literaturdaten kann keine Einstufung chemischer Stoffe als Gifte erfolgen. Um sämtliche, in der Volkswirtschaft in Verkehr befindliche Substanzen einordnen zu können, schreibt der § 1, Absatz 3 des Giftgesetzes vor, daß die Leiter der zentralen Staatsorgane, die in ihrem Verantwortungsbereich hergestellten, gewonnenen oder für den Import vorgesehenen chemischen Stoffe nach den für Gifte geltenden Kriterien zwecks Einstufung prüfen lassen müssen. Auf Grund der derzeit noch nicht ausreichenden toxikologischen Untersuchungskapazität, wird für viele Substanzgemische vorläufig keine toxikologische Untersuchung möglich sein. Gerade für Mischungen gibt es keine Hinweise oder Daten in der Literatur.

Für die rechnerische Ermittlung der Toxizität eines Substanzgemisches werden von der Weltgesundheitsorganisation folgende Berechnungsmöglichkeiten angegeben:

a) bei Einkomponentensystemen — $\frac{\text{LD}_{50} \text{ des Wirkstoffes} \times 100}{\text{Gehalt an Wirkstoff im Präparat in Gew.-\%}}$

b) bei Mehrkomponentensystemen — $\frac{C_A}{T_A} + \frac{C_B}{T_B} + \frac{C_Z}{T_Z} = \frac{1}{T_m}$

C = Prozentualer Gehalt der Bestandteile *A,B . . . Z* in dem Gemisch
T = LD_{50}-Werte (p.o.) der Bestandteile *A,B . . . Z*
T_m = LD_{50}-Wert (p.o.) des Gemisches.

Dieser Weg zur Ermittlung toxikologischer Daten hat nur Näherungscharakter, da die jeweils zusätzlich verwendeten Substanzen Einfluß auf die Toxizität haben können. So ist z. B. bekannt, daß bei Pflanzenschutzmitteln verwendete Lösungsmittel oder Emulgatoren höhere Toxizität zur Folge haben, als rechnerisch zu erwarten gewesen wäre. Ursache für solche Toxizitätssteigerungen kann die durch die Zusätze erhöhte Resorption des Giftes sein.

Zentraler Toxikologischer Auskunftsdienst

Angaben zum Zentralen Toxikologischen Auskunftsdienst werden im § 6 des Giftgesetzes sowie im § 20 der 1. Durchführungsbestimmung zum Giftgesetz gemacht.

Gesetz

§ 6

Der Minister für Gesundheitswesen gewährleistet durch einen zentralen toxikologischen Auskunftsdienst die fachliche Information der Ärzte für eine schnelle medizinische Hilfe bei Gefahr für das Leben und die Gesundheit der Bürger infolge der Einwirkung von Giften.

Die Einrichtung eines Zentralen Toxikologischen Auskunftsdienstes entspricht dem Bedürfnis nach schneller und umfassender Information bei akuten Intoxikationen zu jeder Tages- und Nachtzeit. Durch die zunehmende Chemisierung der Umwelt des Menschen im Arbeits- und Freizeitbereich sowie im Haushalt nehmen die potentiellen Gefahren von Vergiftungen ständig zu.

In chemischen Betrieben und Instituten sowie anderen Einrichtungen, in denen mit toxischen Substanzen umgegangen wird, können entsprechende Vorkehrungen zur Ersten Hilfe bei Intoxikationen getroffen werden, da beispielsweise die chemischen Stoffe, mit denen in der Regel umgegangen wird, bekannt sind. Dem Arzt jedoch, der bei Vergiftungsfällen im Haushalt oder Freizeitbereich die Versorgung einleitet, fehlen oft ausreichende Informationen. Gedacht ist hierbei besonders an Intoxikationen durch Arzneimittel, Haushaltschemikalien, wie Fleckentferner, Holz, Leder- und Metallpflegemittel und Reinigungsmittel sowie durch Pflanzenschutz- und Vorratsschutzmittel. Hinzu kommt oft noch, daß die Deklaration an den Verpackungen unleserlich geworden ist oder gänzlich fehlt.

Leider gehören zu den Geschädigten immer wieder viele Kinder. Anhand von Material über 600 in der Kinderklinik der Medizinischen Akademie Erfurt stationär behandelter Vergiftungsfälle soll verdeutlicht werden, welches die häufigsten Ursachen, die betroffenen Altersgruppen sowie die eingeleiteten Detoxikationsmaßnahmen waren; freundlicherweise von Herrn *Doz. Dr. sc. med. Dr. rer. nat.* KLÖCKING vom Institut für Pharmakologie und Toxikologie der Medizinischen Akademie Erfurt zur Verfügung gestellt (s. a. Hoffmann, W., H.-P. Klöcking, I. Vonhof und H. Stöber: Auswertung von 600 Vergiftungsfällen bei stationär behandelten Kindern. Kinderärztl. Praxis **47** (1979) 393—397). Betrachtet wurde der Zeitraum von 1955 bis 1975. Während dieser Zeit stieg die Zahl der wegen einer Vergiftung stationär behandelter Kinder um das Vier- bis Fünffache.

Tabelle 1:
Zahl der in der Kinderklinik der Medizinischen Akademie Erfurt von 1955 bis 1975 behandelten Vergiftungen

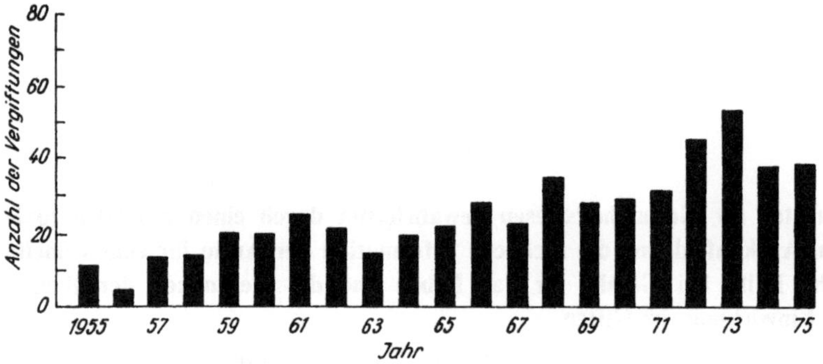

Mehr als 97% der Vergiftungen sind auf unbeabsichtigte Selbstvergiftung zurückzuführen. Bekanntlich neigen Kinder dazu, alles Mögliche in den Mund zu nehmen, zu kosten und zu naschen.

Die Altersgruppen zwischen 1 und 7 Jahren sind hierbei die gefährdesten, wie nachstehende Tab. 2 verdeutlicht.

Tabelle 2:
Altersmäßige Verteilung der Intoxikationen der behandelten Kinder

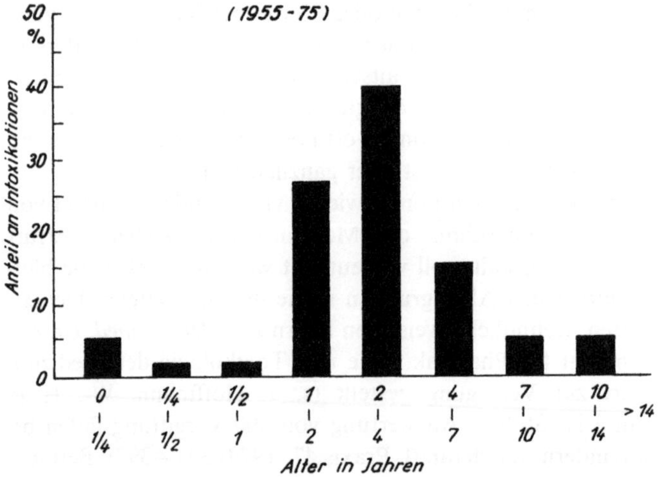

Dabei nehmen unbeaufsichtigt umherstehende Arzneimittel, die von Kindern genommen wurden und zu Vergiftungen führten, die erste Stelle ein, gefolgt von den Haushaltschemikalien.

Tabelle 3:
Verteilung der Vergiftungen bei Kindern auf verschiedene Stoffgruppen

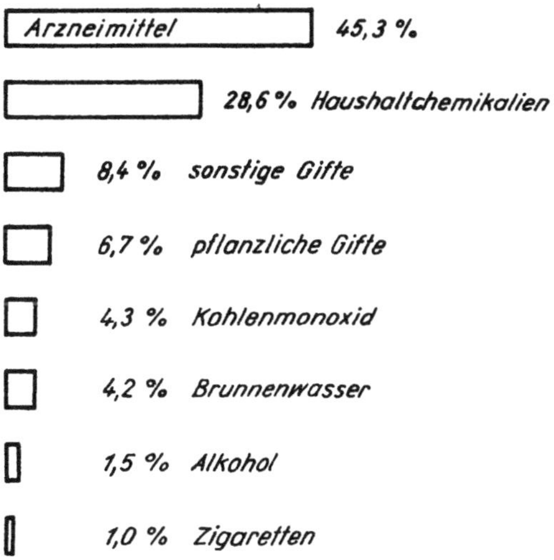

Tabelle 4:
Anteil verschiedener Arzneimittel an den durch Arzneimittel insgesamt verursachten Vergiftungen

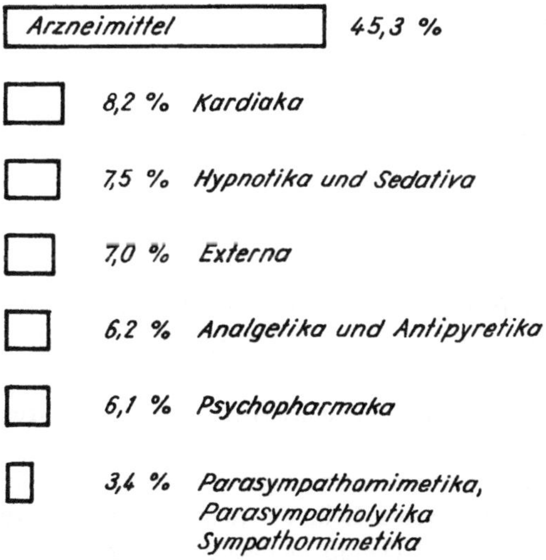

Tabelle 5:
Anteil verschiedener Haushaltschemikalien an den durch Haushaltschemikalien insgesamt verursachten Vergiftungen

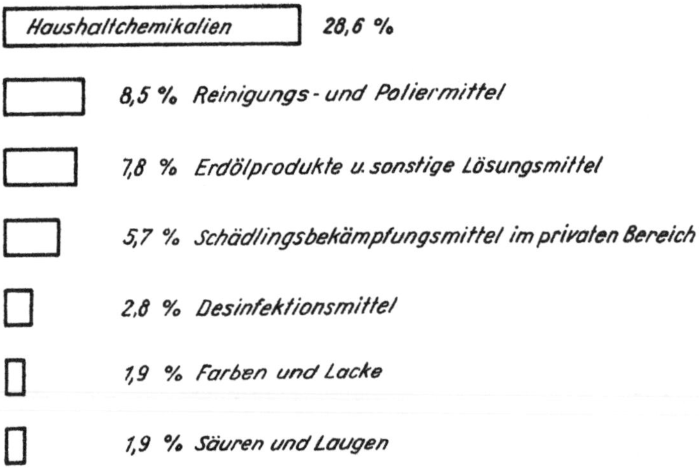

Die weitaus größte Zahl der Intoxikationen war im häuslichen Milieu anzutreffen, weil dort der Zugriff zu den vorgenannten Erzeugnissen am einfachsten war.

Tabelle 6:
Prozentuale Verteilung der Intoxikationen bezüglich des Entstehungsortes

zu Hause	87,5%
Krippe, Kindergarten	3,0%
Spielplatz	3,4%
sonstige	6,1%

Bedenklich müssen auch die oft falschen Maßnahmen der Eltern u. a. Erwachsener bei der Ersten Hilfe stimmen, die nur in 4,2% der Fälle als richtig anzusehen waren.

Das zeigt, wie wichtig die sofortige Hinzuziehung eines Arztes bei Vergiftungen ist. Tab. 7 veranschaulicht, daß in den ersten beiden Stunden nach der Giftaufnahme, lediglich 36,5% der Kinder einem Arzt vorgestellt wurden. In der klinischen Einrichtung bleibt dann sehr wenig Zeit, die richtige Diagnose zu stellen und wirkungsvolle Detoxikations- und Therapiemaßnahmen einzuleiten.

Tabelle 7:
Intervall zwischen Giftaufnahme und erster ärztlicher Hilfe

Zeit (Stunden)	prozentualer Anteil
0– 1	17,1
1– 2	19,4
2– 4	36,1
4– 6	7,2
6– 9	3,8
9–12	1,5
12–24	2,0
>24	3,8

In den Jahren nach 1963 entstanden in der DDR an den verschiedenen Hochschuleinrichtungen, die über pharmakologisch-toxikologisch orientierte Institute verfügen, Toxikologische Beratungsdienste. Die nachfolgend aufgeführten Institute unterhalten zum gegenwärtigen Zeitpunkt Toxikologische Beratungsdienste zu den angegebenen Dienstzeiten:

Berlin — Institut für Pharmakologie und Toxikologie der Humboldt-Universität Berlin
1080 Berlin, Clara-Zetkin-Str. 94
Telefon: Tag und Nacht durchgehend
Berlin 22 024 10

Leipzig — Institut für Pharmakologie und Toxikologie der Karl-Marx-Universität Leipzig
7010 Leipzig, Härtelstr. 16–18
Telefon: tagsüber Montag bis Freitag
Leipzig 311916
nachts sowie Sonnabend und Sonntag
Leipzig 20 00 32 oder 79 750

Magdeburg — Institut für Pharmakologie und Toxikologie der Medizinischen Akademie Magdeburg
3000 Magdeburg, Leipziger Str. 42–44
Telefon: Tag und Nacht durchgehend
Magdeburg 61 63 14

Dresden — Institut für Pharmakologie und Toxikologie Dresden
8010 Dresden, Lingnerplatz

Telefon: Montag bis Freitag von 8.00 bis 16.00 Uhr,
Dresden 68 31 60

Erfurt
Institut für Pharmakologie und Toxikologie der Medizinischen Universität Erfurt
5000 Erfurt, Nordhäuserstr. 74
Telefon: Montag bis Freitag von 7.30 bis 16.30 Uhr, Erfurt 50 20 51

Greifswald
Institut für Pharmakologie und Toxikologie der Ernst-Moritz-Arndt-Universität Greifswald
2200 Greifswald, Friedrich-Löffler-Str. 23 D
Telefon: Montag bis Freitag von 7.30 bis 16.45 Uhr Greifswald 22 11

Halle
Institut für Pharmakologie und Toxikologie der Martin-Luther-Universität Halle-Wittenberg
4020 Halle/Saale, Leninallee 4
Telefon: Montag bis Freitag von 7.30 bis 16.45 Uhr, Halle 21 739

Jena
Institut für Pharmakologie und Toxikologie der Friedrich-Schiller-Universität Jena
6900 Jena, Löbderstr. 1
Telefon: Montag bis Freitag von 7.30 bis 17.00 Uhr, Jena 82 24 250

Rostock
Universitäts-Kinder- und Poliklinik Rostock
2500 Rostock, Rembrandstr. 16—17
Telefon: bis 22.00 Uhr Rostock 39 67 85
ab 22.00 Uhr Rostock 39 67 66
(vorwiegend für Schadensfälle bei Kindern).

Der Zentrale Toxikologische Auskunftsdienst (im folgenden ZTA genannt), am

Institut für Arzneimittelwesen der DDR
1120 Berlin, Große Seestraße 4

ist eine dem Ministerium für Gesundheitswesen nachgeordnete Einrichtung.

Mit der Einrichtung dieses Auskunftsdienstes soll eine zentrale Auskunftsbereitschaft für Ärzte — nicht für Betriebe und andere Einrichtungen — gewährleistet werden. Enge Zusammenarbeit mit ähnlichen Einrichtungen der Länder des Rates für Gegenseitige Wirtschaftshilfe und dem Organ der Weltgesundheitsorganisation „Internationales Register potentiell toxischer Chemikalien (IRPTC)" soll die Diagnose, Behandlung, Analytik und klinische Verfolgung von Intoxikationen weiter verbessern helfen. Umfangreiche nationale als auch internationale toxikologische Datensammlungen sollen in den Dienst der Behandlungen von Intoxikationen gestellt werden.

Literatursammlungen und Kenntnisse über Einzel- und Kombinationswirkungen chemischer Stoffe, den Wirkungsmechanismus chemischer Noxen und bekannter sowie neuer Antidotprinzipien werden das Profil des ZTA bestimmen.

Weitere Aufgaben des ZTA bestehen u. a. in der Auswertung bekannt gewordener Vergiftungsfälle und Behandlungsergebnisse, in der Erarbeitung von Vorschlägen zur Verhinderung und Vorbeugung von Vergiftungen und der Publizierung von Ergebnissen und Erfahrungen. Die Erfüllung der Aufgaben erfordert, daß sich der ZTA auf eine umfangreiche Datensammlung stützen muß, in der alle in der DDR im Handel und der Produktion befindlichen Gifte und Gifte enthaltenden Erzeugnisse erfaßt sind.

1. Durchführungsbestimmung

§ 20

(1) Betriebe und Einrichtungen haben den Zentralen Toxikologischen Auskunftsdienst vor dem Inverkehrbringen eines Erzeugnisses, das Gift enthält, folgende Angaben zu übermitteln:
- **Name des Erzeugnisses,**
- **Inhaltsstoffe (Arten und prozentualer Anteil der Gifte),**
- **chemische Bezeichnung der Gifte entsprechend der gültigen chemischen Nomenklatur und ggf. die chemische Kurzbezeichnung,**
- **Nummer und Bezeichnung des Standards des Erzeugnisses,**
- **im Betrieb bzw. in der Einrichtung vorgesehene Maßnahmen bei Gefahr für das Leben und die Gesundheit der Bürger infolge der Einwirkung des Erzeugnisses.**

(2) Über bereits im Verkehr befindliche Erzeugnisse sind die im Abs. 1 geforderten Angaben innerhalb von 6 Monaten nach Inkrafttreten dieser Durchführungsbestimmung mitzuteilen.

Die Kenntnis dieser Daten ist wesentliche Voraussetzung für eine wirkungsvolle Tätigkeit des ZTA im Dienste der schnellen medizinischen Hilfeleistung bei akuten Intoxikationen.

Hervorzuheben ist die Pflicht zur Mitteilung der geforderten Angaben bereits vor dem Inverkehrbringen dieser Produkte.

Die Importorgane haben ebenso wie die Betriebe und Einrichtungen die Pflicht, die geforderten Angaben vor der Einfuhr der Ware beizubringen. Dabei wird in erster Linie der Exporteur um die Übergabe des entsprechenden Materials zu ersuchen sein. In vielen Fällen liegen beim Hersteller oder Exporteur toxikologische Gutachten vor, die nur abgefordert zu werden brauchen. Damit erübrigt sich eine Wiederholung der oft kostenaufwendigen toxikologischen Untersuchungen in der DDR.

In Erweiterung der im Gesetz geforderten Mitteilungspflicht der Betriebe gegenüber dem ZTA, wurden für weitere Stoffgruppen nachfolgend abgebildete Erfassungsblätter entwickelt.

Bei Übersendung dieser Erfassungsblätter an den ZTA kann eine über das Giftgesetz hinausgehende Information der Ärzte bei Intoxikationen mit chemischen Stoffen erfolgen.

Erfassungsbeleg Grundsubstanzen

Bezeichnung

weitere Namen:

Schlüssel-Nr. ELN:

Geruch:

Geschmack:

Hersteller:

Löslichkeit bzw.
Mischbarkeit: *
(- nicht lösl./mischbar
+ wenig lösl./mischbar
++ gut lösl./mischbar)

☐ Wasser
☐ Alkohol
☐ fette Oele
☐ flüss. Paraffin

Gütezeichen:

Reaktion in *
wässr. Lösg.:

☐ starke Säure
☐ schw. Säure
☐ starke Lauge
☐ schw. Lauge
☐ ätzend
☐ indiff.

chem. Bezeichnung:

MAK:

Gift der Abt.: (siehe
Verzeichnis eingestufter Gifte
vom 13.7.77 GBl. T.I):

Beschaffenheit:

ASAO-Nr.:

Gesundheitsschädigende
Wirkungen auf: *

☐ Haut
☐ Augen
☐ Schleimhäute
☐ Atmungsorgane

Verwendung:

welche anderen gesundheits-
schädigenden Wirkungen sind
bekannt:

Verpackung:

Über jede Änderung und Ergänzung ist das Institut für Arzneimittelwesen der DDR unverzüglich zu informieren!

* Zutreffendes ankreuzen

Abb. *4*

Angaben über LD 50-Werte für verschiedene Spezies und über die chronische Toxizität mit Quellenangaben:

Im Betrieb bzw. in der Einrichtung vorgesehene Maßnahmen bei Gefahr für das Leben und die Gesundheit der Bürger infolge Einwirkung des Erzeugnisses:

(741)Ag 101-78-11 712

Dieses Feld bitte nicht ausfüllen!

Abb. 5: Rückseite von Abb. 4

Erfassungsbeleg Labor- und Feinchemikalien

Bezeichnung: ______

weitere Namen: ______

Geruch: ______ Geschmack: ______

Löslichkeit bzw. Mischbarkeit: *
(- nicht lösl./mischbar
+ wenig lösl./mischbar
++ gut lösl./mischbar)

☐ Wasser
☐ Alkohol
☐ fette Oele
☐ flüss. Paraffin

Reaktion in * wässr. Lösg.: ☐ starke Säure ☐ schw. Säure ☐ starke Lauge ☐ schw. Lauge ☐ ätzend ☐ indiff.

MAK: ______

Gift der Abt. (siehe Verz. eingestufter Gifte GBl. T. I vom 13. 7. 77) ______

ASAO-Nr.:

gesundheitsschädigende Wirkungen auf: * ☐ Haut ☐ Augen ☐ Schleimhäute ☐ Atmungsorgane

welche anderen gesundheitsschädigenden Wirkungen sind bekannt: ______

Über jede Änderung und Ergänzung ist das Institut für Arzneimittelwesen der DDR/ZTA unverzüglich zu informieren!

* Zutreffendes ankreuzen

Dieses Feld bitte nicht ausfüllen!

Abb. 6

Angaben über LD 50-Werte für verschiedene Spezies und über die chronische Toxizität mit Quellenangaben:

Im Betrieb bzw. in der Einrichtung vorgesehene Maßnahmen bei Gefahr für das Leben und die Gesundheit der Bürger infolge Einwirkung des Erzeugnisses:

(741)Ag 101-78-11 712

Dieses Feld bitte nicht ausfüllen!

Abb. 7: Rückseite von Abb. 6

Veröffentlichung eingestufter Gifte

Die Veröffentlichung eingestufter Gifte wird im § 5 Abs. 1 des Giftgesetzes und im § 1 der 2. Durchführungsbestimmung zum Giftgesetz geregelt.

Gesetz

§ 5

(1) Beim Minister für Gesundheitswesen ist ein Verzeichnis der eingestuften Gifte zu führen. Das Verzeichnis sowie Änderungen und Ergänzungen werden durch den Minister für Gesundheitswesen veröffentlicht. Die Leiter der zentralen Staatsorgane sind verpflichtet, die Entscheidung über die Einstufung für ihre Betriebe in geeigneter Weise vorab bekanntzumachen.

2. Durchführungsbestimmung

§ 1

(1) Die in der Anlage 1 dieser Durchführungsbestimmung genannten Stoffe sind Gifte der Abteilung 1 gemäß § 1 Abs. 2 des Giftgesetzes.

(2) Die in der Anlage 2 dieser Durchführungsbestimmung genannten chemischen Stoffe sind Gifte der Abteilung 2 gemäß § 1 Abs. 2 des Giftgesetzes.

In den Anlagen 1 und 2 der 2. Durchführungsbestimmung werden die eingestuften Gifte aufgeführt. Die Anlagen nennen im wesentlichen chemische Elemente und Verbindungen sowie, im Falle der aufgeführten Säuren und Laugen, wässrige Gemische. Entsprechend den Neueinstufungen, Umstufungen bzw. Streichungen aus dem Verzeichnis eingestufter Gifte erfolgen im Gesetzblatt der DDR.

In das Verzeichnis eingestufter Gifte (Anlagen 1 und 2) werden jedoch nur Wirkstoffe eingetragen, um die Übersichtlichkeit zu wahren; zum anderen würde das Verzeichnis einen zu großen Umfang annehmen, fänden auch Gemische (Formulierungen, Zubereitungen) dort Platz. Für den Hersteller von Wirkstoffen bzw. Gemischen ist es wichtig zu wissen, in welche Giftabteilung der oder die toxischen Wirkstoffe seines Produktes eingestuft sind und wie hoch der Wirkstoffanteil im Produkt ist. Von diesen Kenntnissen ausgehend müssen die Hersteller Aktivitäten bezüglich der Einstufung des Gemisches als Gift einleiten.

Das neue Gesetz nennt exakte toxikologische Kriterien für die Einstufung, die schon an anderer Stelle kommentiert wurden. Daraus leitet sich aber auch ab, daß eine Angabe von Grenzkonzentrationen für die einzelnen Wirkstoffe nicht möglich ist, da bei formaler Betrachtungsweise die Wirkungen der anderen im Gemisch enthaltenen Komponenten toxikologisch unberücksichtigt bleiben. In einigen Fällen ist die Angabe von Grenzkonzentrationen gar nicht möglich. Das soll am Beispiel des Wirkstoffes Schradan erläutert werden.

Der insektizide Wirkstoff Schradan ist mit einer mittleren letalen Dosis von 1 mg/kg Körpermasse (ermittelt im Tierexperiment) hochtoxisch, sogar „toxischer" als das klassische Gift Kaliumcyanid. In einem Gemisch mit einer inerten Substanz wäre selbst bei 1%igem Gehalt noch eine akute Toxizität von ca. 100 mg/kg Körpergewicht vorhanden und damit immer noch die Zugehörigkeit zu den Giften der Abteilung 1 gegeben. Bei Beachtung des oberen Grenzwertes von 150 mg/kg Körpermasse für Gifte der Abteilung 1 und unter Berücksichtigung des experimentellen Fehlers, der bei tierexperimentellen Untersuchungen, wie bei anderen biologischen Tests relativ groß sein kann, zeigt sich, daß Mischungen, die Schradan enthalten, quasi immer Gifte der Anteilung 1 sein müssen, wenn von Konzentrationen kleiner als 0,6% abgesehen wird.

Die Extrapolation der toxikologischen Daten eines reinen Wirkstoffes auf Mischungen ist sicher bei wässrigen Lösungen von Salzen oder toxikologisch überschaubaren, einfachen Mischungen statthaft, während bei Zwei- oder Mehrstoffgemischen mit toxikologisch relevanten Stoffen wegen möglicher Kombinationseffekte im allgemeinen nicht so verfahren werden sollte. Bei dem ebenfalls hochtoxischen Stoff Kaliumcyanid errechnet sich für wäßrige Lösungen unter Heranziehung des genannten Extrapolationsverfahrens aus der akuten Toxizität eine Prozentgrenze von ca. 1%, d. h., wäßrige Lösungen von KCN, die mehr als 1% KCN enthalten, sind Gifte der Anteilung 1, hingegen wäßrige Lösungen, die weniger als 1% KCN enthalten, sind Gifte der Abteilung 2. Wenn also z. B. in Laboratorien mit Lösungen $<1\%$ Wirkstoffgehalt gearbeitet wird, sind die Forderungen, die für Gifte der Abteilung 2 gelten, einzuhalten. Der Hersteller dieser verdünnten Lösung muß natürlich ein zum Umgang mit Giften der Abteilung 1 berechtigter Werktätiger sein, da er ja zur Herstellung der Lösungen von festem Kaliumcyanid oder einer konzentrierten KCN-Lösung ausgeht.

Das Verzeichnis der Gifte nennt weiterhin Verbindungsgruppen, wie Cadmiumverbindungen, Quecksilberverbindungen, Thalliumverbindungen, die in Abteilung 1 eingestuft wurden; als Beispiel für Abteilung 2 sind Zinkverbindungen zu nennen.

Bei der Erarbeitung des Giftgesetzes wurde eine Vielzahl von Substanzen jeder Verbindungsgruppe toxikologisch eingeschätzt. Da die Toxizitätsdaten der meisten (d. h. nicht unbedingt aller) Vertreter der jeweiligen Verbindungsgruppe ähnlich sind, erschien es sinnvoll, die gesamte Verbindungsgruppe einer Giftabteilung zuzuordnen.

Stellt sich anhand neuer Untersuchungsergebnisse heraus, daß die Begründung für die Einstufung der einen oder anderen Verbindung einer Verbindungsgruppe gegenstandslos geworden ist, kann auf Antrag der Gutachterausschuß zur Einstufung von Giften dem Minister für Gesundheitswesen eine Umstufung in eine andere Giftabteilung oder auch die Streichung aus dem Verzeichnis der Gifte vorschlagen.

Bei Giften der Abteilung 2 ist eine toxikologische Einschätzung der einzelnen Wirkstoffe in verschiedenen Verdünnungen leichter möglich, unter der Voraussetzung, daß keine toxikologischen Kombinationseffekte auftreten. In erster Näherung stellen Gemische mit weniger als 10% eines Giftes der Abteilung 2 insgesamt keine Gifte gemäß den Kriterien des Giftgesetzes mehr dar.

Es muß jedoch davor gewarnt werden, diese Überlegung zur ausschließlichen Grundlage toxikologischer „Einschätzungen" von Gemischen durch die Hersteller zu machen.

Bei Stoffen mit sehr hohem Dampfdruck, z. B. bei Lösungsmitteln, ist häufig die inhalative Vergiftungsgefahr größer als die orale. Bei einseitiger Zugrundelegung der akuten oralen Toxizität bei der toxikologischen Beurteilung würden manche Stoffe u. U. gar nicht als Gifte eingestuft werden. Daher ist bei diesen Stoffen die Bestimmung der mittleren letalen Konzentration (LC_{50}) unerläßlich. Wichtig ist folgender Hinweis:

Auch bei Streichung eines Gemisches aus dem Verzeichnis der Gifte bleibt der Stoff in der Regel ein Schadstoff im Sinne des Wassergesetzes, der Wassereinleitungsbedingungen, der Wasserschadstoffverordnung, des Landeskulturgesetzes bzw. der Anordnung über die Inkraftsetzung der Liste der Schadstoffe (s. Anhang/Verzeichnis der Rechtsvorschriften).

Die eingestuften technischen Gemische, Produktionsmischungen, Formulierungen u. ä. aus dem Bereich der chemischen Industrie werden im Informationsheft „Arbeitsschutz in der chemischen Industrie" des Wissenschaftlich-technischen Zentrums für Arbeitsschutz, Arbeitshygiene und Toxikologie in der chemischen Industrie veröffentlicht.

Die eingestuften Formulierungen der Pflanzenschutz-, Vorratsschutzmittel und Mittel zur Steuerung biologischer Prozesse, der Holzschutzmittel und Mittel zur Bekämpfung von Gesundheitsschädlingen erscheinen im Pflanzenschutzmittelverzeichnis, das im Abstand von 2 Jahren erscheint.

Darüber hinaus werden alle Einstufungen von Wirkstoffen und Gemischen in Verfügungen und Mitteilungen des Ministeriums für Gesundheitswesen veröffentlicht.

Verpackung und Kennzeichnung der Gifte

Verpackung und Kennzeichnung der Gifte werden im § 3 Abs. 5 des Giftgesetzes, in den §§ 10 und 11 der 1. Durchführungsbestimmung zum Giftgesetz, im § 2 Abs. 2 der 2. Durchführungsbestimmung und im § 2 der 3. Durchführungsbestimmung geregelt.

Gesetz

§ 3

(5) Verpackungen für Gifte müssen vollständig dicht und dauerhaft sein. Sie sind besonders zu kennzeichnen und dürfen für andere Zwecke nicht verwendet werden. Kleinverbraucherpackungen müssen sich deutlich von den für Lebensmittel, Arzneimittel, Gesundheitspflegemittel und Futtermittel üblichen Kleinverbraucherpackungen unterscheiden.

An die Verpackung werden folgende Grundforderungen gestellt:

— Sie muß dicht und dauerhaft sein,
d. h. die Verpackung muß solche Eigenschaften besitzen, die bei normaler Belastung ein Austreten von Gift verhindern. Spezifische Forderungen an die Art der Verpackung, Belastbarkeit, die Qualität und die chemische Resistenz stellt die Ordnung über den Transport gefährlicher Güter. In der Regel muß davon ausgegangen werden, daß vom Hersteller Gifte zum Verbraucher transportiert werden und daher hinsichtlich der Verpackung diesen Forderungen entsprechen müssen.

— Die Verpackung muß sich deutlich unterscheiden von Kleinverbraucherpackungen für Lebensmittel, Arzneimittel, Gesundheitspflegemittel und Futtermittel.
Diese Forderung soll folgenschwere Verwechslungen vermeiden helfen. Sie wurde auf Kleinverpackungen beschränkt, weil diese in großem Umfange in die Hände nicht immer sachkundiger Verbraucher gelangen. Daraus ergibt sich, daß eine Aufbewahrung von Giften in Lebensmittelverpackungen bzw. Haushaltsgefäßen verboten ist. Das betrifft auch die Abgabe von losen Giften in Verkaufsstellen sowie das Umfüllen von Giften aus Großpackungen in kleinere Verpackungen.

— Verwendungsverbot für andere Zwecke.
Giftverpackungen dürfen nicht für andere Zwecke verwendet werden. Der Kleinverbraucher soll möglichst durch Form und Farbgebung der Verpackung und durch dauerhafte Kennzeichnung vor mißbräuchlicher Verwendung der Verpackung gewarnt werden. Sogenannte „Giftflaschen" (grün,

sechseckig), wie sie vor Jahren im Gebrauch waren, gibt es jedoch nicht mehr.

Bei Großemballagen ist durch entsprechende Betriebs- und Verarbeitungsvorschriften abzusichern, daß die Verpackung ordnungsgemäß rückgeführt oder vernichtet wird.

— Ordnungsgemäße Kennzeichnung

Verantwortlich für die ordnungsgemäße Kennzeichnung ist, wer Gifte herstellt, gewinnt, importiert oder anderweitig in den Verkehr bringt. Eine besondere Verantwortung tragen hierbei auch die Importorgane, die dafür Sorge zu tragen haben, daß zu importierende Gifte, die vor der Einfuhr vom Minister für Gesundheitswesen entsprechend ihrer Toxizität eingestuft wurden, nach den geltenden Rechtsbestimmungen gekennzeichnet werden.

1. Durchführungsbestimmung

§ 10

(1) Die Verpackung der Gifte muß so beschaffen sein, daß ein Verschütten, Verstäuben, Ausfließen oder Verdunsten der Gifte aus der bzw. durch die Verpackung ausgeschlossen ist. Die Werkstoffe der Verpackung dürfen vom Inhalt nicht angegriffen werden.

(2) Auf den Verpackungen sind der Name des Erzeugnisses, des Herstellers oder desjenigen, der das Erzeugnis unter seinem Namen in den Verkehr bringt, sowie die chemische Bezeichnung des Giftes entsprechend der gültigen chemischen Nomenklatur oder die chemische Kurzbezeichnung anzugeben. Bei Erzeugnissen, die weniger als 0,1% Gifte der Abteilung 1 oder weniger als 1% Gifte der Abteilung 2 enthalten, kann die Angabe der chemischen Bezeichnung für diese Gifte entfallen.

In den Handel gelangen in der Regel konfektionierte Gifte, auf deren Verpackung der Hersteller angegeben ist. Werden jedoch im Groß- oder Einzelhandel Abfüllungen aus Großemballagen bzw. Großpackungen vorgenommen, ist die Kleinabpackung so zu kennzeichnen, daß ersichtlich ist, wer die Abfüllung bzw. Abpackung vorgenommen hat. Drogerien haben beispielsweise für die Kennzeichnung von chemischen Stoffen, die in Kleinabpackungen abgegeben werden Etiketten, auf denen der Name der Verkaufseinrichtung aufgedruckt ist.

Setzt sich ein als Gift eingestufter Stoff (Formulierung) aus mehreren giftigen Wirkstoffen zusammen, so sind neben den geforderten Angaben zur Kenn-

zeichnung auch die chemischen Bezeichnungen für jene Gifte anzugeben, die — handelt es sich um Gifte der Abteilung 1 — zu mehr als 0,1 % enthalten sind bzw. — handelt es sich um Gifte der Abteilung 2 — zu mehr als 1 % in der Formulierung enthalten sind.
Diese Festlegung trifft nicht für solche chemischen Stoffe zu, die insgesamt nicht als Gift eingestuft sind.

§ 10

(3) Gifte der Abteilung 1 sind auf der Verpackung zusätzlich wie folgt zu kennzeichnen:
Totenkopf und darunter das Wort „Gift“,
beides in weiß auf schwarzem Grund.

Abb. 8

(4) Gifte der Abteilung 2 sind auf der Verpackung zusätzlich wie folgt zu kennzeichnen:
Totenkopf und darunter das Wort „Gift“,
beides in rot auf weißem Grund.

Abb. 9

Bei der Kennzeichnung von Säuren und Laugen, deren Konzentration oberhalb der im Verzeichnis eingestufter Gifte — Anlage 2 — aufgeführten Grenzkonzentration liegt, ist die vom § 10 Abs. 4 abweichende Festlegung im § 2 der 2. Durchführungsbestimmung zu beachten.

Danach heißt es im § 2 Abs. 1 u. a.: „Für die in der Anlage 2 genannten konzentrierten Säuren und Laugen gelten nicht . . ., § 10 Absätze 4 und 5 Satz 2 und § 11 der Ersten Durchführungsbestimmung zum Giftgesetz“.

§ 2 Abs. 2 der 2. Durchführungsbestimmung lautet:

Konzentrierte Säuren und Laugen sind zusätzlich zu den Festlegungen des § 10 Abs. 2 der Ersten Durchführungsbestimmung zum Giftgesetz wie folgt zu kennzeichnen:
„Vorsicht, stark ätzend!“

§ 10

(5) Die Kennzeichnung hat deutlich lesbar, sichtbar und dauerhaft haltbar an einer auffallenden Stelle der Verpackung zu erfolgen. Das Wort „Gift“ muß in mindestens gleicher, das Totenkopfzeichen in mindestens doppelter Größe wie die Buchstaben des Namens des Erzeugnisses angebracht sein.

So kann zum Beispiel bei der nachträglichen Kennzeichnung von Importen oder vorhandenen Beständen neueingestufter Produkte durch Anbringen der Zusatzsymbole die ordnungsgemäße Kennzeichnung erfolgen.

Die Einarbeitung der Kennzeichnung in ein Etikett bzw. die Beibehaltung der Kennfarbe für den gesamten Text sind zulässig.

§ 10

(6) Auf den Verpackungen der Pflanzenschutzmittel, der Vorratsschutzmittel, der Mittel zur Steuerung biologischer Prozesse, der Holzschutzmittel und der Mittel zur Bekämpfung von Gesundheitsschädlingen sind zusätzlich Hinweise für eine gefahrlose Verwendung, eine ordnungsgemäße und sichere Lagerung sowie für Maßnahmen der Ersten Hilfe bei Vergiftungserscheinungen anzubringen oder den Packungen beizufügen.

Werden diese Mittel Großverpackungen bzw. Großemballagen entnommen und in Kleinverpackungen umgefüllt, sind dem Erwerber dieser Mittel die geforderten Hinweise in geeigneter Weise zugänglich zu machen. Die Aushändigung eines Handzettels mit diesen Hinweisen bzw. die Einsichtnahme in ein Exemplar dieses Hinweiszettels beim Kauf sind ebenfalls geeignete Maßnahmen, den Forderungen des Gesetzes nachzukommen.

§ 10

(7) Pflanzenschutzmittel, Vorratsschutzmittel, Mittel zur Steuerung biologischer Prozesse, Holzschutzmittel und Mittel zur Bekämpfung von Gesundheitsschädlingen sind, wenn eine Verwechslung mit Lebensmitteln, Gesundheitspflegemitteln und Futtermitteln nicht auszuschließen ist, auffallend und dauerhaft zu färben.

Sind aus o. g. Gründen Mittel anzufärben, so entscheidet darüber auf Vorschlag des Herstellers das für die Prüfung und Zulassung zuständige zentrale Staatsorgan.

§ 10

(8) Verantwortlich für die ordnungsgemäße Kennzeichnung ist, wer Gifte herstellt, gewinnt, importiert oder anderweitig in den Verkehr bringt. Erwerber und Verwender sind verpflichtet, die Kennzeichnung der Verpackung beizubehalten und bei Beschädigung so zu erneuern, wie sie vom Verantwortlichen vorgenommen wurde.

Besonders in Handelseinrichtungen sind von Zeit zu Zeit schlecht oder unleserlich gewordene Kennzeichnungen auf Flaschen oder anderen Behältnissen durch neue zu ersetzen. Die Kennzeichnung mit Glasschreibstiften ist — auch wenn sie nur vorübergehend erfolgt — nicht statthaft.

1. Durchführungsbestimmung

§ 11

(1) Die Türen der Giftlager und die Behältnisse zur Lagerung von Giften sind außen, die Lagerflächen an auffallender Stelle mit dem Warnzeichen für giftige Substanzen sowie einem Zusatzzeichen mit dem Text „Gift der Abteilung 1" bzw. „Gift der Abteilung 2" entsprechend dem hierfür geltenden staatlichen Standard zu kennzeichnen.

Im innerbetrieblichen Verkehr sind Lagerbehälter für Gifte in gleicher Weise und zusätzlich mit dem Namen des Erzeugnisses zu kennzeichnen. Für Betriebsbehälter, wie Reaktionsgefäße und Rohrleitungen, ist die Kennzeichnung innerbetrieblich zu regeln.

Das Warnzeichen für giftige Substanzen ist in der TGL 30 817, Sicherheitsfarben und Sicherheitszeichen, unter dem Kurzzeichen C 6 zu finden. (s. Anlage/Verzeichnis der Rechtsvorschriften).

Die Kennzeichnungsforderungen gelten nicht für die in der Giftabteilung 2 gesondert aufgeführten konzentrierten Säuren und Laugen. Hierfür wird — obwohl vom Giftgesetz nicht gefordert — die Anbringung des Sicherheitszeichens „Warnung vor Gefahr durch ätzende Stoffe" empfohlen.

Die bildliche Darstellung ist ebenfalls in der genannten TGL unter dem Kurzzeichen C 1 zu finden. (s. Anlage/Verzeichnis der Rechtsvorschriften).

Neben den o. g. Sicherheitskennzeichen sind im innerbetrieblichen Verkehr auch die Kennzeichnungen mit dem Totenkopf weiß auf schwarz (für Abteilung 1) bzw. rot auf weiß (für Abteilung 2) zulässig.

Entsprechend der Art und des Umfanges der Gefährdung sollten bes. für den Havariefall Verwechslungsgefahren ausgeschlossen werden.

Beim Umgang mit Giften der Abteilung 1 in Laboratorien muß davon ausgegangen werden, daß die betreffenden Werktätigen bestätigt sind. Die im

Laboratorium zur Verarbeitung befindlichen Gifte, dazu können auch Reagenzienlösungen, Analysenproben, Chemikalien in Standflaschen gehören, sind bezüglich des Inhaltes eindeutig zu kennzeichnen (Name oder chemische Bezeichnung oder chemisches Kurzzeichen). Eine Giftkennzeichnung schreibt das Gesetz nicht vor. Es bleibt der innerbetrieblichen Regelung überlassen, ob die Gefäße, in denen sich diese Lösungen bzw. Substanzen befinden, sofern sie der Giftabteilung 1 angehören, zusätzlich gekennzeichnet werden. Die Kennzeichnungspflicht besteht in jedem Falle bei Vorräten an Laborchemikalien, die gelagert werden.

2. Durchführungsbestimmung

§ 2

(2) Konzentrierte Säuren und Laugen sind zusätzlich zu den Festlegungen des § 10 Abs. 2 der Ersten Durchführungsbestimmung zum Giftgesetz wie folgt zu kennzeichnen:

„Vorsicht, stark ätzend!"

Als Kennfarbe wird rot auf weißem Grund empfohlen. Vergleiche hierzu den Kommentar im Abschnitt „Sonderregelungen für den Verkehr mit Säuren und Laugen."

3. Durchführungsbestimmung

§ 2

Kennzeichnung der Transportpapiere und der Versandstücke

(1) Die Absender von Giften der Abteilung 1 und 2 haben für den Transport dieser Gifte, soweit für diesen Transport die Transportordnung für gefährliche Güter (TOG) gilt, die Transportpapiere und die Versandstücke, Container und Güterwagen zusätzlich wie folgt zu kennzeichnen:

a) Transportpapiere:

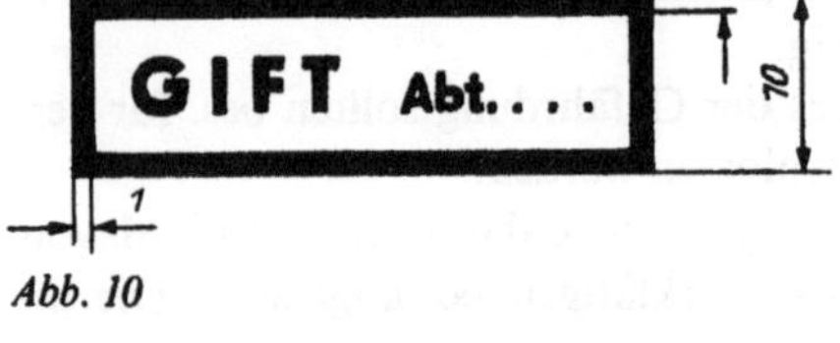

Abb. 10

b) Versandstücke, Container, Güterwagen:

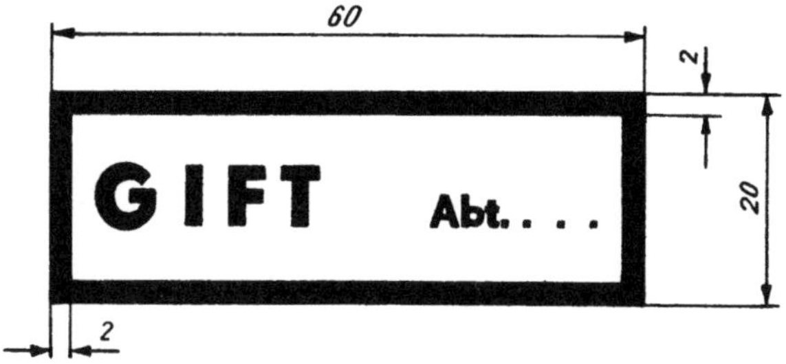

Abb. 11

(2) In den Transportpapieren hat das Kennzeichnen in dem für die Bezeichnung des Gutes vorgesehenen Raum und auf den Versandstücken, an den Klein-, Mittel- und Großcontainern sowie an den Güterwagen im unteren Teil des nach der Transportordnung für gefährliche Güter (TOG) anzubringenden Gefahrenzettels mit schwarzer Farbe durch Einstempeln zu erfolgen. In den Transportpapieren ist auch das Eindrucken zugelassen.

Zusatzkennzeichnung für den Transport

Entsprechend den Forderungen der Transportordnung für gefährliche Güter (TOG) sind auf Versandstücken zusätzlich Gefahrenzettel anzubringen.

Abb. 12: Gefahrenzettel Nr. 4 der TOG

Diese Gefahrenzettel werden für Verpackungen im Stückgutverkehr sowie zur Kennzeichnung von Güterwagen, Kesselwagen und Containern gefordert.

Als zusätzliche Warnzeichen sind sie kein Ersatz für die vollständige Kennzeichnung der Versandstücke gemäß § 10 der 1. Durchführungsbestimmung.

Die unten stehende Abbildung zeigt einen Aufkleber für ätzende Stoffe zur Kennzeichnung von Güterwagen bzw. Transportpapieren gemäß TOG.

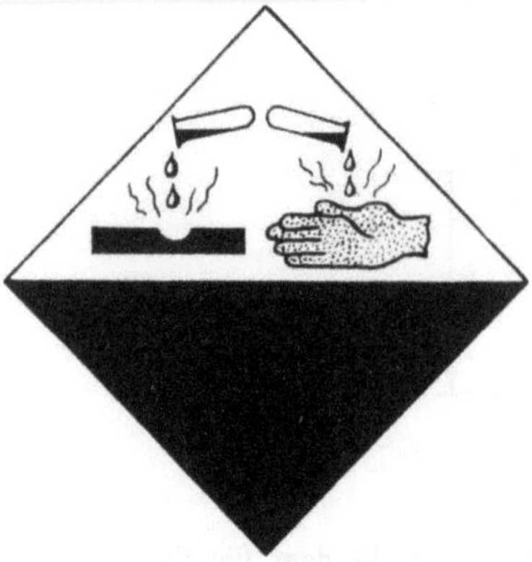

Abb. 13: Gefahrenzettel Nr. 5 der TOG

§ 2

(3) Für leere, ungereinigte Kesselwagen, die Gifte der Abteilung 2 enthalten entfällt die zusätzliche Kennzeichnung gemäß Absatz 1.

Sonderregelungen für den Verkehr mit giftigen Pflanzenschutzmitteln

Gesonderte Festlegungen für die Prüfung und Zulassung sowie den Verkehr mit Pflanzenschutz-, Vorratsschutzmitteln und Mitteln zur Steuerung biologischer Prozesse, mit Holzschutzmitteln und Mitteln zur Bekämpfung von Gesundheitsschädlingen werden im § 5 Absatz 2 des Giftgesetzes, im § 10 Absätze 6 und 7, § 17 Absatz 1, § 19 Absatz 2 sowie § 24 der 1. Durchführungsbestimmung getroffen.

Gesetz

§ 5

(2) Mit der Prüfung und Zulassung von Pflanzenschutz-, Vorratsschutzmitteln und von Mitteln zur Steuerung biologischer Prozesse, von Holzschutzmitteln und Mitteln zur Bekämpfung von Gesundheitsschädlingen hat das dafür zuständige zentrale Staatsorgan gleichzeitig auf der Grundlage des Verzeichnisses der Gifte im Einvernehmen mit dem Ministerium für Gesundheitswesen festzulegen, welcher Abteilung der Gifte diese Mittel zuzuordnen sind. Die Entscheidung über die Zuordnung zu den Giften ist mit der staatlichen Zulassung der genannten Mittel zu veröffentlichen.

Die Pflanzenschutz- und Vorratsschutzmittel, die Mittel zur Steuerung biologischer Prozesse, die Holzschutzmittel und Mittel zur Bekämpfung von Gesundheitsschädlingen nehmen, soweit sie Gifte sind, im Giftgesetz eine gewisse Sonderstellung ein. Die genannten Stoffe haben in der Vergangenheit besondere Aufmerksamkeit erlangt, da es durch ihren z. T. unkontrollierten und damit verbundenen mißbräuchlichen Einsatz zu Schäden in der Umwelt kam. Um zu verhindern, daß diese Substanzen den immerhin sehr breiten Anwenderkreis direkt gesundheitlich gefährden bzw. über die Nahrungskette den Menschen schädigen können, ist ihre Zulassung über die Belange des Giftgesetzes hinaus staatlich geregelt worden. So werden unter Federführung des Instituts für Pflanzenschutzforschung der Akademie der Landwirtschaftswissenschaften der DDR, Kleinmachnow, die Pflanzenschutz-, Vorratsschutzmittel und Mittel zur Steuerung biologischer Prozesse geprüft und vom Zulassungsausschuß für Pflanzenschutzmittel beim Ministerium für Land-, Forst- und Nahrungsgüterwirtschaft auf der Grundlage des Gesetzes zum Schutze der Kultur- und Nutzpflanzen vom 25. November 1953, GBl. I Nr. 101, S. 843, zugelassen. Neben der akuten und chronischen Warmblütertoxizität wird auch die Toxizität gegenüber Wasserorganismen und gegenüber Nutzinsekten (Bienen) untersucht. Zugleich werden Anwendungszeiten sowie die Karenzzeiten festgelegt und diese im Pflanzenschutzmittelverzeichnis des VEB Deutscher Landwirtschaftsverlag Berlin veröffentlicht. Die zulässigen Toleranzen für die Rückstände in Lebensmitteln sind in der Anordnung über Rückstände von Pflanzenschutz- und Schädlingsbekämpfungsmitteln vom 18. Dez. 1973 (GBl. I Nr. 3 S. 27) ausgewiesen. Die Mittel zur Bekämpfung von Gesundheitsschädlingen werden durch das Staatliche Kontrollinstitut für Seren und Impfstoffe, Referenzlaboratorium für die Bekämpfung gesundheitsschädlicher Arthropoden in Kleinmachnow geprüft und staatlich zugelassen. Gesetzliche Grundlage für diese Verfahrensweise ist die Verordnung über die Bekämpfung von Gesundheitsschädlingen vom 6. Juni 1957, GBl. I Nr. 42, S. 329 sowie die hierzu erlassene Durchführungsbestimmung vom 28. Februar 1975, GBl. I, Nr. 14, S. 283.

Holzschutzmittel werden vom Amt für Standardisierung, Meßwesen und Warenprüfung der DDR in Zusammenarbeit mit dem Institut für Forstwirtschaft Eberswalde überwacht, geprüft und anerkannt auf der Basis der Verordnung über den Schutz von Holz und Holzwerkstoffen vom 7. Januar 1965 (GBl. II, Nr. 19, S. 141). In den beschriebenen Fällen wird der Antrag auf Einstufung der Mittel als Gift nicht vom Hersteller oder Importeur, sondern von der jeweils zuständigen staatlichen Zulassungseinrichtung gestellt. Die Einstufung in eine Giftabteilung bzw. die Nichteinstufung im Sinne des Gesetzes erfolgt nach den in der 1. Durchführungsbestimmung zum Giftgesetz geforderten Kriterien. Die staatlichen Zulassungseinrichtungen sind auch für die Veröffentlichung der Einstufungsentscheidungen verantwortlich. Die Einstufungen werden im Pflanzenschutzmittelverzeichnis veröffentlicht. Die Vorabbekanntmachung der als Gifte eingestuften Pflanzenschutz-, Vorratsschutzmittel und Mittel zur Steuerung biologischer Prozesse und Mittel zur Bekämpfung von Gesundheitsschädlingen erfolgte bisher im Nachrichtenblatt für den Pflanzenschutzdienst. Für die Kennzeichnung und Verpackung der Pflanzenschutz-, Vorratsschutzmittel, Mittel zur Steuerung biologischer Prozesse, Holzschutzmittel und Mittel zur Bekämpfung von Gesundheitsschädlingen ist gemäß § 10, Absätze 6, 7 und 8 der 1. Durchführungsbestimmung zum Giftgesetz verantwortlich, wer diese Stoffe herstellt, gewinnt, importiert oder anderweitig in Verkehr bringt.

1. Durchführungsbestimmung

§ 10

(7) Pflanzenschutzmittel, Vorratsschutzmittel, Mittel zur Steuerung biologischer Prozesse, Holzschutzmittel und Mittel zur Bekämpfung von Gesundheitsschädlingen sind, wenn eine Verwechslung mit Lebensmitteln, Gesundheitspflegemitteln und Futtermitteln nicht auszuschließen ist, auffallend und dauerhaft zu färben.

Als Beispiel soll hier die Anfärbung quecksilberhaltiger Beizmittel für Saatgetreide angeführt werden. Damit soll verhindert werden, daß bereits gebeiztes Getreide der menschlichen oder tierischen Ernährung zugeführt wird.

§ 24

(1) Die Abgabe, der Erwerb und die Verwendung von gasförmigen oder Gase entwickelnden Pflanzenschutzmitteln, Vorratsschutzmitteln, Mitteln zur Steuerung biologischer Prozesse und Holzschutzmitteln, die Gifte der Abteilung 1 sind, darf nur durch Betriebe und Einrichtunßen erfolgen, denen dafür ausdrücklich die Erlaubnis durch das örtlich zuständige Volkspolizei-Kreisamt erteilt wurde.

Gasförmige Gifte bergen eine größere potentielle Gefahr für Gesundheit und Leben der Menschen, besonders für den mit diesen Gasen in Berührung kommenden Personenkreis in sich, so daß die Durchführungsbestimmung eine ausdrückliche Erlaubnis für die Abgabe, den Erwerb und die Verwendung durch die Deutsche Volkspolizei vorschreibt.

Die Erteilung der Erlaubnis wird abhängig gemacht vom Vorliegen des Befähigungsnachweises zum Umgang mit gasförmigen oder Gase entwickelnden Giften, der gemäß § 17 der 1. Durchführungsbestimmung in einer gesonderten Prüfung erworben werden muß. Desweiteren wird in diesem Zusammenhang der Lagerung besondere Aufmerksamkeit zu schenken sein.

Sonderregelungen für den Verkehr mit Säuren und Laugen

Gesonderte Festlegungen für den Verkehr mit Säuren und Laugen werden in § 16 Absatz 1 des Giftgesetzes und in § 2 der 2. Durchführungsbestimmung getroffen.

Gesetz

§ 16

(1) Der Minister für Gesundheitswesen kann für den Verkehr mit Säuren und Laugen von diesem Gesetz abweichende Festlegungen treffen.

2. Durchführungsbestimmung

§ 2

(1) Für die in der Anlage 2 genannten konzentrierten Säuren und Laugen gelten nicht § 3 Abs. 4, § 4 Abs. 3 und § 7 Abs. 4 des Giftgesetzes sowie § 8 Absätze 3 und 4, § 10 Absätze 4 und 5 Satz 2 und § 11 der Ersten Durchführungsbestimmung zum Giftgesetz.

Eine Vielzahl chemischer Stoffe besitzt mehrere gefährliche Eigenschaften, durch die eine Gesundheitsschädigung möglich ist. Bei giftigen radioaktiven Substanzen z. B. ist die ionisierende Strahlung die primär zu bewertende Schädigungsmöglichkeit. Diese Stoffe und der Umgang mit radioaktiven Materialien werden durch gesonderte gesetzliche Bestimmungen erfaßt. Die Gefahr einer Vergiftung mit diesen Stoffen ist auf Grund der besonderen Handhabungs- und Überwachungsvorschriften praktisch nicht gegeben. Daher sind radioaktive Stoffe nicht als Gifte vom Giftgesetz erfaßt. Beim Umgang mit Säuren und Laugen besteht neben der Vergiftungsgefahr die Gefahr der Verätzung. Giftige und ätzende Eigenschaften müssen jedoch von der Gefährdungsmöglichkeit her etwa gleichgesetzt werden. Deshalb können Säuren und Laugen nicht ohne weiteres aus dem Geltungsbereich des Giftgesetzes entlassen werden. Um aber dem besonderen Status der Säuren und Laugen, die in großem Umfange in der Produktion, Forschung und im Bereich des Handwerks Anwendung finden, gerecht zu werden, ermöglicht § 16 Absatz 1 des Giftgesetzes eine Ausnahmeregelung für bestimmte Säuren und Laugen. § 2 der 2. Durchführungsbestimmung stellt die vom Gesetz abweichende Sonderregelung dar. Danach besteht die vom beim Verkehr mit den als Gifte der Abteilung 2 eingestuften Säuren und Laugen keine Pflicht:

— zur Nachweisführung über den Bestand, den Zu- und Abgang
— zur jährlichen Bestandskontrolle
— zum Einsatz von Giftbeauftragten
— der Meldung dieser Stoffe zur Registrierung durch die Deutsche Volkspolizei
— zur Kennzeichnung der Giftlager
— zur Kennzeichnung mit Totenkopf und der Aufschrift „Gift"

§ 2

(2) Konzentrierte Säuren und Laugen sind zusätzlich zu den Festlegungen des § 10 Abs. 2 der Ersten Durchführungsbestimmung zum Giftgesetz wie folgt zu kennzeichnen:
„Vorsicht, stark ätzend!"

Für die Kennzeichnung wird eine im Giftgesetz sonst nicht verwendete Form vorgeschrieben, die auf den Charakter dieser Stoffe noch einmal besonders hinweist. Die Einführung eines Piktogramms an Stelle des schriftlichen Hinweises auf ätzende Eigenschaft wird geprüft.

In Abweichung von den sonst im Verzeichnis eingestufter Gifte fehlenden Konzentrationsangaben wurde bei den gebräuchlichen Säuren und Laugen nicht darauf verzichtet. Säuren und Laugen unterhalb der angegebenen Grenzkonzentrationen unterliegen damit nicht den Festlegungen des Giftgesetzes. Das ist aus rein praktischen Erwägungen heraus geschehen, damit z. B. nicht die Verwendung des Speiseessigs im Haushalt bzw. anderer verdünnter Säuren, einer Reglementierung unterworfen werden.

Befähigungsnachweis für Giftbeauftragte

Die Voraussetzung für den Erwerb des Befähigungsnachweises für Giftbeauftragte sind im § 4 Absatz 3 des Giftgesetzes und in den §§ 13—19 der 1. Durchführungsbestimmung zum Giftgesetz genannt.

Gesetz

Vergleiche hierzu den Kommentar zum § 4 Absatz 3 des Giftgesetzes im Abschnitt „Verantwortlichkeit".

1. Durchführungsbestimmung

§ 13

(1) Giftbeauftragte bedürfen zur Ausübung ihrer Tätigkeit eines Befähigungsnachweises.

(2) Die Leiter der Betriebe und Einrichtungen haben für die Qualifizierung zu Giftbeauftragten nur Werktätige vorzuschlagen, die für diese Tätigkeit die persönliche Eignung und die fachlichen Voraussetzungen besitzen.

Der Befähigungsnachweis ist ohne Ausnahme von allen Werktätigen zu erbringen, die als Giftbeauftragte tätig werden sollen.

Bereits bei der Auswahl von Werktätigen zur Qualifizierung als Giftbeauftragte beginnt die Verantwortung des Leiters. Damit wird die Prüfung der persönlichen Eignung nicht nur eine Aufgabe der Deutschen Volkspolizei, bei der die persönliche Erlaubnis für Giftbeauftragte zum Verkehr mit Giften der Abteilung 1 zu beantragen ist. Für die Prüfung der persönlichen Eignung von Giftbeauftragten für den Verkehr mit Giften der Abteilung 2 trägt der Leiter allein die Verantwortung.

§ 14

(1) Die fachliche Befähigung für die Tätigkeit als Giftbeauftragter ist durch Ablegen einer Prüfung nachzuweisen.

(2) Die Zulassung zur Prüfung ist durch die Betriebe und Einrichtungen beim Rat des Kreises, Abteilung Gesundheits- und Sozialwesen, zu beantragen. Dem Antrag sind beizufügen:

- **vollständige Angaben zur Person, eine Beurteilung und ggf. der Nachweis über eine fachspezifische Qualifikation;**
- **Angaben über Art und Umfang des Verkehrs mit Giften;**
- **Benennung der Gifte im vorgesehenen Tätigkeitsbereich.**

(3) In der Prüfung sind Kenntnisse über

- **die Rechtsvorschriften über den Verkehr mit Giften sowie über einschlägige Bestimmungen des Gesundheits- und Arbeitsschutzes sowie Brandschutzes;**
- **die Zusammensetzung, Eigenschaften und Wirkung der Gifte;**
- **das Erkennen von Vergiftungen und Maßnahmen der Ersten Hilfe und**
- **das Verhalten bei Havarien und anderen Vorkommnissen im Verkehr mit Giften**

nachzuweisen.

Die fachliche Befähigung für die Ausübung der Funktion des Giftbeauftragten ist in einer Prüfung nachzuweisen. Über die erfolgreiche Ablegung der Prüfung wird ein Befähigungsnachweis mit befristeter Geltungsdauer ausgestellt.

Die Betriebe und Einrichtungen holen beim Rat des Kreises bzw. Stadtbezirks,

Antrag

zur Erlangung des Befähigungsnachweises für Giftbeauftragte
gemäß § 13 der 1. DB zum Giftgesetz vom 7. April 1977

Personalien:

Name, Vorname

Geburtstag, Geburtsort (Kreis)

PA-Nr., PKZ

Anschrift

Begründung:

vorgesehener Einsatz als Giftbeauftragter für Betrieb/Struktureinheit

Umgang mit folgenden Giften
(Zutreffendes ankreuzen)

a) gasförmige oder Gase entwickelnde PSM, Vorratsschutzmittel, Mittel zur Steuerung biologischer Prozesse und Holzschutzmittel, die Gifte der Abt. 1 sind. ☐

b) alle anderen Gifte der Abt. 1 ☐

c) Gifte der Abt. 2 ☐

Qualifikation
Kurze Charakteristik des Kollegen (z.B. Zuverlässigkeit, Arbeitsdisziplin etc.)

Schulung besucht am Unterschrift

Befähigungsnachweis abgelegt am

Nur für Gifte der Abt. 1 Bestätigung durch die VP am

Abb. 14: Antrag des CKB Bitterfeld

Abt. Gesundheits- und Sozialwesen, die Zulassung der von ihnen nominierten Kader zur Prüfung ein. Dem schriftlichen Antrag sind die im § 14 Absatz 2 der 1. Durchführungsbestimmung genannten Angaben beizufügen.

Ein polizeiliches Führungszeugnis ist nicht erforderlich. In der Prüfung sind Kenntnisse entsprechend den Festlegungen des § 14 Absatz 3 der 1. Durchführungsbestimmung nachzuweisen.

§ 15

(1) Zur Vorbereitung auf die Prüfung sind entsprechend den Erfordernissen durch die Abteilung Gesundheits- und Sozialwesen der Räte der Kreise Lehrgänge durchzuführen. Einrichtungen der Volksbildung können mit der Durchführung von Lehrgängen beauftragt werden. Die Berechtigung zur Durchführung von Lehrgängen kann Bildungsstätten von Betrieben und Einrichtungen oder der Kammer der Technik übertragen werden.

(2) Die Wissensvermittlung kann entsprechend der vorgesehenen Tätigkeit auf bestimmte Gifte beschränkt werden.

Der Gesetzgeber räumt hier die Möglichkeit zur Nutzung aller gesellschaftlichen Potenzen ein, Giftbeauftragte auf den speziellen Gebieten auszubilden. Aus bestimmten territorialen Gegebenheiten heraus bzw. anderen Gründen kann die Durchführung der Lehrgänge Einrichtungen der Volksbildung, Bildungsstätten der Betriebe, der Kammer der Technik bzw. der Urania übertragen werden. Das heißt jedoch nicht, daß damit ebenfalls alle Pflichten vom Gesundheitswesen auf die jeweiligen mit der Durchführung der Lehrgänge beauftragten Einrichtungen übergehen. Alle mit der Prüfung im Zusammenhang stehenden Maßnahmen werden nach wie vor von den Abteilungen Gesundheits- und Sozialwesen geregelt.

Die Übertragung der Lehrgänge auf die o. g. Einrichtungen hat sich insofern bewährt, da dort oft gute Voraussetzungen für die lehrgangsmäßige Durchführung solcher Veranstaltungen vorhanden sind. In Bildungseinrichtungen der Betriebe — z. B. Betriebsakademien — lassen sich allein schon durch den Wegfall großer Anfahrtswege größere Gruppen optimal ausbilden. Die speziellen Bedingungen des Betriebes können außerdem besser Berücksichtigung finden.

Dabei kommt es darauf an, nicht Wissen über alle im Verzeichnis eingestufter Gifte enthaltenden Substanzen zu vermitteln, sondern nur über jene Gifte, mit denen der Giftbeauftragte nach Ablegung der Prüfung Umgang hat; das kann im Extremfall auf die Vermittlung des notwendigen Wissens über ein Gift beschränkt sein. Im Befähigungsnachweis müssen die Gifte genannt werden, über deren Zusammensetzung, Eigenschaften und Wirkung die Prüfung abgelegt wurde. Der in der Anlage aufgeführte Rahmenlehrplan für Lehrgänge zur

Erlangung des Befähigungsnachweises für Giftbeauftragte soll Richtschnur bei der Durchführung solcher Lehrgänge sein. Die Zeitvorgaben haben nur empfehlenden Charakter.

§ 16

(1) Für Werktätige mit einem abgeschlossenen medizinischen, veterinärmedizinischen oder naturwissenschaftlichen Studium auf den Gebieten der Chemie oder der Pharmazie ist die Teilnahme an einem Lehrgang gemäß § 15 nicht erforderlich. Die Prüfung ist auf die Rechtsvorschriften über den Verkehr mit Giften, die einschlägigen Bestimmungen des Gesundheits- und Arbeitsschutzes sowie Brandschutzes und das Verhalten bei Havarien und anderen Vorkommnissen im Verkehr mit Giften zu beschränken.

(2) Bei Werktätigen mit einer abgeschlossenen fachspezifischen Berufsausbildung kann von der Teilnahme an einem Lehrgang zur Vorbereitung auf die Prüfung abgesehen werden. Die Entscheidung darüber trifft der Leiter des Betriebes bzw. der Einrichtung.

Der Gesetzgeber schreibt keine Teilnahme an einem Lehrgang zur Vorbereitung auf die Prüfung bei dem Personenkreis vor, der die fachlichen Voraussetzungen auf Grund seiner Ausbildung besitzt.

Dazu gehören Werktätige mit einem abgeschlossenen medizinischen, veterinärmedizinischen, pharmazeutischen oder chemischen Hoch- bzw. Fachschulstudium. In der Prüfung sind lediglich Kenntnisse über die mit dem Giftgesetz unmittelbar in Berührung stehenden Rechtsvorschriften (siehe auch Rahmenlehrplan), das Verhalten bei Havarien und anderen Vorkommnissen beim Verkehr mit Giften nachzuweisen.

Von der Teilnahme an einem Lehrgang zur Vorbereitung auf die Prüfung kann ebenfalls bei Werktätigen abgesehen werden, die eine fachspezifische Berufsausbildung (z. B. Chemielaborant, Drogist) absolviert haben. Das heißt nicht, das dieser Personenkreis von der Prüfung über Zusammensetzung, Eigenschaften und Wirkung der Gifte befreit ist.

Damit müssen sich alle Werktätigen einer Prüfung über ihre Kenntnisse auf dem Gebiet der einschlägigen Rechtsvorschriften unterziehen, sofern sie als Giftbeauftragte eingesetzt werden sollen.

§ 17

(1) Die fachliche Befähigung für den Verkehr mit gasförmigen oder Gase entwickelnden Pflanzenschutzmitteln, Vorratsschutzmitteln, Mitteln zur Steuerung biologischer Prozesse und Holzschutzmitteln, die Gifte der Abteilung 1 sind, ist in einer gesonderten Prüfung nachzuweisen.

(2) Zur Prüfung sind nur Werktätige zuzulassen, die in einem Lehrgang neben den geforderten theoretischen Kenntnissen Fertigkeiten bei der praktischen Anwendung der genannten Mittel erworben haben.

(3) Die Lehrunterlagen für die Ausbildung bedürfen der Bestätigung durch das für die Prüfung und Zulassung der genannten Mittel zuständige zentrale Staatsorgan.

Auf Grund der außerordentlichen Gefährlichkeit der gasförmigen oder Gase entwickelnden Pflanzenschutzmittel, Vorratsschutzmittel, Mittel zur Steuerung biologischer Prozesse und Holzschutzmittel, die der Abteilung 1 angehören, wurden spezielle Festlegungen für den Verkehr getroffen. Danach sind Kenntnisse über den Verkehr mit diesen Giften in gesonderten Prüfungen nachzuweisen.

Die Lehrgänge und Prüfungen werden von einem besonders autorisierten Personenkreis durchgeführt. Auskunft darüber erteilen die Abteilungen Gesundheits- und Sozialwesen bei den Räten der Kreise bzw. Stadtbezirke. Zur Prüfung werden jedoch nur solche Werktätigen zugelassen, die in einem Lehrgang neben dem theoretischen Wissen vor allem praktische Kenntnisse zur Anwendung der Mittel erworben haben. Die Ausbildung stützt sich hierbei im wesentlichen auf Lehrunterlagen, die durch das zuständige zentrale Staatsorgan bestätigt wurden.

Diese Festlegungen treffen nicht für Werktätige zu, welche gasförmige oder Gase entwickelnde Gifte herstellen. Die Herstellung dieser Mittel ist nicht mit der Anwendung gleichzusetzen. Für diesen Personenkreis gelten die Anforderungen des Giftgesetzes für Giftbeauftragte bzw. Werktätige, die mit Giften der Abteilung 1 umgehen sollen. Die Werktätigen werden darüber hinaus in den Arbeitsschutzbelehrungen über die Besonderheiten beim Umgang mit diesen Giften belehrt.

§ 18

(1) Zur Abnahme der Prüfung gemäß den §§ 14 und 17 ist beim Rat des Kreises, Abteilung Gesundheits- und Sozialwesen eine Kommission zu bilden. Der Kommission gehören an:

- **der Kreisarzt oder ein von ihm Beauftragter als Vorsitzender,**
- **ein Vertreter der Staatlichen Hygieneinspektion,**
- **ein Facharzt für Arbeitshygiene,**
- **der Kreisapotheker,**
- **der Kreistierarzt und/oder der Leiter der Pflanzenschutzstelle beim Rat des Kreises (für Prüfungen im Bereich der Landwirtschaft),**
- **der Lehrgangsleiter.**

Zusätzlich können Vertreter aus den antragstellenden Betrieben und Einrichtungen beratend zur Prüfung hinzugezogen werden.

(2) Die Kommission ist beschlußfähig, wenn mindestens 3 Mitglieder anwesend sind. Bei Stimmengleichheit entscheidet der Vorsitzende.

(3) Über das Ergebnis der Prüfung ist ein Protokoll anzufertigen.

Die hier genannte Kommission ist das staatliche Organ, das allein berechtigt ist, die Prüfung über den fachlichen Nachweis für den Erwerb des Befähigungsnachweises für Giftbeauftragte abzunehmen. Der Prüfungskommission gehören die unter § 18 Absatz 1 der 1. Durchführungsbestimmung aufgeführten Mitglieder an. Vertreter aus den antragstellenden Betrieben und Einrichtungen können die Prüfungskommission ergänzen. Dadurch soll gewährleistet werden, daß die Prüfungen noch fach- und betriebsbezogener durchgeführt werden.

Rat des Kreises Reg.-Nr.
Abt. Gesundheits- und Sozialwesen

Befähigungsnachweis für Giftbeauftragte

gemäß §§ 13 bis 19 der Ersten Durchführungsbestimmung vom 31. Mai 1977 zum Giftgesetz (GBl. I Nr. 21 S. 275)

Name: ______________ Vorname: ______________

geb. am: ______________ in: ______________

wohnhaft in: ______________

Beruf: ______________

hat am ________ vor der einberufenen Prüfungskommission seine Kenntnisse im Verkehr mit

- Giften der Abteilung 1*
- Giften der Abteilung 2*
- nachstehend genannten Giften*

____

______________ ______________

mit Erfolg nachgewiesen.

Er/Sie besitzt damit die fachliche Befähigung für die Tätigkeit als Giftbeauftragter/Giftbeauftragte.

Der Befähigungsnachweis ist gültig bis ______________

______________, den ________ ______________
Vorsitzender der Prüfungskommission

Siegel

Verwaltungsgebühr ______________

*Nichtzutreffendes streichen

Abb. 15

§ 19

(1) Nach erfolgreich abgelegter Prüfung ist ein Befähigungsnachweis auszustellen. Im Befähigungsnachweis sind die Gifte aufzuführen, die Gegenstand der Prüfung waren.

(2) Der Befähigungsnachweis ist

- **für den Verkehr mit gasförmigen oder Gase entwickelnden Pflanzenschutzmitteln, Vorratsschutzmitteln, Mitteln zur Steuerung biologischer Prozesse und Holzschutzmitteln, die Gifte der Abteilung 1 sind, auf 2 Jahre,**
- **für den Verkehr mit allen anderen Giften der Abteilung 1 auf 4 Jahre und**
- **für den Verkehr mit Giften der Abteilung 2 auf 8 Jahre**

zu befristen.

(3) Die Verlängerung der Gültigkeit des Befähigungsnachweises ist von der erfolgreichen Ablegung einer Wiederholungsprüfung abhängig zu machen.

(4) Nicht bestandene Prüfungen können jeweils nach Ablauf von 3 Monaten wiederholt werden.

Nachweis der erfolgreichen Ablegung von Wiederholungsprüfungen gemäß § 19 Abs. 3 der Ersten Durchführungsbestimmung vom 31. Mai 1977 zum Giftgesetz (GBl. I Nr. 21 S. 275).

Tag der Prüfung: ______	Verlängert bis: ______
Verwaltungsgebühr ______	______ Vorsitzender der Prüfungskommission
Siegel	
Tag der Prüfung: ______	Verlängert bis: ______
Verwaltungsgebühr ______	______ Vorsitzender der Prüfungskommission
Siegel	
Tag der Prüfung: ______	Verlängert bis: ______
Verwaltungsgebühr ______	______ Vorsitzender der Prüfungskommission
Siegel	
Tag der Prüfung: ______	Verlängert bis: ______
Verwaltungsgebühr ______	______ Vorsitzender der Prüfungskommission
Siegel	
Tag der Prüfung: ______	Verlängert bis: ______
Verwaltungsgebühr ______	______ Vorsitzender der Prüfungskommission
Siegel	

Abb. 16: Rückseite von Abb. 15

(5) Für die Ausstellung des Befähigungsnachweises werden entsprechend den dafür geltenden Rechtsvorschriften Verwaltungsgebühren erhoben.

Der Befähigungsnachweis muß aussagen über welches Gifte ausreichende Kenntnisse erworben wurden. Neu ist die befristete Gültigkeit der Befähigungsnachweise. Die Gültigkeit der persönlichen Erlaubnisse für Giftbeauftragte wird in gleicher Weise befristet. Diese Einschränkung macht sich notwendig, weil sich auf den verschiedenen Gebieten der Entwicklung chemischer Stoffe und ihrer Anwendung ständig neue Aspekte ergeben. Diese müssen bei der weiteren Qualifizierung der als Giftbeauftragte eingesetzten Werktätigen berücksichtigt werden.

Die vorstehenden Abbildungen zeigen die Vorder- und Rückseite des Befähigungsnachweises. Auf der Rückseite erfolgen auch die Verlängerungsvermerke bei erfolgreicher Ablegung der Wiederholungsprüfung.

Nach der AO über Verwaltungsgebührentarife vom 9. 12. 1955, Sonderdruck 144, Abschnitt H IV — Verkehr mit Giften — ist für die Ausstellung des Befähigungsnachweises eine Verwaltungsgebühr in Höhe von 5,— M zu erheben.

Erlaubnis und Erlaubniserteilung

Die Erlaubnis zum Verkehr mit Giften wird in den §§ 7—9 des Giftgesetzes und die Erteilung der Erlaubnis durch die Deutsche Volkspolizei in den §§ 21 und 22 der 1. Durchführungsbestimmung zum Giftgesetz geregelt.

Gesetz

§ 7

(1) Die Herstellung, Gewinnung und Verarbeitung, die Lagerung, die Verwendung, der Erwerb, der Besitz und die Abgabe von Giften der Abteilung 1 ist nur mit Erlaubnis der Deutschen Volkspolizei gestattet.

(2) Für den Transport von Giften der Abteilungen 1 und 2 und den Erwerb bestimmter Gifte der Abteilung 2 kann eine Erlaubnispflicht durch die Deutsche Volkspolizei festgelegt werden, wenn dies zur Gewährleistung von Ordnung und Sicherheit erforderlich ist.

(3) Giftbeauftragte bedürfen für den Verkehr mit Giften der Abteilung 1 einer persönlichen Erlaubnis, die von der Deutschen Volkspolizei erteilt wird.

(4) Betriebe, Kombinate, Genossenschaften und Einrichtungen haben den Verkehr mit Giften der Abteilung 2 der Deutschen Volkspolizei zur Registrierung zu melden.

(5) Die Erlaubnis kann mit Auflagen verbunden, auf den Verkehr mit bestimmten Giften sowie auf bestimmte Arten des Verkehrs mit Giften beschränkt und bei Nichterfüllung der geforderten Voraussetzungen versagt werden.

(6) Die Erlaubnis kann entzogen werden, wenn die Voraussetzungen für eine Erteilung nicht mehr gegeben sind, gegen Rechtsvorschriften verstoßen wurde, oder die mit der Erlaubnis verbundenen Auflagen nicht eingehalten werden.

Der Verkehr mit Giften der Abteilung 1 ist grundsätzlich erlaubnispflichtig, es gibt davon keine Ausnahme. Von der sachlichen Zuständigkeit her ist die Erteilung von Erlaubnissen differenziert geregelt. Gemäß § 7 erteilt die Deutsche Volkspolizei Erlaubnisse zum Verkehr mit Giften. Für bestimmte Arten des Verkehrs mit Giften der Abteilung 1 wird im § 8 Abs. 1 des Gesetzes die Erteilung von Erlaubnissen anderen staatlichen und wirtschaftsleitenden Organen übertragen.

Nach § 9 des Gesetzes regeln die dort genannten Minister und Leiter anderer zentraler Staatsorgane die Erteilung von Erlaubnissen zum Verkehr mit Giften in eigener Zuständigkeit. Die Bestimmungen der §§ 7—9 des Gesetzes und der

§§ 21 und 22 der 1. Durchführungsbestimmung sind im engen Zusammenhang zu sehen. Es ist zu unterscheiden zwischen Erlaubnissen, die

- Betrieben und Einrichtungen unbefristet,
- Giftbeauftragten als persönliche Erlaubnis befristet und
- Betrieben, Einrichtungen und Einzelpersonen zum einmaligen Erwerb und zur Verwendung

erteilt werden.

Bei der Aufzählung der Arten des Verkehrs mit Giften ist immer ein Vergleich mit der Begriffsbestimmung des Verkehrs nach § 2 Abs. 1 vorzunehmen. Dabei wird ersichtlich, auf welche Arten des Verkehrs die jeweiligen Bestimmungen nicht anzuwenden sind. In der Aufzählung des § 7 Absatz 1 fehlen beispielsweise der Transport, die Beseitigung von Giften sowie der gesamte Verkehr mit Giften der Abteilung 2. Während der Transport von Giften sowie der Erwerb bestimmter Gifte der Abteilung 2 gemäß Absatz 2 durch die Deutsche Volkspolizei erlaubnispflichtig gemacht werden kann, regelt sich die schadlose Beseitigung von Giften nach den Bestimmungen des Landeskulturgesetzes.

Persönliche Erlaubnisse an Giftbeauftragte gelten nur im Rahmen der dem Betrieb bzw. der Einrichtung erteilten Erlaubnis. Eine Einschränkung ergibt sich aus § 19 Absatz 1 der 1. Durchführungsbestimmung, wonach der Giftbeauftragte nur mit den Giften umgehen darf, über die er bei der Prüfung ausreichende Kenntnisse nachgewiesen hat. Diese Information muß dem Befähigungsnachweis zu entnehmen sein. Dieses Dokument ist Grundlage der Erteilung der persönlichen Erlaubnis an Giftbeauftragte.

Der Verkehr mit Giften der Abteilung 2 unterliegt auch der staatlichen Kontrolle und ist deshalb der Deutschen Volkspolizei zur Registrierung zu melden. Nicht meldepflichtig ist der Verkehr mit Säuren und Laugen (vgl. § 2 Absatz 2 der 2. Durchführungsbestimmung).

Gesetz

§ 8

(1) Volkseigene Betriebe und Kombinate erhalten die Erlaubnis zur Herstellung, Gewinnung und Verarbeitung, zur Verwendung, zum Erwerb, zum Besitz und zur Abgabe von Giften auf der Grundlage der erteilten staatlichen Planauflagen durch den Leiter des ihnen übergeordneten Organes. Die Lagerung von Giften der Abteilung 1 bedarf der Erlaubnis der Deutschen Volkspolizei.

Hier wird davon ausgegangen, daß es nicht Aufgabe der Deutschen Volkspolizei sein kann zu entscheiden, welche Betriebe und Kombinate Gifte herstellen, gewinnen und verarbeiten dürfen. Dies ergibt sich aus den dem Betrieb bzw. dem Kombinat erteilten staatlichen Planauflagen. Aus diesem Grunde sind die den volkseigenen Betrieben und Kombinaten übergeordneten Organe verpflichtet, die Erlaubnis unter Beachtung des § 4 Absatz 1 des Gesetzes zu erteilen.

Bei der Aufzählung der Arten des Verkehrs mit Giften ist für volkseigene Betriebe und Kombinate die Lagerung ausgenommen. Unabhängig von der erteilten Erlaubnis durch das übergeordnete Organ bedarf die Lagerung von Giften der Abteilung 1 der Erlaubnis der Deutschen Volkspolizei. Mit diesen Regelungen werden die Festlegungen der Absätze 3 und 4 des § 7 des Gesetzes für Betriebe und Kombinate nicht aufgehoben.

§ 8

(2) Werktätige der Betriebe, Kombinate, Genossenschaften und Einrichtungen, die nicht Giftbeauftragte sind und im Rahmen ihrer Arbeitsaufgaben mit Giften der Abteilung 1 umgehen sollen, sind der Deutschen Volkspolizei namentlich zur Bestätigung zu benennen. Sie dürfen die Arbeit mit den Giften der Abteilung 1 erst aufnehmen, nachdem diese Bestätigung vorliegt.

Aus der Aufzählung wird ersichtlich, daß diese Bestimmung sich nicht nur auf volkseigene Betriebe und Kombinate bezieht, sondern auch andere Betriebe, wie Genossenschaften und Einrichtungen betrifft. Die für den Verkehr mit Giften der Abteilung 1 bestätigten Werktätigen sind neben den Giftbeauftragten Berechtigte im Sinne des Gesetzes. Ihnen dürfen Gifte der Abteilung 1 zur Erfüllung der ihnen übertragenen Aufgaben ausgehändigt werden, ohne daß ihr Umgang mit diesen Giften unter ständiger Aufsicht eines Giftbeauftragten steht. Zu beachten ist dabei, daß diese Werktätigen eingehend mit den dafür geltenden Rechtsvorschriften vertraut gemacht, über die Gefährlichkeit der Gifte und die einschlägigen Bestimmungen des Gesundheits- und Arbeitsschutzes regelmäßig belehrt werden und nicht die Aufgaben und Befugnisse eines Giftbeauftragten gemäß § 12 der 1. Durchführungsbestimmung wahrnehmen dürfen.

Gesetz

§ 9

In den Einrichtungen des Gesundheitswesens, des Hoch- und Fachschulwesens, der Volksbildung, der Akademie der Wissenschaften der DDR, der Akademie der Landwirtschaftswissenschaften der DDR, des staatlichen Veterinärwesens sowie in Einrichtungen, die zentralen Staatsorganen unmittelbar unterstellt sind, regeln die zuständigen Minister und Leiter anderer zentraler Staatsorgane die Erteilung der Erlaubnis zum Verkehr mit Giften, den Einsatz von Giftbeauftragten und die

Erteilung der persönlichen Erlaubnis sowie die Bestätigung der Werktätigen, die im Rahmen ihrer Arbeitsaufgaben mit Giften der Abteilung 1 umgehen sollen. Die Regelungen sind mit dem Minister für Gesundheitswesen und dem Minister des Innern und Chef der Deutschen Volkspolizei abzustimmen.

Für die genannten Einrichtungen regeln die zuständigen Minister und Leiter der zentralen Staatsorgane in eigener Zuständigkeit
- die Erteilung der Erlaubnis zum Verkehr mit Giften,
- den Einsatz von Giftbeauftragten,
- die Erteilung der persönlichen Erlaubnis und
- die Bestätigung der Werktätigen, die mit Giften der Abteilung 1 umgehen sollen.

Die staatliche Kontrolle des Verkehrs mit Giften wird gemäß § 11 des Gesetzes u. a. dadurch ausgeübt, daß die Regelungen der jeweiligen Minister und Leiter anderer zentraler Staatsorgane mit dem Minister für Gesundheitswesen und dem Minister des Innern und Chef der Deutschen Volkspolizei abgestimmt werden. Die Befugnisse der im § 11 Absatz 1 des Gesetzes genannten Organe zur Kontrolle des Verkehrs mit Giften werden dadurch nicht eingeschränkt.

Die genannten Einrichtungen sind der Deutschen Volkspolizei gegenüber verpflichtet
- zur Abgabe der Bestandsmeldung an Giften der Abteilung 1 gemäß § 7 Absatz 5 der 1. Durchführungsbestimmung
- zur Meldung des Verkehrs mit Giften der Abteilung 2 zum Zwecke der Registrierung gemäß § 8 Absatz 4 der 1. Durchführungsbestimmung und
- zur Meldung von Verlusten und Fehlbeständen an Giften der Abteilung 1 gemäß § 9 der 1. Durchführungsbestimmung.

Bei der Erteilung der Erlaubnis sowie der Bestätigung der Werktätigen, die mit Giften der Abteilung 1 umgehen sollen, gelten für die verantwortlichen Organe die gleichen Grundsätze und Prinzipien wie sie zur Erlaubniserteilung nach §§ 7 und 8 Absatz 1 des Gesetzes an anderer Stelle erläutert werden.

1. Durchführungsbestimmung

Erteilung der Erlaubnis

§ 21

(1) Die Erlaubnis zum Verkehr mit Giften der Abteilung 1 erteilt auf Antrag das örtlich zuständige Volkspolizei-Kreisamt. Die Erlaubnis kann erteilt werden:

1. unbefristet an Betriebe und Einrichtungen zur Herstellung, Gewinnung und Verarbeitung, zur Lagerung, zur Verwendung, zum Erwerb und Besitz sowie zur Abgabe,

2. befristet Giftbeauftragten im Rahmen der den Betrieben und Einrichtungen erteilten Erlaubnis,
3. für den einmaligen Erwerb an Betrieben und Einrichtungen sowie an Einzelpersonen für eine zeitlich und mengenmäßig begrenzte Verwendung.

Der § 21 der 1. Durchführungsbestimmung regelt die Erteilung von Erlaubnissen durch die Deutsche Volkspolizei im Rahmen ihrer Zuständigkeit. Unberührt davon bleibt die Erteilung von Erlaubnissen durch andere staatliche und wirtschaftsleitende Organe gemäß §§ 8 Absatz 1 und 9 des Gesetzes.

Das für den Sitz des Betriebes bzw. der Einrichtung örtlich zuständige Volkspolizei-Kreisamt erteilt nachfolgend aufgeführte Erlaubnisse:

1. Gemäß § 21 der 1. Durchführungsbestimmung Absatz 1 Ziffer 1 erteilt die Deutsche Volkspolizei unbefristete Erlaubnisse
   a) zur Herstellung, Gewinnung und Verarbeitung, zur Lagerung, zur Verwendung, zum Erwerb und Besitz sowie zur Abgabe von Giften der Abteilung 1 an Betriebe, (ausgenommen VEB und Kombinate gemäß § 8 Abs. 1 des Gesetzes) an Genossenschaften und Einrichtungen (ausgenommen Einrichtungen gemäß § 9 des Gesetzes) und
   b) zur Lagerung von Giften der Abteilung 1 an volkseigene Betriebe und Kombinate.

Erlaubnisse nach Buchstaben a und b können erteilt werden, wenn alle geforderten betrieblichen Voraussetzungen erfüllt sind. Dazu gehört insbesondere, daß

- die Bedingungen für eine sichere Lagerung der Gifte gegeben sind und
- in den einzelnen Bereichen gemäß § 4 Abs. 3 des Gesetzes Giftbeauftragte eingesetzt sind, die ihre Aufgaben und Befugnisse gemäß § 12 der 1. Durchführungsbestimmung wahrnehmen können.
  Die Erteilung einer Erlaubnis zur Lagerung von Giften der Abteilung 1 nach Buchstabe b setzt voraus, daß die Erlaubnis des Leiters des dem VEB bzw. Kombinat übergeordneten Organs gemäß § 8 Abs. 1 des Gesetzes vorliegt.

2. Gemäß § 21 Abs. 1 Ziffer 2 der 1. Durchführungsbestimmung erteilt die Deutsche Volkspolizei zeitlich befristete persönliche Erlaubnisse an Giftbeauftragte
   a) auf der Grundlage der
      - den Betrieben, Genossenschaften und Einrichtungen durch das Volkspolizei-Kreisamt bzw.
      - den volkseigenen Betrieben und Kombinaten durch die Leiter der diesen übergeordneten Organen erteilten Erlaubnisse zum Verkehr mit Giften sowie

b) des dem Giftbeauftragten gemäß § 19 der 1. Durchführungsbestimmung aufgestellten Befähigungsnachweises.

Auf der Grundlage heißt hier, daß die mit der persönlichen Erlaubnis erteilten Befugnisse im Verkehr mit Giften sich nur im Rahmen der dem Betrieb bzw. der Einrichtung erteilten Erlaubnis bewegen dürfen und in Übereinstimmung mit der gemäß § 19 der 1. Durchführungsbestimmung nachgewiesenen fachlichen Befähigung stehen müssen, die im Befähigungsnachweis fixiert wurde.

Persönliche Erlaubnisse an Giftbeauftragte werden zeitlich befristet

a) für den Verkehr mit gasförmigen oder Gase entwickelnden Pflanzenschutzmitteln, Vorratsschutzmitteln, Mitteln zur Steuerung biologischer Prozesse und Holzschutzmitteln, die Gifte der Abteilung 1 sind, auf 2 Jahre,
b) für den Verkehr mit allen anderen Giften der Abteilung 1 auf 4 Jahre.

Die Fristen stimmen überein mit der Gültigkeit der Befähigungsnachweise gemäß § 19 Abs. 2 der 1. Durchführungsbestimmung. Es ist deshalb zweckmäßig, wenn alle staatlichen Organe, die persönliche Erlaubnisse an Giftbeauftragte erteilen, deren Gültigkeitsdauer mit dem Ablauftermin der Befähigungsnachweise in Übereinstimmung bringen. Die Verlängerung der Gültigkeit der persönlichen Erlaubnisse ist abhängig von der Verlängerung der Gültigkeit des Befähigungsnachweises gemäß § 19 Abs. 3 der 1. Durchführungsbestimmung.

3. Gemäß § 21 Abs. 1 Ziffer 3 der 1. Durchführungsbestimmung erteilt die Deutsche Volkspolizei an Betriebe und Einrichtungen sowie an Einzelpersonen Erlaubnisse zum einmaligen Erwerb und zur Verwendung von Giften, die sowohl zeitlich als auch mengenmäßig zu begrenzen sind. Die Erteilung solcher Erlaubnisse, deren zeitliche Befristung und mengenmäßige Begrenzung, erfolgt durch die Deutsche Volkspolizei unter Berücksichtigung der Grundsätze, insbesondere des § 3 des Gesetzes, entsprechend der im Antrag begründeten gesellschaftlichen Notwendigkeit bzw. des persönlichen Bedürfnisses.

Bei der Erteilung der Erlaubnisse wird ein strenger Maßstab angelegt, da vom Gesetz nicht gefordert wird, daß

— der Betrieb bzw. die Einrichtung einen Giftbeauftragten mit entsprechender Qualifikation und persönlicher Eignung einzusetzen hat bzw.
— Einzelpersonen im Besitz eines Befähigungsnachweies gemäß § 13 Abs. 1 der 1. Durchführungsbestimmung sind.

Im gesamtgesellschaftlichen Interesse wird die Deutsche Volkspolizei nach Erteilung solcher Erlaubnisse die Kontrolle über die ordnungsgemäße Verwendung und sichere zwischenzeitliche Lagerung ausüben. Vom Erlaubnisinhaber sollte nach Ablauf der Gültigkeit eine schriftliche Erklärung gefordert werden, daß das Gift verbraucht, einem anderen Erlaubnisinhaber überlassen oder Reste entsprechend den dafür geltenden Rechtsvorschriften der schadlosen Beseitigung zugeführt wurden.

Ist eine Verwendung des Restbestandes nach Ablauf der Gültigkeitsdauer der Erlaubnis noch vorgesehen und kurzfristig möglich, kann die Erlaubnis im Rahmen der genannten Festlegungen verlängert werden.

§ 21

(2) Die Erlaubnis wird schriftlich erteilt und kann widerrufen werden.

(3) Dem Antrag auf Erteilung einer Erlaubnis gemäß Abs. 1 Ziff. 1 sind Unterlagen beizufügen, aus denen ersichtlich ist, welche Gifte der Abteilung 1 hergestellt, gewonnen, verarbeitet, gelagert, verwendet oder abgegeben werden sollen.

(4) Dem Antrag auf Erteilung einer Erlaubnis gemäß Abs. 1 Ziff. 2 ist der Nachweis über die fachliche Befähigung und eine Beurteilung des Giftbeauftragten durch den Betrieb bzw. die Einrichtung beizufügen.

(5) Im Antrag auf Erteilung einer Erlaubnis gemäß Abs. 1 Ziff. 3 ist die Notwendigkeit der Verwendung des Giftes zu begründen. Die Erlaubnis kann erteilt werden, wenn eine gegen den Zugriff unbefugter Personen sichere Lagerung des Giftes gewährleistet ist und die Verwendung innerhalb von 6 Monaten erfolgt. Einzelpersonen müssen die erforderliche persönliche Eignung besitzen und das 18. Lebensjahr vollendet haben.

(6) Die Erlaubnis ist der ausstellenden Dienststelle zurückzureichen, wenn die mit der Erlaubnis erteilten Befugnisse nicht mehr wahrgenommen werden. Die Übergabe der Gifte an andere Erlaubnisinhaber oder die schadlose Beseitigung nicht mehr nutzbarer Gifte ist protokollarisch nachzuweisen.

(7) Für die Erteilung der Erlaubnis werden entsprechend den dafür geltenden Rechtsvorschriften Verwaltungsgebühren erhoben.

Schlußbemerkung zur Erteilung staatlicher Erlaubnisse gemäß §§ 7—9 des Gesetzes

Alle Leiter staatlicher und wirtschaftsleitender Organe, die nach den Gesetz Erlaubnisse zum Verkehr mit Giften erteilten, tragen eine hohe Verantwortung dafür, daß durch die Erteilung staatlicher Erlaubnisse entsprechend dem Anliegen des Gesetzes auf die Gewährleistung einer hohen Ordnung und Sicherheit im Verkehr mit Giften eingewirkt wird. Die Erteilung staatlicher Erlaubnisse ist deshalb kein formaler Akt, sondern ein wichtiges Mittel der Einflußnahme auf den sicheren Verkehr mit Giften. Entsprechend den Forderungen des Gesetzes gilt es, bei der Erteilung staatlicher Erlaubnisse insbesondere nachfolgende Prinzipien zu beachten:

1. Es muß die gesellschaftliche Notwendigkeit zum Verkehr mit Giften vorliegen (zur Erfüllung der Aufgaben des Betriebes bzw. der Einrichtung). Gifte sind nicht zu verwenden, wenn sie durch unschädliche oder weniger schädliche Stoffe ersetzt werden können (§ 3 Abs. 2 des Gesetzes).
2. Erlaubnisse sind nur zu erteilen, wenn die dafür in den Rechtsvorschriften erhobenen Forderungen erfüllt sind (Bedingungen für sichere Lagerung, Giftbeauftragte mit entsprechender Qualifikation und persönlicher Eignung u. a.).
3. Durch die Erlaubnisse ist der Verkehr sowohl nach Art und Menge der Gifte als auch nach Art des Verkehrs zu beschränken (siehe § 2 Abs. 1 in Verbindung mit § 7 Abs. 1 und § 8 Abs. 1 des Gesetzes). Die Erteilung der Erlaubnis auf der Grundlage der staatlichen Planauflagen gemäß § 8 Abs. 1 bedeutet festzulegen, welche Gifte der Betrieb zur Erfüllung seiner Aufgaben

Muster

zur Erteilung der Erlaubnis zum Verkehr mit Giften gemäß § 8 Absatz 1 des Gesetzes

Auszustellendes
übergeordnetes Organ

Erlaubnis
zum Verkehr mit Giften

Dem/Der ....
Bezeichnung des Betriebes/der Einrichtung

....
Anschrift

wird hiermit gemäß § 8 Absatz 1 des Gesetzes vom 7. April 1977
über den Verkehr mit Giften - Giftgesetz - (GBl. I Nr. 10 S. 103)
auf der Grundlage der erteilten staatlichen Planauflage widerruflich
die Erlaubnis erteilt, nachfolgend aufgeführte Gifte der Abteilung 1

....

....

....

....

....

herzustellen/ zu gewinnen/ zu verarbeiten/ zu erwerben/ zu besitzen/ zu verwenden/ abzugeben+)

........., den

Siegel ....
Unterschrift

+) **Nur Zutreffendes in die Erlaubnis aufnehmen**
Die Erlaubnis zur Lagerung erteilt die Deutsche Volkspolizei

Abb. 17

herstellen, gewinnen, verarbeiten oder verwenden soll bzw. erwerben, besitzen oder abgeben darf.

Sinngemäß gelten diese Prinzipien für die Erteilung von Erlaubnissen sowohl an Betriebe und Einrichtungen als auch an Giftbeauftragte. Dementsprechend sind die Erlaubnisse inhaltlich auszugestalten. Muster von Erlaubnissen zum Verkehr mit Giften an Betriebe und Einrichtungen siehe Abb. 17 und 18 und an Giftbeauftragte siehe Abb. 19.

Muster
zur Erteilung der Erlaubnis zum Verkehr mit Giften gem. § 9 des Gesetzes

Ausstellende Einrichtung

Erlaubnis
zum Verkehr mit Giften

Dem/Der ....
(Bezeichnung der Einrichtung)

....
(Anschrift)

wird hiermit gemäß § 9 des Gesetzes vom 7. April 1977 über den Verkehr mit Giften - Giftgesetz - (GBl. I Nr. 10 S. 103) widerruflich die Erlaubnis erteilt, nachfolgende Gifte der Abteilung 1

....
....
....
....
....

herzustellen/ zu gewinnen/ zu verarbeiten/ zu erwerben/ zu besitzen/ zu verwenden/ abzugeben/ zu lagern+)

.........., den

Siegel ....
Unterschrift

+) Nur Zutreffendes in die Erlaubnis aufnehmen

Abb. 18

1. Durchführungsbestimmung

§ 22

Die Bestätigung der Werktätigen, die eine Berechtigung zum Verkehr mit Giften der Abteilung 1 erhalten sollen, erfolgt durch das örtlich zuständige Volkspolizei-Kreisamt.

Anträge auf Bestätigung sollten durch die Betriebe und Einrichtungen schriftlich in doppelter Ausfertigung eingereicht werden. Ein Exemplar mit dem Bestätigungsvermerk des Volkspolizei-Kreisamtes erhält der Antragsteller in der Regel zurück. Die Bestätigung mehrerer Werktätiger kann auch listenmäßig vorgenommen werden.

Muster

zur Erteilung der persönlichen Erlaubnis zum Verkehr mit Giften gemäß § 9 des Gesetzes

Ausstellende Einrichtung

Persönliche Erlaubnis
zum Verkehr mit Giften für Giftbeauftragte

Herrn/Frau ....
Name, Vorname

....
geb. am in

wird hiermit die Erlaubnis erteilt, als Giftbeauftragter
im/in ....
Bezeichnung des Betriebes/der Einrichtung

....
Anschrift

mit nachfolgend aufgeführten Giften der Abteilung 1 umzugehen:

....
....
....
....
....

Die Erlaubnis ist gültig bis zum ....

..........., den

Siegel ....
Unterschrift

Abb. 19

Lagerung von Giften

Die Lagerung von Giften wird in § 3 Abs. 3 des Giftgesetzes und in den §§ 3—6 der 1. Durchführungsbestimmung zum Giftgesetz geregelt.

Gesetz

§ 3

(3) Der Verkehr mit Giften hat so zu erfolgen, daß ein Zugriff zu Giften durch Unbefugte und eine mißbräuchliche Verwendung ausgeschlossen sind.

Von der Grundsatzforderung des § 3 Abs. 3 des Giftgesetzes, Gifte vor dem Zugriff durch Unbefugte zu sichern, werden die Bestimmungen der 1. Durchführungsbestimmung über die Lagerung abgeleitet.

1. Durchführungsbestimmung

§ 3

(1) Gifte sind in einem gesonderten Raum zu lagern. Der als Giftlager eingerichtete Raum muß allseitig durch massive Wände umschlossen sein. Die Oberfläche des Fußbodens muß so beschaffen sein, daß verschüttete Gifte schnell und vollständig wieder aufgenommen werden können. Die Tür zum Giftlager muß aus mindestens 30 mm starkem Holz bestehen, das beiderseitig mit mindestens 1,5 mm starkem Stahlblech beschlagen ist. Sie muß so im Türrahmen angebracht sein, daß sie im geschlossenen Zustand nicht ausgehoben werden kann und mit einem Sicherheitsschloß (kein Vorhängeschloß) versehen sein. Türangeln, Türbänder und Türschloß dürfen sich nicht von außen lösen oder ausbauen lassen. Fenster sind durch Eisengitter oder von innen zu verschließende Läden so zu sichern, daß ein Eindringen durch sie nicht möglich ist.

§ 3 Abs. 1 der 1. Durchführungsbestimmung beinhaltet die Forderungen an einen Lagerraum für Gifte.
Hier bedeuten:

— allseitig massive Wände
  Wände (einschließlich Decken und Fußböden) müssen nach den Bauvorschriften aus tragendem Material bestehen. Tragende Materialien sind z. B. Stein, Beton, Stahl in den bautechnisch geforderten Stärken.
  Nicht tragende Materialien sind z. B. Holz, Kunststoff, Asbest u. dgl.

— Oberfläche des Fußbodens
  Unabhängig vom massiven Untergrund des Fußbodens muß die Oberfläche so beschaffen sein, daß beim Aufnehmen verschütteter Gifte keine Rückstände in Fugen, Rissen oder auf rauhen Oberflächen haften bleiben. Diese Forderungen erfüllen z. B. glatte Estrichbeläge auf Beton, glatte, fugenlos verlegte Beläge aus PVC u. ä. Stoffen oder mit glatten Fliesen fugenlos ausgelegte Fußböden.
— Sicherung der Fenster durch Eisengitter, wenn der Abstand der Gitterstäbe voneinander so bemessen ist, daß eine Person diese nicht durchdringen kann,
  Fensterladen aus Stahlblech oder aus festem Holz mit Stahlblech beschlagen. Im geschlossenen Zustand dürfen sich diese nicht aushängen lassen (keine Jalousien, Rolladen u. dgl.).
  Giftlager sollten möglichst keine Fenster besitzen. Auf eine Fenstersicherung kann verzichtet werden, wenn die Fenster so hoch liegen, daß ein Zugang zu den Giften auch mit Hilfsmitteln wie Leitern nicht möglich ist, bzw. erschwerender ist, als ein gewaltsames Eindringen durch die gesicherte Tür oder die massiven Wände.

§ 3

(2) Kleinere Vorräte an Giften können in, gegen Entwendung der Gifte besonders gesicherten Behältnissen gelagert werden. Die Behältnisse müssen in ihrer Beschaffenheit und bezüglich des sicheren Verschlusses den Anforderungen eines Panzerschrankes, Stahlblechschrankes oder einer Stahlblechkassette entsprechen. Stahlblechschränke und Stahlblechkassetten sind fest mit dem Fußboden oder der Wand so zu verankern, daß sie in verschlossenem Zustand nicht gelöst werden können. Behältnisse, in denen Gifte gelagert werden, sind in Räumen aufzustellen, die während der Arbeitszeit unter Kontrolle der Giftbeauftragten stehen und außerhalb der Arbeitszeit gegen das Betreten unbefugter Personen gesichert sind.

Hier wird bestimmt, unter welchen Bedingungen kleinere Vorräte an Giften, insbesondere der Abteilung 1 gelagert werden können. Der Begriff „Behältnis“ ist nicht definiert. In der Regel werden Panzerschränke, Stahlblechschränke oder Stahlblechkassetten verwendet. Als Behältnis kann auch ein Kasten verwendet werden, wenn er den Anforderungen entspricht, die von einem Panzerschrank oder einem Stahlblechschrank erfüllt werden. Stahlblechfächer in Schränken sind für die Lagerung zulässig, wenn sie den Anforderungen, die an Stahlblechkassetten gestellt werden, entsprechen. Mit der Wand oder dem Fußboden fest zu verankern sind solche Behältnisse, die weggetragen werden können.

§ 4

(1) Gifte sind nach den Abteilungen 1 und 2 geordnet zu lagern. Aus Originalpackungen entnommene Gifte sind in feste und dichte Verpackungen umzufüllen, die wie Originalpackungen zu kennzeichnen sind.

Es wird davon ausgegangen, daß in der Regel Gifte der Abteilungen 1 und 2 unter den Bedingungen des § 3 der 1. Durchführungsbestimmung gelagert werden. Zur besseren Kontrolle und zum Ausschluß von Verwechslungen sind die Gifte nach den Abteilungen 1 und 2 zu ordnen. Bei Abfüllung von Giften aus Originalpackungen muß gewährleistet sein, daß die Verpackung der abgefüllten Gifte ebenso fest und dicht sowie entsprechend den Rechtsvorschriften gekennzeichnet ist.

§ 4

(2) Gifte der Abteilung 1 dürfen nicht mit Gegenständen und mit chemischen Stoffen, die nicht Gifte sind, in einem Raum bzw. in einem Behältnis gelagert werden. Ausgenommen davon sind Gegenstände, die ausschließlich für den Umgang mit Giften bestimmt sind.

Zu beachten ist hier, daß zwischen Raum-Lagerung nach § 3 (1) — und Behältnis-Lagerung nach § 3 (2) — unterschieden wird. Erfolgt die Lagerung der Gifte in Behältnissen, ist der Raum, in dem das Behältnis steht, kein Giftlager im Sinne des § 3 Abs. 1 der 1. Durchführungsbestimmung. In diesem Raum dürfen sich deshalb andere Gegenstände und chemische Stoffe befinden. Die gemeinsame Lagerung von Giften der Abteilung 1 mit anderen chemischen Stoffen und Gegenständen, außer Giften der Abteilung 2, ist nicht statthaft. In großen Lagern der Landwirtschaft wird eine Miteinlagerung von Pflanzenschutz-, Vorratsschutzmitteln und von Mitteln zur Steuerung biologischer Prozesse, die nicht Gifte nach dem Giftgesetz sind, für vertretbar gehalten. Voraussetzung ist jedoch eine strenge Abgrenzung derselben zu den Giften. Der Zugang zu diesen Mitteln darf gleichfalls nur Befugten möglich sein. Unter Gegenständen, die ausschließlich für den Umgang mit Giften bestimmt sind, sind beispielsweise zu verstehen:

- Waagen, Schaufeln u. ä. Geräte zum Ein- und Umfüllen; Schippen und Besen zur Aufnahme verschütteter Gifte
- Geräte zum Ausbringen von Giften in der Landwirtschaft; entleerte, aber mit giftigen Rückständen behaftete Verpackungen
- Arbeitsgeräte in Laboratorien.

§ 4

(3) Gifte der Abteilung 2 dürfen mit Gegenständen, die für den Umgang mit chemischen Stoffen bestimmt sind und mit anderen chemischen Stoffen in einem Raum gelagert werden, sofern die Lagerung getrennt erfolgt und eine gegenseitige schädigende Einwirkung ausgeschlossen ist.

Die Formulierung „Gegenstände, die für den Umgang mit chemischen Stoffen bestimmt sind" ist hier weiter gefaßt. In Betrieben und Einrichtungen werden häufig in Lagerräumen für Gifte der Abteilung 2, neben anderen chemischen Stoffen, Glasgeräte für Laborausrüstungen gelagert. Das Kriterium für eine gemeinsame Lagerung ist hierbei der Verwendungszweck „zum Umgang mit chemischen Stoffen bestimmt". Eine anderweitige Verwendung dieser Gegenstände muß ausgeschlossen sein. Bedingung ist die getrennte Lagerung und der Ausschluß einer gegenseitigen schädigenden Einwirkung, z. B. die Vermischung bzw. Verwechslung von Giften mit anderen chemischen Stoffen sowie die Verunreinigung von Gegenständen durch Gifte.

§ 5

(1) Werden nur Gifte der Abteilung 2 gelagert, kann abweichend von den Festlegungen des § 3 die Lagerung auch in anderen Räumen bzw. Behältnissen erfolgen, wenn die Gifte gegen den Zugriff unbefugter Personen gesichert sind.

Andere Räume sind beispielsweise verschließbare Räume, wie Magazine der Betriebe, Lagerhallen der Großhandelsbetriebe u. dgl.

Andere Behältnisse sind beispielsweise verschließbare Schränke, Kisten u. ä. in verschließbaren Räumen, die gegen den Zutritt Unbefugter gesichert sind.

Die Lagerung von Flußsäure, die bisher ausnahmslos als Gift der Abteilung 1 eingestuft war, bereitete einige Schwierigkeiten, betrachtet man die Forderungen der §§ 3 und 4. Auf Vorschlag des Gutachterausschusses zur Einstufung von Giften wurde Flußsäure differenziert nach entsprechenden Konzentrationen neu eingestuft. Danach ist

— bis 5%ige Flußsäure kein Gift mehr im Sinne des Gesetzes,
— 5%ige bis 50%ige Flußsäure Gift der Abteilung 2,
— mehr als 50%ige Flußsäure Gift der Abteilung 1.

Mit diesen neuen Festlegungen wird u. a. die Lagerung und der Umgang mit Flußsäure, die in Gebrauchskonzentrationen um die 40% Verwendung findet, praktikabler.

50%ige Flußsäure kann danach ohne weiteres unter dem Abzug aufbewahrt werden, sofern die Säure dem Zugriff Unbefugter entzogen ist. Flußsäure mit darüber liegenden Konzentrationen sollte nicht in Labors gelagert werden.

§ 5

(2) Größere Vorräte an Giften der Abteilung 2 können unter Beachtung der Bestimmungen über den Gesundheits- und Arbeitsschutz sowie Brandschutz und der Rechtsvorschriften über den Umweltschutz auf einer geeigneten Fläche im Freien gelagert werden. Die Lagerfläche ist gegen den Zutritt unbefugter Personen zu sichern.

Die Voraussetzung für eine sichere Lagerung unter den Bedingungen des Abs. 2 können als erfüllt angesehen werden, wenn

— die Lagerfläche durch Umzäunung oder Mauer gegen den Zutritt unbefugter Personen gesichert ist und

— die Lagerung der Gifte in festen, gegen Nässe unempfindlichen, verschlossenen Verpackungen wie Stahlfässer, Container, Glasballons erfolgt. Durch Witterungs- und andere äußere Einflüsse dürfen die Verpackungen nicht beschädigt und dadurch Gifte freigesetzt werden können, so daß eine Gefährdung im Sinne der Bestimmungen des Gesundheits- und Arbeitsschutzes sowie Brandschutzes und den Rechtsvorschriften über den Umweltschutz gegeben ist.

Bei langer Lagerzeit im Freien können z. B. Stahlfässer durch Korrosion undicht werden. Daher ist die Lagerung im Freien als Ausnahme zu betrachten.

§ 6

(1) Als Lagerung gilt nicht, wenn sich Gifte innerhalb der Betriebe und Einrichtungen in Produktionsanlagen, in stationären Behältern oder in Geräten und Gefäßen von Laboratorien befinden sowie zur unmittelbaren Verarbeitung, Verwendung oder Verladung für den Transport bereitgestellt werden.
(2) Die Leiter der Betriebe und Einrichtungen haben in den Fällen des Abs. 1 zu gewährleisten, daß Gifte unter Aufsicht und Kontrolle von Berechtigten stehen oder gegen den Zugriff Unbefugter gesichert sind.

Zu gewährleisten ist, daß spätenstens vor Arbeitsschluß die nicht der Verarbeitung bzw. Verwendung zugeführten oder nicht abtransportierten Gifte in das Lager zurückgebracht werden. Das ist auch dann erforderlich, wenn zwischenzeitlich die im Absatz 2 geforderte Aufsicht und Kontrolle nicht gewährleistet ist.

Berechtigte im Sinne des Absatzes 2 für den Verkehr mit Giften der Abteilung 1 sind

— Giftbeauftragte, die im Besitz einer persönlichen Erlaubnis gemäß § 7 Absatz 3 oder § 9 des Gesetzes sind und

— Werktätige, die gemäß § 8 Absatz 2 oder § 9 des Gesetzes für den Umgang mit Giften der Abteilung 1 bestätigt wurden.

Berechtigte für den Verkehr mit Giften der Abteilung 2 sind darüber hinaus

- vom Leiter des Betriebes eingesetzte Giftbeauftragte mit der geforderten fachlichen Qualifikation (Befähigungsnachweis für Giftbeauftragte)
- andere Werktätige, die im Rahmen ihrer funktionellen Pflichten im betreffenden Bereich mit Giften Umgang haben und regelmäßig über die giftgesetzlichen sowie einschlägigen Bestimmungen des Gesundheits- und Arbeitsschutzes und des Brandschutzes belehrt werden.

Als gegen den Zugriff Unbefugter gesichert kann beispielsweise gelten, wenn der Raum oder das Gebäude durch andere Personen als Berechtigte nicht unkontrolliert betreten werden kann.

Nachweisführung bei Giften

Die Nachweisführung über Gifte wird im § 3 Absatz 4 des Giftgesetzes sowie in den §§ 7 und 8 der 1. Durchführungsbestimmung geregelt.

Gesetz

§ 3

(4) Über den Bestand, den Zu- und Abgang von Giften ist ein Nachweis zu führen.

Die Nachweispflicht über den Bestand, den Zu- und Abgang von Giften ist an keine bestimmte Form gebunden. Damit wird den Betrieben und Einrichtungen die Möglichkeit gegeben, die für sie zweckmäßigste und rationellste Form und Methode der Nachweisführung anzuwenden, z. B. Nachweisbuch, Karteimittel, Datenspeicherung. Zur Nachweisführung über Gifte der Abteilung 1 und über Gifte der Abteilung 2 werden in der 1. Durchführungsbestimmung differenzierte Festlegungen getroffen.

Für die in der Anlage 2 zur 2. Durchführungsbestimmung zum Gesetz genannten Säuren und Laugen wird ein Nachweis über Bestand, Zu- und Abgang nicht gefordert.

1. Durchführungsbestimmung

§ 7

(1) Nachweisunterlagen für Gifte der Abteilung 1 müssen folgende Angaben enthalten:

Tag der Eintragung, Name des Giftes,
Bestand, Zugang/Abgang, neuer Bestand,
Name und Anschrift des Lieferers/Empfängers,
Unterschrift des Übernehmenden bei persönlicher Übergabe, Unterschrift des Giftbeauftragten.

(2) Die Eintragungen in die Nachweisunterlagen sind unmittelbar nach dem Zugang bzw. Abgang vorzunehmen.

Für den Nachweis über den Bestand, den Zu- und Abgang von Giften der Abteilung 1 wird im Absatz 1 konkret vorgegeben, welche Angaben die Nachweisunterlagen enthalten müssen. Unabhängig von der Form der Nachweisunterlagen müssen die geforderten Angaben bei einer Einsichtnahme sofort feststellbar sein. Ein exakter Nachweis über die Bewegung von Giften der Abteilung 1 erfordert, daß Veränderungen des Bestandes sofort als Zu- bzw. Abgang und neuer Bestand ausgewiesen werden.

§ 7

(3) Die Nachweisunterlagen sind so aufzubewahren, daß sie den Kontrollorganen jederzeit vorgewiesen werden können. Sie sind, vom Tage der letzten Eintragung gerechnet, mindestens 2 Jahre aufzubewahren.

Die exakte Führung der Nachweisunterlagen gemäß § 12 der 1. Durchführungsbestimmung gehört zu den Aufgaben des Giftbeauftragten. Die Unterlagen sollten deshalb zweckmäßigerweise von ihm aufbewahrt werden. Dies ergibt sich auch aus der Forderung, daß sie bei Kontrollen jederzeit vorzuweisen sind. Abgeschlossene Nachweisunterlagen können für die Zeit der Aufbewahrungsfrist archiviert werden.

§ 7

(4) Die Leiter der Betriebe und Einrichtungen haben zu gewährleisten, daß monatlich eine Kontrolle des Lagerbestandes der Gifte der Abteilung 1 vorgenommen und das Ergebnis protokollarisch oder in den Nachweisunterlagen ausgewiesen wird.

Für die monatlich durchzuführenden Kontrollen des Lagerbestandes an Giften der Abteilung 1 kann der Leiter des Betriebes bzw. der Einrichtung betriebliche Kontrollorgane, die Sicherheitsinspektion oder in Großbetrieben den Hauptgiftbeauftragten einsetzen.

§ 7

(5) Die Betriebe und Einrichtungen haben eine Aufstellung ihrer Lagerbestände an Giften der Abteilung 1 mit Stand vom 31. März bis zum 20. April eines jeden Jahres in zweifacher Ausfertigung dem örtlich zuständigen Volkspolizei-Kreisamt zu übergeben.

Zur Abgabe dieser Aufstellung sind alle Betriebe, Kombinate, Genossenschaften und Einrichtungen verpflichtet, unabhängig davon, ob diese eine Erlaubnis gemäß

— § 7 des Gesetzes von der DVP oder
— § 8 (1) des Gesetzes vom Leiter des übergeordneten Organes oder
— § 9 des Gesetzes erhalten haben.

Von den Meldepflichtigen ist zu fordern, daß neben der Angabe des Namens des Erzeugnisses, die im Erzeugnis enthaltenen Gifte gemäß den Anlagen 1 und 2 zur 2. Durchführungsbestimmung aufgeführt werden.

§ 8

(1) Als Nachweis für Gifte der Abteilung 2 gelten Unterlagen, die über den Bestand, den Zugang und Abgang sowie über die Herkunft und den Verbleib Auskunft geben.
(2) Die Nachweisunterlagen sind mindestens 2 Jahre aufzubewahren.
(3) Die Leiter der Betriebe und Einrichtungen haben zu gewährleisten, daß jährlich eine Kontrolle des Bestandes der Gifte der Abteilung 2 vorgenommen wird und das Ergebnis in den Nachweisunterlagen ausgewiesen wird.

Nicht gefordert wird für Gifte der Abteilung 2 eine sofort auskunftsbereite, geschlossene Nachweisführung wie für Gifte der Abteilung 1. Der Begriff „Unterlagen" ist hier weit gefaßt. Es werden Lieferscheine, Kundenkarteien, Produktionsunterlagen. Lagerkarteimittel, Übergabe/Übernahmeprotokolle u. dgl. anerkannt, aus denen der Bestand, der Zugang und Abgang sowie die Herkunft und der Verbleib ersichtlich sind. Dies gilt auch für den Einzelhandel.

Im Einzelhandel braucht deshalb der Abgebende nicht Nachweis darüber zu führen, an welche Bürger er wann welche Gifte der Abteilung 2 abgegeben hat. Der einzelne Bürger kann wie jeder Betrieb und jede Einrichtung Gifte der Abteilung 2 erwerben, ohne im Besitz einer Erlaubnis zu sein. Zu beachten sind vom Abgebenden im Einzelhandel die im § 23 der 1. Durchführungsbestimmung genannten Abgabebeschränkungen. Unter die Aufbewahrungsfrist fallen alle vorgenannten Nachweisunterlagen.

Die geforderte Kontrolle des Bestandes an Giften der Abteilung 2 kann im Rahmen einer Inventur erfolgen. Inventurprotokolle können als Nachweisunterlagen anerkannt werden.

§ 8

(4) Die Meldung des Verkehrs mit Giften der Abteilung 2 gemäß § 7 Abs. 4 des Gesetzes ist in zweifacher Ausfertigung an das örtlich zuständige Volkspolizei-Kreisamt zu richten und hat Angaben über die Art des Verkehrs mit Giften und die Arten der Gifte zu enthalten.

Die Meldung des Verkehrs mit Giften der Abteilung 2 erfolgt einmalig. Die Deutsche Volkspolizei kann gemäß § 11 Abs. 2 des Gesetzes Betriebe und Einrichtungen beauflagen, wesentliche Änderungen, die die Art oder den Umfang des Verkehrs mit Giften betreffen, zu melden. Zu beachten ist, daß die Festlegungen der Absätze 3 und 4 nicht für Säuren und Laugen gelten.

§ 9

Die Leiter der Betriebe und Einrichtungen haben Verluste und Fehlbestände an Giften der Abteilung 1 umgehend dem örtlich zuständigen Volkspolizei-Kreisamt zu melden.

Über Verluste und Fehlbestände ist ein Protokoll zu fertigen, in dem die möglichen Ursachen für die entstandenen Unregelmäßigkeiten enthalten sind. Das Protokoll ist mit den Nachweisunterlagen aufzubewahren.

Der Meldepflicht unterliegen alle Betriebe, Kombinate, Genossenschaften und Einrichtungen unabhängig davon, welches staatliche Organ ihnen die Erlaubnis zum Verkehr mit Giften erteilt hat.

Darüber hinaus sind auch Betriebe zur Meldung verpflichtet, die mit dem Transport beauftragt wurden, wenn sie Verluste auf dem Transportwege feststellen.

Transport von Giften

Der Transport von Giften wird in § 7 Absatz 2 des Giftgesetzes und in der 3. Durchführungsbestimmung zum Giftgesetz geregelt.

Gesetz

§ 7

(2) Für den Transport von Giften der Abteilungen 1 und 2 und den Erwerb bestimmter Gifte der Abteilung 2 kann eine Erlaubnispflicht durch die Deutsche Volkspolizei festgelegt werden, wenn dies zur Gewährleistung von Ordnung und Sicherheit erforderlich ist.

Der Transport von Giften ist innerhalb des Gesamtkomplexes „Verkehr mit Giften" ein wesentliches Teilgebiet, welches besondere Aufmerksamkeit verdient.

Während sich bei der Produktion von Giften durch räumliche Festlegungen und eine exakt kontrollierbare Technologie alle wesentlichen Gefährdungsmöglichkeiten erfassen lassen und so selbst für den Havariefall die erforderlichen Maßnahmen bekannt sind, nimmt der Transport bei der Vielfalt der Gifte und der Transportwege und -möglichkeiten einen besonderen Platz ein. Die exakte Kennzeichnung, die auf den Gifttransport hinweist und diesen als solchen genau deklariert, ist eine Grundvoraussetzung für den Transport von Stoffen, die neben der Gesundheitsgefährdung für den Menschen auch die Möglichkeit der Umweltverschmutzung in sich bergen. Der Zugriff durch Unbefugte muß während des Transportes unbedingt ausgeschlossen werden. Genaue Maßnahmepläne für den Havariefall mit konkreten Regelungen für einzelne Substanzen müssen daher vorliegen. Das Transportpersonal, die zum Transport berechtigten Personen müssen besonders belehrt werden, um sie über die Art des Giftes und den Umgang damit in Kenntnis zu setzen. Der Transport von Giften wird daher gesondert in der 3. Durchführungsbestimmung (siehe Anlage/Verzeichnis) der Rechtsvorschriften geregelt. Gemäß § 2 Abs. 1 des Giftgesetzes stellt der Transport von Giften eine Art des Verkehrs mit Giften dar, womit der Transport giftiger Stoffe unter die Bestimmungen des Gesetzes fällt.

Nach § 7 Abs. 1 des Giftgesetzes ist der Transport von Giften nicht generell erlaubnispflichtig. Um jedoch in bestimmten Fällen Einfluß auf den Transport spezieller Stoffe ausüben zu können, wenn dies zur Gewährleistung von Ordnung und Sicherheit erforderlich ist, kann nach § 7 Abs. 2 des Giftgesetzes eine Erlaubnispflicht durch die Deutsche Volkspolizei festgelegt werden. Das wäre

z. B. angezeigt beim Transport extrem toxischer Substanzen, durch die im Falle einer Havarie eine besonders hohe Gefährdung der Gesundheit und des Lebens der Bevölkerung bzw. eine schwerwiegende Schädigung der Umwelt eintreten könnte. Desweiteren kann der Transport von Giften mit Fahrzeugen durch besonders dicht besiedelte Gebiete, wie z. B. Stadtzentren, erlaubnispflichtig gemacht werden, wenn hiermit eine noch bessere Absicherung des Transportes und damit ein geringeres Risiko verbunden ist.

Die spezifischen Verfahrensweisen für den Transport von Giften werden durch die 3. Durchführungsbestimmung geregelt. Sie gilt für den Transport von Giften mit der Eisenbahn, mit Straßen-, Wasser- oder Luftfahrzeugen, einschließlich der transportbedingten vorübergehenden Lagerung und des transportbedingten Umschlages von Giften. Die Bestimmungen der 3. Durchführungsbestimmung sind zusätzlich zu den Rechtsvorschriften für den Transport gefährlicher Güter einzuhalten.

Hier gelten z. Z.:
— die Transportordnung gefährlicher Güter (TOG)
— die Seefrachtordnung (SFO)

Im internationalen Verkehr gelten darüber hinaus die
— Ordnung vom 4. Februar 1972 über den Lufttransport gefährlicher Güter-Lufttransportordnung für gefährliche Güter (OLTG)
— Besondere Bedingungen für die Beförderung von gefährlichen Gütern im internationalen Eisenbahnverkehr — Anlage 4 zum Abkommen vom 1. November 1951 über den internationalen Eisenbahn-Güterverkehr (SMGS)
— Internationale Ordnung vom 1. April 1967 für die Beförderung gefährlicher Güter mit der Eisenbahn (RID) — Anlage I zum Internationalen Übereinkommen über den Eisenbahnfrachtverkehr (CIM)
— Europäisches Abkommen vom 30. September 1957 über die internationale Beförderung gefährlicher Güter auf der Straße (ADR).

Auf diese Bestimmungen soll hier nicht näher eingegangen werden. Weiterhin ist für den Transport von Giften die Kenntnis folgender Ordnungen wichtig:
— Postordnung (s. Anlage/Verzeichnis der Rechtsvorschriften)
— Anordnung über die Mitnahme von gefährlichen Stoffen oder Gegenständen in öffentliche Verkehrsmittel
(s. Anlage/Verzeichnis der Rechtsvorschriften).

Produktversand

Für den Produktversand giftiger Stoffe innerhalb der DDR gelten die Bestimmungen der 3. Durchführungsbestimmung und der TOG. Gemäß den Bestimmungen der TOG gehören giftige Stoffe zur Klasse 6.1 der gefährlichen Güter.

Die Kennzeichnung der Versandstücke hat zusätzlich zu der im § 10 der 1. Durchführungsbestimmung geforderten Kennzeichnung zu erfolgen.

Auf den Versandpapieren bzw. auf den Gefahrzetteln sind die Giftabteilungen anzugeben. Als Wagenladung brauchen die Versandstücke nicht im einzelnen mit den vorgeschriebenen Gefahrzetteln versehen zu sein.

Die TOG enthält unter den Punkten 6.1.2.1. bis 6.1.2.8. für Gifte der Abteilung 1 und unter den Punkten 6.1.2.12. bis 6.1.2.18. für Gifte der Abteilung 2 spezifische Forderungen für die Verpackung, das Höchstgewicht der Versandstücke, die Aufschriften und die Gefahrzettel sowie Hinweise auf Vermerke in den Frachtpapieren, Abfertigungsbeschränkungen und entsprechende Fahrzeug- und Ladevorschriften.

Musterversand

Gemäß Punkt 0.2.5 der TOG unterliegt der Transport kleiner Mengen gefährlicher Güter — bis höchstens 1 kg —, auch der von Giften, die zu Prüfzwecken, als Muster oder Probe vorgesehen sind, nicht den Bestimmungen der TOG. Der Versand von Mustern wird in der Regel durch den Postversand erfolgen und zwar entweder in Wirtschaftspaketen oder bei kleineren Mengen in Briefsendungen.

Anlage 1 der Postordnung enthält die dafür geltenden Bestimmungen. Postsendungen mit Giften dürfen nur mit der Zusatzleistung „Wertangabe" mit einem Wertbetrag von mehr als 1000,— M versandt werden. Diese Zusatzleistung bedeutet Annahme gegen Einlieferungsbescheinigung, Aushändigung gegen Empfangsbescheinigung sowie die Forderung nach Siegelung der Verpackung. So ist ein lückenloser Nachweis für den gesamten Transport gegeben. Ein Wirtschaftspaket muß danach eine Wertangabe, den Gefahrenzettel Nr. 4 gemäß TOG und einen schwarzen Stempelaufdruck „Gift der Abt. . . ." in der Größe 20 × 60 mm aufweisen (siehe Abschnitt „Verpackung und Kennzeichnung der Gifte").

Außerdem ist auf der Paketkarte unter der Rubrik „Besondere Vermerke des Absenders" ein gleicher Stempelaufdruck in der Größe 10 × 40 mm anzubringen.

Kleinere Mengen Gift können durch berechtigte Personen in öffentlichen Beförderungsmitteln mitgeführt werden. So sind z. B. Untersuchungsproben zu Instituten, Betrieben oder anderen Einrichtungen zu bringen oder abzuholen. Der Transport stellt hier eine Mitnahme in öffentliche Beförderungsmittel dar.

Höchstmengen, die Art der Verpackung und Kennzeichnung regelt die „Anordnung über die Mitnahme von gefährlichen Stoffen oder Gegenständen in öffentliche Beförderungsmittel" für die entsprechenden Stoffarten.

Transport zwischen Betrieben

Der Transport zwischen Betrieben über öffentliche Straßen ist kein betriebsinterner Transport. Hier gelten die Bestimmungen der TOG. Der innerbetriebliche Transport dagegen ist von den Leitern der Betriebe und Einrichtungen in betrieblichen Anweisungen zum Verkehr mit Giften eindeutig zu regeln. Die betriebsinterne Ordnung muß die berechtigten Personen für Gifttransporte ausweisen und die Art der Belehrung der Frachtführer enthalten. Als zweckmäßig hat sich in der Praxis die Belehrung der Frachtführer anhand eines Gifttransportscheines erwiesen, auf dem die mit dem Transport beauftragten Personen diese Belehrung unterschriftlich bestätigen.

Abb. . . . zeigt einen im Chemiekombinat Bitterfeld verwendeten Gifttransportschein.

VEB CHEMIEKOMBINAT BITTERFELD

Bitterfeld, den ....

Gifttransportschein

(Für den Transport von Giften der Abteilung 1 und 2 mit Straßen- und Wasserfahrzeugen)

Absender: VEB Chemiekombinat Bitterfeld

Zur Sendung: ....

....

....

(Kennzeichen, Nummer, Anzahl und Art der Verpackung)

Die mit dem Transport der oben bezeichneten Sendung unmittelbar beauftragten Personen sind bei der Übergabe/Übernahme dieser Sendung über die umseitig aufgeführten Bestimmungen ausreichend belehrt worden und bestätigen dies durch ihre Unterschrift.

Name	Betrieb	Nummer des Personalausweises	Datum	Unterschrift
...	...	...	...	...
...	...	...	...	...
...	...	...	...	...
...	...	...	...	...

Abb. 20

Abgabe von Giften

Die Abgabe von Giften wird im §§ 7—9 des Giftgesetzes sowie in den §§ 23 und 24 der 1. Durchführungsbestimmung zum Giftgesetz geregelt.

Gesetz

§§ 7—9

Vergleiche hier Text und Kommentar im Abschnitt „Erlaubnis und Erlaubniserteilung".

1. Durchführungsbestimmung

§ 23

(1) Gifte der Abteilung 1 dürfen nur abgegeben werden, wenn eine Berechtigung zum Erwerb von Giften vorliegt.

(2) An Personen unter 16 Jahren dürfen auch Gifte der Abteilung 2 nicht abgegeben werden.

(3) Im Einzelhandel mit Selbstbedienung und im ambulanten Handel dürfen Gifte nicht angeboten oder abgegeben werden.

Eine Berechtigung zum Erwerb von Giften der Abteilung 1 liegt vor, wenn der Erwerber den Nachweis erbringt, daß er

— im Besitz einer Erlaubnis gemäß § 7 Absatz 1 des Gesetzes ist, die durch das zuständige Volkspolizei-Kreisamt erteilt wurde;

— als volkseigener Betrieb bzw. Kombinat gemäß § 8 Absatz 1 die Erlaubnis von seinem übergeordneten Organ erhalten hat. Dabei kann die Erlaubnis der Deutschen Volkspolizei zur Lagerung von Giften auch als gesetzlicher Nachweis des berechtigten Erwerbs gelten;

— als Einrichtung der im § 9 des Gesetzes genannten staatlichen Organe von seinem zentralen bzw. unmittelbar übergeordneten Organ die Erlaubnis zum Verkehr mit Giften erhalten hat oder

— als Betrieb, Einrichtung bzw. Einzelperson eine Erlaubnis zum einmaligen Erwerb und zur Verwendung vorlegt, die durch die Deutsche Volkspolizei gemäß § 21 Absatz 1 Ziff. 3 der 1. Durchführungsbestimmung erteilt wurde.

Werktätige, die gemäß § 8 Absatz 2 des Gesetzes in Verbindung mit § 22 der 1. Durchführungsbestimmung zum Verkehr mit Giften der Abteilung 1 bestätigt wurden, sind nicht zum Erwerb von Giften im Sinne des § 23 der 1. Durchführungsbestimmung berechtigt.

Sie wurden nur für den Umgang mit Giften im Rahmen ihrer Arbeitsaufgaben bestätigt. Hier wird davon ausgegangen, daß der Betrieb die Erlaubnis zum Verkehr mit Giften besitzt und Giftbauauftragte gemäß § 4 Absatz 3 des Gesetzes eingesetzt sind, denen gemäß § 7 Absatz 3 bzw. § 9 des Gesetzes Einzelerlaubnisse erteilt wurden.

Das Verbot der Abgabe von Giften gemäß § 23 Absatz 3 der 1. Durchführungsbestimmung entspricht den Erfordernissen der Sicherheit. Im Selbstbedienungsbereich des Einzelhandels, wie auch im ambulanten Handel können die Forderungen der sicheren Lagerung und des Schutzes der Gifte vor dem Zugriff durch Unbefugte nicht gewährleistet sowie eine anderweitige Gefährdung des Lebens und der Gesundheit der Menschen nicht ausgeschlossen werden. Deshalb ist im Einzelhandel mit Selbstbedienung die Abgabe von Giften nur im Kassenbereich durch das Verkaufspersonal statthaft.

§ 24

(1) Die Abgabe, der Erwerb und die Verwendung von gasförmigen oder Gase entwickelnden Pflanzenschutzmitteln, Vorratsschutzmitteln, Mittel zur Steuerung biologischer Prozesse und Holzschutzmitteln, die Gifte der Abteilung 1 sind, darf nur durch Betriebe und Einrichtungen erfolgen, denen dafür ausdrücklich die Erlaubnis durch das örtlich zuständige Volkspolizei-Kreisamt erteilt wurde.

(2) Die im Abs. 1 genannten Gifte sind bei der Veröffentlichung gemäß § 5 Abs. 2 des Gesetzes mit dem Vermerk
„Besondere Erlaubnis erforderlich“ zu versehen.

Wie aus § 17 der 1. Durchführungsbestimmung zu entnehmen ist, werden von Giftbeauftragten für den Verkehr mit den genannten Mitteln spezifische Kenntnisse gefordert, die in einer gesonderten Prüfung nachzuweisen sind.

In der Erlaubnis zum Verkehr mit Giften, gleich, von welchem staatlichen Organ diese erteilt wurde, muß die Berechtigung zum Verkehr mit diesen Mitteln ausdrücklich ausgewiesen werden. Betrieben und Einrichtungen darf diese Erlaubnis nur erteilt werden, wenn dort Giftbeauftragte mit der geforderten fachlichen Befähigung tätig sind. In der persönlichen Erlaubnis für Giftbeauftragte ist bei nachgewiesener fachlicher Befähigung die Berechtigung zum Erwerb und zur Verwendung von gasförmigen oder Gase entwickelnden Mitteln zur Schädlingsbekämpfung einzutragen. Diese Eintragung kann z. B. lauten:

„Berechtigt zum Erwerb und zur Verwendung von
.... zur Schädlingsbekämpfung“.
(Bezeichnung des Stoffes)

Schadlose Beseitigung von Giften

Die schadlose Beseitigung nicht mehr nutzbarer Gifte wird im § 4 Absatz 2 und § 10 des Giftgesetzes sowie im § 3 Absätze 4 bis 7 der 3. Durchführungsbestimmung zum Giftgesetz geregelt.

Gesetz

§ 4

(2) Die Leiter der Betriebe, Kombinate, Betriebe der Kombinate und Einrichtungen sowie die Vorsitzenden der Genossenschaften (Nachfolgend Leiter der Betriebe und Einrichtungen genannt) haben die notwendigen Sicherheitsmaßnahmen für die einzelnen Stufen des Produktionsprozesses und des sonstigen Verkehrs mit Giften, zur Verhinderung und Bekämpfung von Havarien, Bränden und Explosionen und zur schadlosen Beseitigung nicht mehr nutzbarer Gifte zu treffen und Verhaltensregeln für den Katastrophenfall festzulegen. Soweit die Festlegungen die medizinische Betreuung betreffen, sind sie mit dem zuständigen Kreis- bzw. Bezirksarzt abzustimmen.

In den Betrieben und Einrichtungen bewähren sich seit langem betriebsinterne Giftordnungen, in denen u. a. konkrete Festlegungen zur Verfahrensweise bei der schadlosen Beseitigung nicht mehr nutzbarer Gifte getroffen werden.

§ 10

(1) Nicht mehr nutzbare Gifte sind so zu beseitigen, daß eine Gefährdung von Leben und Gesundheit der Menschen, der Nutztiere, der Kultur- und Nutzpflanzen nicht eintreten kann und volkswirtschaftliche und andere Schäden sowie eine Beeinträchtigung der Umwelt vermieden werden.

(2) Über die schadlose Beseitigung der Gifte ist ein Nachweis zu führen.

Es erscheint zweckmäßig, diese Festlegungen nach verschiedenen Gesichtspunkten zu erläutern

1. Wann sind Gifte zu beseitigen?
2. Wer ist verantwortlich für die schadlose Beseitigung?
3. Wer ist berechtigt, Gifte zu beseitigen?
4. Wie sind Gifte schadlos zu beseitigen?
5. Wie wird die Beseitigung nachgewiesen?

1. Wann sind Gifte zu beseitigen?

Die Notwendigkeit zur schadlosen Beseitigung von Giften kann gegeben sein bei

- Produktionsprozessen mit toxischen Abprodukten
- Auflösung nicht mehr benötigter Lagerbestände, sofern eine anderweitige Verwertung oder Abgabe an andere Interessenten bzw. Hersteller nicht möglich ist.
  Bei stark überlagerten oder verunreinigten Beständen ist die schadlose Beseitigung oft die einzige Alternative.
- Havarien während des Verkehrs mit Giften (bes. beim Transport, der Lagerung oder im Produktionsprozeß)

2. Wer ist verantwortlich für die schadlose Beseitigung?

Gemäß § 4 Abs. 2 des Giftgesetzes ist der jeweils zuständige staatliche Leiter dafür verantwortlich gemacht worden. Auf der Grundlage betrieblicher Festlegungen und Entscheidungen des Leiters hat der Giftbeauftragte die Maßnahmen zur schadlosen Beseitigung von Giften einzuleiten bzw. zu überwachen (vgl. § 12 der 1. Durchführungsbestimmung).

Die Verantwortung des staatlichen Leiters wird durch den Einsatz und die Tätigkeit des Giftbeauftragten nicht eingeschränkt.

3. Wer ist berechtigt, Gifte zu beseitigen?

Gemäß § 2 Abs. 1 des Giftgesetzes gehört die Beseitigung zum Verkehr mit Giften. Zur Beantwortung der Frage nach der Berechtigung muß daher von der Zielstellung der Giftbeseitigung ausgegangen werden.

3.1. Beseitigung toxischer Abprodukte

Bei den toxischen Abprodukten handelt es sich um im Produktionsprozeß anfallende Stoffe, für die entsprechende Betriebsvorschriften und staatliche Genehmigungen vorliegen müssen. Dazu gehört auch die Festlegung, welcher Personenkreis die Beseitigung unmittelbar durchführen darf. Fallen toxische Abprodukte an, die Gifte der Abteilung 1 darstellen, sind für den Umgang mit diesen Stoffen nur bestätigte Werktätige einzusetzen.

Der Giftbeauftragte kontrolliert die ordnungsgemäße Durchführung.

3.2. Auflösung nicht mehr benötigter Lagerbestände

Diese Arbeiten dürfen nur unter direkter Aufsicht eines Giftbeauftragten von bestätigten (für Gifte der Abteilung 1) bzw. geeigneten Werktätigen (für Gifte der Abteilung 2) durchgeführt werden. Hierbei sind umfassende Sicherheitsmaßnahmen entsprechend der Gefährlichkeit der Substanzen einzuleiten.

Dazu gehören:

— Identifizierung der Bestände, wenn die Kennzeichnung beschädigt ist oder keine Originalverpackung vorliegt
— genaue Festlegung der Verfahrensweise
— Beschaffung der erforderlichen Zustimmungen von der zuständigen Abteilung Umweltschutz und Wasserwirtschaft
— Belehrung aller Beteiligten
— Sachgemäße Beseitigung der Verpackung
— Bei der Beseitigung von Pflanzenschutzmitteln sind außerdem die Festlegungen der ASAO 108 § 23—26 zu beachten.

3.3. Giftbeseitigung bei Havarien

Hierbei kommt es besonders auf schnelle und wirksame Maßnahmen zum Schutz von Menschenleben und eine minimale Gefährdung der Umwelt an.

Geeignete Maßnahmen zur Beseitigung der Gifte sind in die betrieblichen Antihavariepläne einzuarbeiten und die Verantwortlichkeit festzulegen.

Zur schadlosen Beseitigung von Giften bei Transportschäden wird gemäß § 3 Abs. 5 der 3. Durchführungsbestimmung die Hinzuziehung eines Giftbeauftragten gefordert.

4. Wie sind Gifte schadlos zu beseitigen?

Für die schadlose Beseitigung von Giften bieten sich grundsätzlich 2 Möglichkeiten an

— Überführung in ungiftigere Verbindungen
— Geordnete Deponie.

Das Einleiten von Giften in das Abwasser ist kein Verfahren zur schadlosen Beseitigung von Giften im Sinne der Rechtsvorschriften. Wasserschadstoffe (dazu gehören auch Gifte der Abteilung 1 und 2) dürfen nur im Rahmen der von der zuständigen Oberflußmeisterei erteilten wasserechtlichen Nutzungsgenehmigung in Abwässer eingeleitet werden. Die Verfahrensweise wird in der Wasserschadstoffverordnung vom 15. 12. 1977 (GBl. I Nr. 3 S. 50) und in § 10 der Anordnung über die Abwassereinleitungsbedingungen (GBl. I Nr. 29 S. 324) geregelt (s. Anlage/Verzeichnis der Rechtsvorschriften).

4.1. Überführung in ungiftigere Verbindungen

Die Überführung von Giften in ungiftige bzw. weniger giftige Verbindungen ist stets die sicherste Möglichkeit der Giftbeseitigung. Bei der Beseitigung hochtoxischer Stoffe (Gifte der Abteilung 1) sollten die Probleme des Umweltschutzes vor ökonomische Erwägungen gestellt werden. Die Hersteller giftiger Produkte haben in der Regel die beste Übersicht über mögliche Verfahren zur Beseitigung der von ihnen hergestellten Gifte und sollten daher Kunden und Anwender bei derartigen Fragestellungen entsprechend beraten bzw. unterstützen.

Für die Überführung einiger gebräuchlicher Gifte der Abteilung 1 in weniger toxische Verbindungen sollen nachfolgend einige Empfehlungen gegeben werden:

Cyanide:
Oxidation im alkalischen Medium mit Natriumhypochlorit oder Kaliumpermanganat. Weitere Verfahren sind in Roos, H., M. Schmidt „Zum Problem der Entgiftung cyanidhaltiger Abfälle“, Chem. Ing. Techn. **49** (1977) S. 369—374 beschrieben.

Quecksilbersalze:
Überführung in Quecksilbersulfid oder Reduktion zu metallischem Quecksilber.

Fluorwasserstoffsäure:
Umsetzung mit Calziumionen zu schwerlöslichem Calziumfluorid

Thalliumverbindungen:
Überführung in Thalliumsulfid

Arsen und Arsenverbindungen:
Eine Umsetzung in andere Verbindungen ist nicht sinnvoll, da fast alle Verbindungen zur Giftabteilung 1 gehören.
Es ist zweckmäßig, die Gifte einem Verarbeitungsbetrieb zu übergeben.

Cadmiumverbindungen:
Reduktion zu metallischem Cadmium oder Umsetzung in Cadmiumsulfid (Letzteres wurde aus dem Giftverzeichnis gestrichen!)

Organische Verbindungen:
Für die meisten Stoffe ist eine Verbrennung, evtl. unter Zusatz brennbarer Flüssigkeiten, bei Beachtung der Arbeitsschutz- und Umweltschutzbestimmungen die Methode der Wahl. In zweifelsfällen ist der Hersteller zu konsultieren.

4.2. Geordnete Deponie

Dieses Verfahren zur schadlosen Beseitigung von Giften wird speziell durch die bereits zitierte 2. Durchführungsbestimmung zur 6. Durchführungsverordnung zum Landeskulturgesetz geregelt. Dabei gelten für toxische Abprodukte, die den Giftabteilungen 1 bzw. 2 angehören, die gleichen Grundsätze wie für die anderen in der Liste der Schadstoffe genannten Substanzen (s. Anlage/Verzeichnis der Rechtsvorschriften).

Die 2. Durchführungsbestimmung zur 6. Durchführungsverordnung zum Landeskulturgesetz schreibt u. a. vor, daß Anlagen zur schadlosen Beseitigung und Deponiestellen nur nach Genehmigung durch den Rat des Bezirkes, Abt. Umweltschutz und Wasserwirtschaft betrieben werden dürfen. Dazu sind genaue

Angaben über Art, Menge, Konzentration und Konsistenz der Gifte zu erbringen.

Für eine Genehmigung zur Deponie können entsprechende Auflagen erteilt werden. So dürfen z. B. hochtoxische Stoffe nicht in wasserlöslicher Form deponiert werden; d. h. in einigen Fällen wird die schadlose Beseitigung eine Kombination darstellen von Überführung in ungiftige Verbindungen und anschließender Deponie.

Die genannte Rechtsvorschrift bestimmt weiter, daß Betriebe, in denen toxische Abprodukte anfallen, für einen lückenlosen täglichen Nachweis über den Anfall und den Verbleib nach Art und Menge verantwortlich sind. Sie haben unter Berücksichtigung der für Gifte geltenden Rechtsvorschriften die betriebliche Kontrolle über Anfall und Verbleib der toxischen Produkte zu sichern.

5. Wie wird die Beseitigung der Gifte nachgewiesen?

— Bei der Beseitigung von Giften aus dem Produktionsprozeß (Abprodukte) ist der Verbleib in kontrollierbaren betrieblichen Unterlagen auszuweisen.
— Bei der Beseitigung von Giften aus Lagerbeständen ist die Nachweisführung für Gifte der Abteilung 1 entsprechend den Forderungen des § 7 der 1. Durchführungsbestimmung vorzunehmen. Es empfiehlt sich, zusätzlich ein Protokoll über die Beseitigung anzufertigen, welches bei Kontrollen vorgelegt werden kann. Bei der Beseitigung von Giften der Abteilung 2 genügen als Nachweis die betrieblichen Unterlagen.
— Bei der Giftbeseitigung im Zusammenhang mit Havarien ist die Art der Beseitigung im Havarieprotokoll zu beschreiben sowie in den Bestandsunterlagen auszuweisen.

Vor der schadlosen Beseitigung von Giften sollte grundsätzlich bedacht werden, daß

— das Gift evtl. anderweitigen Nutzungsmöglichkeiten zugeführt werden kann, z. B. als Sekundärrohstoff
— die entstehenden Umsetzungsprodukte Wasserschadstoffe sein können
— die schadlose Beseitigung sehr gewissenhaft im Interesse des Schutzes der menschlichen Gesundheit und der Umwelt durchgeführt werden sollte
— Verletzungen der Rechtsbestimmungen zur Beseitigung von Giften nach den Ordnungsstraf- und Strafbestimmungen des Giftgesetzes geahndet werden können.

3. Durchführungsbestimmung

§ 3

(4) Gelangen beim Verladen, Transport, transportbedingten vorübergehenden Lagern, transportbedingten Umschlag und Entladen Gifte in das Erdreich oder in Gewässer, hat der die Unregelmäßigkeit Feststellende hierüber unverzüglich den

zuständigen Rat des Bezirkes, Abteilung Umweltschutz und Wasserwirtschaft, zu informieren.

(5) Wird eine Beschädigung der Verpackung von Giftsendungen festgestellt, ist der Mangel an der Verpackung zu beseitigen. Wenn das Beseitigen des Mangels nicht möglich ist, ist die Giftsendung auf Lager zu nehmen und die Weisung des Verfügungsberechtigten einzuholen. Ist infolge der Beschädigung der Verpackung eine Verunreinigung des Transportmittels, der Transportanlage oder anderer Güter durch Gifte eingetreten, sind das Transportmittel, die Transportanlage bzw. die anderen Güter vom Feststellenden oder im Zweifel von einem Fachmann so zu reinigen, daß die Gifte restlos aufgenommen sind. Die Gifte sind unter Beachtung der geltenden Rechtsvorschriften durch einen Fachmann schadlos zu beseitigen. Fachmann im Sinne dieser Durchführungsbestimmung ist, wer einen Befähigungsnachweis für Giftbeauftragte besitzt.

(6) Lassen die Umstände der Beschädigung der Verpackung die begründete Annahme einer Gefahr für das Leben oder die Gesundheit von Menschen und Tieren zu, besteht der Verdacht einer Straftat oder wird der gänzliche oder teilweise Verlust von Giften der Abteilung 1 festgestellt, ist umgehend durch den Transportträger die zuständige Dienststelle der Deutschen Volkspolizei zu benachrichtigen. Beim Verdacht einer Straftat dürfen unmittelbar am Feststellungsort keine Veränderungen vorgenommen werden, es sei denn, es besteht unmittelbare Gefahr für das Leben und die Gesundheit von Menschen.

(7) Wird Gift in Transportmitteln, auf Transportanlagen bzw. an anderen Gütern festgestellt, bei dem die Herkunft nicht erkennbar ist, so ist hinsichtlich der Beseitigung der Verunreinigung durch Gift gemäß Abs. 5 bzw. bei Verdacht einer Straftat gemäß Abs. 6 zu verfahren.

Staatliche Kontrolle

Die staatliche Kontrolle wird im § 11 des Giftgesetzes geregelt.

Gesetz

§ 11

(1) Die Staatlichen Hygieneinspektionen, die Arbeitshygieneinspektion sowie die Deutsche Volkspolizei sind im Rahmen ihrer Zuständigkeit befugt, zur Verwirklichung der Rechtsvorschriften den Verkehr mit Giften zu kontrollieren.

(2) Zur Wahrnehmung der Kontrollbefugnisse sind die im Abs. 1 genannten Organe berechtigt, Betriebe, Einrichtungen und Anlagen zu betreten, Auskünfte zu fordern, Einblick in Unterlagen zu nehmen, die Erstattung von Gutachten zu fordern und sich vorlegen zu lassen sowie Auflagen zu erteilen. Zu den Kontrollen können andere Sachkundige des staatlichen Gesundheitswesens sowie Sachkundige des staatlichen Veterinärwesens und des Pflanzenschutzes hinzugezogen werden.

Im Rahmen ihrer fachlichen Zuständigkeit erstrecken sich die Kontrollaufgaben der Deutschen Volkspolizei besonders auf alle mit dem Verkehr mit Giften im Zusammenhang stehenden Fragen. Dabei stehen vor allem Kontrollen im Vordergrund, die die sichere Lagerung der Gifte, die Erlaubnis zum Verkehr mit Giften, die persönliche Erlaubnis sowie die Bestätigung der Werktätigen, die mit Giften der Abteilung 1 umgehen, betreffen. In die Kontrolltätigkeit sind des weiteren die Nachweisführung über Zu- und Abgang von Giften der Abteilungen 1 und 2, die Wahrnehmung der Verantwortung beim Verkehr mit Giften durch die Leiter einbezogen, desgleichen die Überprüfung der Befähigungsnachweise für Giftbeauftragte, die Durchführung von Belehrungen und die Abgabe der Meldungen über Gifte der Abteilungen 1 und 2 an die zuständige Volkspolizei-Dienststelle.

Die Kontrollaufgaben der Hygiene- und Arbeitshygieneinspektionen erstrecken sich im wesentlichen auf folgende Probleme:

— Beschränkung des Verkehrs mit Giften auf das unbedingt notwendige Maß

— Überprüfung der Möglichkeit des Austausches von Giften durch unschädliche oder weniger schädliche Stoffe

- Überprüfung der Verpackung von Giften hinsichtlich Zweckmäßigkeit, Dichtheit und richtiger Kennzeichnung
- Nachweis toxikologischer Daten bzw. Gutachten, die die Einstufung eines chemischen Stoffes als Gift bzw. eine Nichteinstufung belegen
- Nachweis der Meldung der in § 20 Abs. 1 der 1. Durchführungsbestimmung zum Giftgesetz geforderten chemisch-toxikologischen Daten der Gifte bzw. der Gifte enthaltenden Erzeugnisse an den Zentralen Toxikologischen Auskunftsdienst

Jährliche Bestandsmeldung der Gifte der Abt. 1

lt. Gesetz über den Verkehr mit Giften (Giftgesetz) vom 7.4.1977+)
und der Ersten Durchführungsbestimmung zum Giftgesetz vom 31.5.1977++)

Abteilung:

Berichtszeitraum: 1.4.19 - 31.3.19 Abschnitt:

Name des Giftes	Bestand zu Beginn des Berichtszeitraumes g	Zugang im Berichtszeitraum g	Summe g	Abgang im Berichtszeitraum g	Bestand am Ende des Berichtszeitraumes g

Bis zum 10.4. in dreifacher Ausführung an den Hauptgiftbeauftragten im BT Bitterfeld bzw. BT Wolfen

Unterschrift des staatlichen Leiters Unterschrift des verantwortlichen Giftbeauftragten

Bitterfeld, den
Wolfen, den

+) GBl. I/10 S.103 ++) GBl. I/21 S.276

Abb. 21: Bestandsmeldung des CKB Bitterfeld

— Lagerung von Giften
— Nachweis über schadlose Beseitigung toxischer Abprodukte
— Ordnungsgemäße Nachweisführung über Zu- und Abgang von Giften
— Wahrnehmung der Aufgaben der Giftbeauftragten
— Einhaltung der Sicherheitsbestimmungen beim Transport von Giften
— Einhaltung der speziellen Bestimmungen beim Umgang mit gasförmigen und Gase entwickelnden Pflanzenschutz- und Vorratsschutzmitteln, Mittel zur Steuerung biologischer Prozesse und Holzschutzmittel
— Prüfung der Havariepläne auf Aktualisierung.

Die Kontrollaufgaben sollten im wesentlichen arbeitsteilig, jedoch nicht isoliert voneinander wahrgenommen werden. Voraussetzung für ein gemeinsames abgestimmtes Vorgehen bei Kontrollen ist die genaue Kenntnis darüber, mit welchen Giften in den Betrieben und Einrichtungen des jeweiligen Territoriums umgegangen wird. Grundlage dafür bilden die in § 7 Abs. 5 und § 8 Abs. 4 der 1. Durchführungsbestimmung geforderten Meldungen über Gifte der Abteilungen 1 und 2, die jeweils zweifach an das zuständige Volkspolizei-Kreisamt zu richten sind. Je ein Exemplar davon erhält die Kreis-Hygieneinspektion zur Kenntnis.

Der in der Anlage abgebildete Kontrollauftrag soll ein einheitliches Vorgehen bei Kontrollen in Betrieben und Einrichtungen ermöglichen helfen.

Erste Hilfe bei Vergiftungen

Gemäß § 14 Abs. 3 der 1. Durchführungsbestimmung zum Giftgesetz sind vom Prüfling in der Prüfung Kenntnisse über das Erkennen von Vergiftungen und Maßnahmen der Ersten Hilfe nachzuweisen.

1. Durchführungsbestimmung

§ 14

(1) Die fachliche Befähigung für die Tätigkeit als Giftbeauftragter ist durch Ablegen einer Prüfung nachzuweisen.

(2) Die Zulassung zur Prüfung ist durch die Betriebe und Einrichtungen beim Rat des Kreises, Abteilung Gesundheits- und Sozialwesen, zu beantragen. Dem Antrag sind beizufügen:

— vollständige Angaben zur Person, eine Beurteilung und ggf. der Nachweis über eine fachspezifische Qualifikation;

— Angaben über Art und Umfang des Verkehrs mit Giften;

— Benennung der Gifte im vorgesehenen Tätigkeitsbereich.

(3) In der Prüfung sind Kenntnisse über

— die Rechtsvorschriften über den Verkehr mit Giften sowie über einschlägige Bestimmungen des Gesundheits- und Arbeitsschutzes sowie Brandschutzes,

— die Zusammensetzung, Eigenschaften und Wirkung der Gifte,

—. das Erkennen von Vergiftungen und Maßnahmen der Ersten Hilfe und

— das Verhalten bei Havarien und anderen Vorkommnissen im Verkehr mit Giften

nachzuweisen.

Zur wirkungsvollen Behandlung von Vergiftungen sind die Kenntnisse geeigneter Gegenmaßnahmen bei der Erstversorgung von ausschlaggebender Bedeutung. Das heißt jedoch auch, daß sachkundige Hilfe nur von einem hinzuziehenden Arzt kommen kann. Obgleich jede Vergiftung eine eigene Spezifik hinsichtlich der äußeren Umstände, des Gewichtes des Patienten, des körperlichen Allgemeinzustandes, der aufgenommenen Giftmenge u. a. mehr, aufweist, die eine differenzierte Behandlung erfordert, gibt es doch eine Reihe allgemeingültiger Behandlungsregeln für die Erste Hilfe.

Einige Grundsätze sollen daher heißen:

— Besser wenige Dinge tun, aber diese sofort!

— Einem Gegenmittel, das sofort zur Hand ist, sollte der Vorzug gegeben werden gegenüber einem anderen Mittel, dessen Wirkung zwar größer ist, dessen Beschaffung jedoch Zeit in Anspruch nimmt.

Die Behandlung von Vergiftungen muß zwei Hauptziele verfolgen:

1. Beseitigung der Ursachen
   - Giftresorption verhindern
     (Giftentfernung, Giftneutralisation, Vergifteten aus der Giftzone entfernen)
   - Giftausscheidung beschleunigen
   - Giftwirkung durch spezifische Antidote (Gegenmittel) aufheben bzw. abschwächen.
2. Folgeerscheinungen vorbeugen bzw. beseitigen
   - physiologische Körperfunktionen aufrechterhalten
   - toxischen Organschäden entgegenwirken
   - Sekundärkomplikationen der Giftwirkung verhüten bzw. beseitigen.

a) Vergiftungszeichen

Die ersten Vergiftungszeichen sind nicht sehr spezifisch. Es beginnt meist mit: Müdigkeit, Schwäche, Kopfschmerzen, dann Sehstörungen, Schweißausbruch, Durchfall, Atemnot (ernste Zeichen) und bei schweren Vergiftungen Krämpfe, schließlich Tod durch Atemlähmung.

Man sollte auch stets an eine Vergiftung denken, auch wenn diese Zeichen erst 24 Stunden nach Umgang mit einem Schadstoff auftreten.

b) Maßnahmen der Ersten Hilfe

Entfernung des Giftes

1. Bei Giftaufnahme durch den Mund

1.1. Auslösen von Erbrechen

Achtung:
Nicht bei Bewußtlosigkeit, bei Benommenheit und bei Kleinkindern (Schockgefahr), auch nicht bei Lokalanästhesie durch flüchtige Lösungsmittel, z. B. Benzin (Aspirationsgefahr) oder bei Aufnahme von Säuren bzw. Laugen oder bei stark schäumenden Flüssigkeiten.
Bewußtlosen nie Flüssigkeiten einflößen!
Erbrechen auslösen durch:

- 1 Eßlöffel Kochsalz auf 1 Glas lauwarmes Wasser; schluckweise bis zum Erbrechen trinken lassen
- mechanische Rachenreizung
- Gurgeln mit Seifenlösung

Wie kann man Erbrechen unterdrücken?

- Schluckenlassen von zerkleinerten Eiswürfeln

1.2. Magenspülung (sollte dem Fachpersonal vorbehalten bleiben). Eine Magenspülung sollte möglichst nur bis 6 Stunden nach Giftaufnahme durchgeführt werden. In einigen Fällen ist jedoch eine Magenspülung auch noch bis 24 Stunden nach der Giftaufnahme und später sinnvoll. Bei Bewußtlosigkeit ist eine Magenspülung nicht durchzuführen, hier wäre nur eine Intubation möglich. Eine Magenspülung sollte durchgeführt werden, wenn die Gefahr besteht, daß das Gift noch resorbiert wird.

Voraussetzungen:
- Erfahrungen und technische Voraussetzungen
- Vorhandensein von Reflexen
- keine Speiseröhrenschäden, z. B. nach Säuren- und Laugenvergiftungen — Perforationsgefahr
- stabiles Herz-Kreislauf-System

Im allgemeinen erfolgt beim Erwachsenen die Einzelspülung mit 200—300 ml lauwarmen Wasser; besser ist die Verwendung physiologischer Kochsalzlösung. Maßnahmen wiederholen, bis Flüssigkeit klar zurückfließt. Die Spülflüssigkeit kann auch Adsorbentien enthalten (z. B. Kohle). Im Anschluß Abführmittel wie Glaubersalz (Natriumsulfat) oder Karlsbader-Salz geben, jedoch kein Bittersalz (Magnesiumsulfat).

2. Giftaufnahme über die Haut:
Betroffene Kleidungsstücke entfernen; Haut ausgiebig mit Wasser und Seife waschen. Stets an Selbstschutz denken (z. B. Gummihandschuhe!).
3. Giftaufnahme durch Inhalation:
Den Betroffenen aus der toxischen Atmosphäre entfernen (an Selbstschutz denken!), bequem lagern, für ausreichende Atemfunktion sorgen, evtl. der Bildung eines Lungenödems vorbeugen (z. B. bei Chlor, Phosgen, Stickoxide).
4. Gifteinwirkung am Auge:
Bei geöffnetem Lidspalt 10 Min. unter fließendem Wasser spülen.
5. Bei subkutaner bzw. intramuskulärer Giftaufnahme (Schlangenbiß, Giftinjektion):
Als Erste Hilfe sollte eine Verlangsamung der Resorption durch Abschnüren oder Umspritzen mit verdünnter Adrenalinlösung (insg. 0,5 mg) sowie das Auflegen von Eisbeuteln erfolgen. Bei bestimmten toxischen Stoffen kann Ausschneiden des Giftdepots lebensrettend sein.

Resorption hemmen:
1. Mit Kohle: 0,5—1,0 g/kg Körpergewicht — als Aufschwemmung möglichst kalt trinken lassen. Bei oralen Vergiftungen praktisch immer richtig.
2. Mit Paraffinum subliquidum: 3 ml/kg Körpergewicht bei lipidlöslichen Stoffen bzw. Lösungsmitteln; jedoch ist die Anwendung von Paraffin. subl. umstritten.

3. Mit Abführmittel: Glaubersalz (Natriumsulfat), 20—30 g für einen Erwachsenen oder Karlsbader-Salz. Kein Bittersalz (Magnesiumsulfat) verwenden, da es im Darm zu Resorption von narkotisch wirkenden Mg-Ionen kommen kann.
4. Mit Fetten, Ölen: Z. B. Speiseöl bei phenolhaltigen Giften.
5. Zusätzlich kann man weinrote Kaliumpermanganatlösung trinken lassen (0,05 bis 0,1% wässrige $KMnO_4$-Lösung).

Weitere Maßnahmen der Ersten Hilfe:

— Bei Bewußtlosigkeit ist der Geschädigte in die stabile Seitenlage zu bringen
— Atemwege sind frei zu machen (Zahnprothese entfernen)
— der Geschädigte soll warm eingepackt und an der frischen Luft liegen bleiben
— bei Transport ins Krankenhaus hat eine zweite Person zugegen zu sein
— Packungen, Gebrauchsanweisungen, Erbrochenes usw. sind sicher zu stellen und dem behandelnden Arzt übergeben.

Erste Hilfe bei Vergiftungen

Schadsubstanz	Erste Hilfe	Einzeldosis	Bemerkungen
Im Haushalt			
Benzin (Treibstoff, Wasch- und Feuerzeugbenzin als Lösungsmittel für Farben und Lacke)	In leichten Fällen bei Inhalation oder peroraler Aufnahme: Frischluft Paraffin. subliqui. Natriumsulfat	3 ml/kg Körpergewicht 1 Eßl. auf $^1/_4$ l Wasser	Kein Erbrechen auslösen! Keine Magenspülung, keine Milch, Speise- oder Rizinusöl, keinen Alkohol, kein Adrenalin o. ä.
Benzol (Gummikleber, Kraftstoffzusätze, als Lösungsmittel für Farben und Lacke) Xylol, Toluol, Naphthalin	Bei Inhalation: Frischluft, evtl. Sauerstoff Bei peroraler Aufnahme: Paraffin. subliqu. Natriumsulfat	3 ml/kg Körpergewicht 1 Eßl. auf $^1/_4$ l Wasser	Besonders große Aspirationsgefahr. Kein Rizinusöl, keinen Alkohol, keine Milch
Bohnermassen, Farben, Lacke, Einreibungen	Bei peroraler Aufnahme: Nur sofort nach Einnahme Erbrechen auslösen, Paraffin. subliqu. evtl. Magenspülung mit 5% Natriumhydrogencarbonat	3 ml/kg Körpergewicht	Kein Rizinusöl, keine Milch, keinen Alkohol
Fensterreinigungsmittel (Fensterputzmittel)	Bei peroraler Aufnahme: Erbrechen auslösen Paraffin subliqu.	3 ml/kg Körpergewicht	Keine Milch, keine Öle
Fleckentfernungsmittel (Fleckenwasser, Fleckenpaste)	Bei peroraler Aufnahme: Nur sofort nach Einnahme Erbrechen auslösen, Frischluft, Paraffin. subliqu. Natriumsulfat und Aktivkohle	3 ml/kg Körpergewicht 1 Eßl. auf $^1/_4$ l Wasser	Keine Öle, keine Milch, keinen Alkohol

Schadsubstanz	Erste Hilfe	Einzeldosis	Bemerkungen
Möbelpolituren	Bei peroraler Aufnahme: Paraffin. subliqu. evtl. zusätzl. Natriumsulfat und Aktivkohle	3 ml/kg Körpergewicht 1 Eßl. auf $^1/_4$ l Wasser	Keine Milch, keine Öle, keinen Alkohol
Organische Lösungsmittel (z. B. für Anstrichmittel, Kosmetika, Klebstoffe)	Bei peroraler Aufnahme: Frischluft Paraffin. subliqu. Natriumsulfat	3 ml/kg Körpergewicht 1 Eßl. auf $^1/_4$ l Wasser	Keine Milch, kein Rizinus- oder Speiseöl, keinen Alkohol. Bei Erbrechen und Magenspülung — Vorsicht! Aspirationsgefahr!
Seifen und Seifenprodukte, Waschmittel	Reichlich Zufuhr von Flüssigkeit, Schleim (Reis), Milch mit eingequirlten rohen Eiern		Kein Erbrechen auslösen! Keine Abführmittel! Keinen Alkohol
In der Industrie			
Blausäure, Zyanide	Bei Blausäureinhalation: Frischluft, Isoamylnitrit Bei peroraler Aufnahme von Zyaniden: Kochsalzlösung trinken lassen, erbrechen lassen oder Aufschwemmung von Magnesiumoxid und Erbrechen lassen	Inhalt der Ampulle in kurzen Unterbrechungen so inhalieren lassen, daß syst. Blutdruck nicht unter 80 mm Hg sinkt 1 Eßl. auf $^1/_4$ l Wasser 10 g Magnesiumoxid und 2 g Eisensulfat in 100 ml Wasser	Keine Atemspende
Bleiverbindungen	Bei peroraler Aufnahme: Erbrechen mit Kochsalzlösung auslösen Natriumsulfatlösung Aktivkohle	1 Eßl. auf $^1/_4$ l Wasser 1 Eßl. auf $^1/_4$ l Wasser	Bei Bleitetraäthyl kein Rizinusöl, keine Milch

Brom, Chlor	Bei Inhalation: Inhalieren von Kamillentee- oder Äthanol-Dämpfen bzw. feinst vernebelter Lösung von 0,5% Natriumbikarbonat oder 1% Natriumbisulfat. Bei Einwirkung auf die Haut: Benetzte Kleidung entfernen, Haut mit Seife und viel Wasser abwaschen. Bei Einwirkung auf die Augen: Etwa 10 Minuten unter fließendem Wasser spülen		Horizontallagerung Ruhe Bei peroraler Aufnahme von Hypochloriten bzw. Chlorkalk Maßnahmen wie bei Laugenvergiftung
Flußsäure und andere anorganische Fluorverbindungen	Bei peroraler Aufnahme: Frischluft, Wasser, Eiermilch, warme Natrium- oder Kalziumchloridlösung oder Kreideaufschwemmung trinken lassen und Erbrechen auslösen, 2—3 × wiederholen. Bei Verätzung 30 min unter fließendem Wasser spülen, evtl. mit $NaHCO_3$ oder $MgSO_4$, dann MgO-Salbe mit Glyzerin (20%) auftragen	1 Eßl. auf $^1/_4$ l Wasser	
Kupferverbindungen	Bei peroraler Aufnahme: Wiederholt Eiermilch trinken und Erbrechen lassen; ggf. Natriumsulfat	1—2 Eßl. auf $^1/_4$—$^1/_2$ l Wasser	
Laugen	Bei peroraler Aufnahme: Wasser, verd. Zitronensaft, Eiermilch, 1—2%ige Essig-, Wein-, Milch- oder Zitronensäure, sauren Rotwein		Keine Zeit mit Neutralisationsversuchen verlieren. Kein Erbrechen auslösen

Schadsubstanz	Erste Hilfe	Einzeldosis	Bemerkungen
Methanol	Bei peroraler Aufnahme: Rasch Erbrechen auslösen (Rachen-reizung), Äthanol trinken lassen Bei massiver Inhalation: Äthanol trinken lassen	zunächst 1 Trinkglas voll Whisky, Wodka o. ä.	Alkoholspiegel soll bis zur klinischen Behandlung auf etwa 100 mg % gehalten werden
Methämoglobinbildner (Anilin, Nitrobenzol, Nitrate und Nitrite)	Bei peroraler Aufnahme: Erbrechen lassen mit Kochsalzlösung Paraffin. subliqu. Natriumsulfat	1 Eßl. auf 1/4 l Wasser 3 ml/kg 1 Eßl. auf 1/4 l lauwarmes Wasser	Kein Öl, keinen Alkohol, keine Milch. Nicht geben, wenn schon Anzeichen von Hämoglobin-ämie vorhanden
Phosgen (z. B. beim Erhitzen von Chlorkohlenwasserstoffen)	Bei Einwirkung auf die Haut: Hautwaschungen mit 2—5%iger Natriumhydrogencarbonatlösung		Bei Einwirkung auf die bedeckte Haut sofort Kleidung entfernen. Nach Inhalation: Ruhe, keine künstliche Atmung, Transport nur im Liegen
Quecksilberverbindungen	Bei peroraler Aufnahme: Wiederholt Eiermilch trinken und Erbrechen lassen (Rachenwandreizung)		Keinen Alkohol, kein Nikotin
Säuren	Bei peroraler Aufnahme: Wasser bzw. reichlich Eiermilch trinken lassen evtl. mit Zusatz von Magnesium-oxid		Keine Zeit mit Neutralisations-versuchen verlieren. Keine Karbonate, kein Erbrechen aus-lösen

Schädlingsbekämpfungsmittel	Bei peroraler Aufnahme: 1. von Chlorkohlenwasserstoffen — sofort Erbrechen auslösen durch warme Kochsalzlösung. Bei Aufnahme kleiner Mengen Paraffin subliqu. und Natriumsulfat + Aktivkohle. 2. von Phosphorsäureestern — sofort Erbrechen auslösen durch warme Kochsalzlösung. Bei Einwirkung auf die Haut gründliche Körperwaschung mit Wasser und Seife, besser mit 5%iger Natriumbikarbonatlösung	1 Eßl. auf $^1/_4$ l Wasser 3 ml/kg 1 Eßl. auf $^1/_4$ l Wasser	Erbrechen vor Eintritt der Resorptivwirkung auslösen (Aspirationsgefahr, Krampfauslösung). Keine Milch, keine Öle, keinen Alkohol

Mittel, die üblicherweise im Haushalt vorhanden oder leicht beschaffbar sind:

Präparat	Anwendungsbeispiele	Bemerkungen
Kochsalz	Als Brechmittel 1 Eßl. auf 1 Glas warmes Wasser	Schluckweise bis zum Erfolg trinken lassen, evtl. wiederholen
Schwarzer Tee	Starker Aufguß zur Resorptionshemmung u. als Stimulanz, z. B. bei Alkaloidvergiftungen	Nicht mit Kohle kombinieren
Eiermilch	2—4 rohe Eier, eingequirlt in $^1/_4$ l Milch, bei Schwermetall-, Säure- und Laugenvergiftung	Keinesfalls bei fettlöslichen Giften
Speiseöl (z. B. Oliven-, Sonnenblumen-, Erdnußöl)	Bei oraler Vergiftung mit Phenol(derivaten) etwa 1—3 ml/kg Körpergewicht	Anschließend ca. 4%ige Natriumsulfatlösung geben
Verdünnte Säuren, wie Speiseessig, Zitronensaft (je nach pH: eine bis mehrere Zitronen)	Auf 1—2%ige Endkonzentration (1:2 bis 1:4) verdünnt (!) bei oraler Laugenaufnahme	Nur bei frühzeitiger Anwendung sinnvoll; durch Vorgabe von Wasser Beschaffungszeit überbrücken
Alkoholika (über 30 Vol.% Äthanol) z. B. Whisky, Wodka, Rum, Weinbrand)	Etwa ein Weinglas voll bei Methanolvergiftung	Nicht bei kombinierten Methanol-Äthanolvergiftungen (z. B. durch methanolvergällten Spiritus)

Entnommen: Ludewig/Lohs, Akute Vergiftungen, 4. Aufl. VEB G. Fischer Verlag Jena, S. 462

100 Fragen und Antworten für das Selbststudium zur Erlangung des Befähigungsnachweises für Giftbeauftragte

1. Was ist das Grundanliegen des Giftgesetzes?
Wichtigstes Anliegen sind der Schutz der Bürger vor Gefährdung und Gesundheitsschädigung und der Schutz der Tier- und Pflanzenwelt vor Gifteinwirkung.

2. Was sind Gifte im Sinne des Giftgesetzes?
Gifte im Sinne des Giftgesetzes sind chemische Stoffe, die durch ihre toxische Wirkung vorübergehend oder bleibend Gesundheitsschädigungen im lebenden Organismus oder den Tod herbeiführen können.

3. Welche chemischen Stoffe werden nicht vom Giftgesetz erfaßt?
a) Radioaktive Stoffe
b) Arzneimittel, diesen gleichgestellte Stoffe und Zubereitungen, auch wenn sie zugleich Gifte sind oder solche enthalten
c) Suchtmittel, auch wenn sie zugleich Gifte sind oder solche enthalten
d) Gesundheitspflegemittel

4. Was sind chemische Stoffe im Sinne des Giftgesetzes?
Chemische Stoffe sind Elemente, Verbindungen und Gemische.

5. Warum erfolgt die Einordnung der Gifte nur noch in zwei Abteilungen?
Durch Einordnung der Gifte in zwei Abteilungen (Gifte der Abteilung 1 — hochgiftige Stoffe und Gifte der Abteilung 2 — giftige Stoffe) wurde einer internationalen Entwicklungstendenz und einer WHO-Empfehlung entsprochen. Damit wird der Verkehr mit Giften leichter überschaubar und ermöglicht die notwendige Konzentration auf die Kontrolle des Verkehrs mit hochgiftigen Stoffen.

6. Welche Möglichkeiten der toxikologischen Bewertung eines chemischen Stoffes zur Einstufung als Gift gibt es?

— tierexperimentelle Untersuchungen
— Zugrundelegung von vergleichbaren Mengen und Konzentrationen, von denen aus der Erfahrung her bekannt ist, daß sie beim Menschen Gesundheitsschädigungen verursachen können.

7. Welches sind die wichtigsten Unterschiede beim Verkehr mit Giften der Abteilung 1 und Giften der Abteilung 2?

— Erlaubnispflicht zum Verkehr mit Giften der Abteilung 1
— Vorhandensein einer persönlichen Erlaubnis für Giftbeauftragte zum Umgang mit Giften der Abteilung 1
— Vorhandensein einer Bestätigung für die Werktätigen, die nicht Giftbeauftragte sind und mit Giften der Abteilung 1 umgehen müssen
— Gifte der Abteilung 1 dürfen nur allein gelagert werden. Ausgenommen sind nur die Gegenstände, die ausschließlich für den Umgang mit diesen Stoffen vorgesehen sind.
— Gifte der Abteilung 1 dürfen nicht im Freien gelagert werden.
— Die Nachweisführung für Gifte der Abteilung 1 ist differenzierter als für Gifte der Abteilung 2 vorzunehmen.
— Lagerbestände von Giften der Abteilung 1 müssen monatlich kontrolliert werden, bei Abteilung 2 ist nur die jährliche Kontrolle notwendig.
— Eine Aufstellung der Lagerbestände an Giften der Abteilung 1 ist jährlich an die Volkspolizei zu übergeben. Für Gifte der Abteilung 2 ist nur eine einmalige Meldung erforderlich.
— Verluste und Fehlbestände von Giften der Abteilung 1 müssen der Volkspolizei gemeldet werden.

8. In welcher Weise erfolgt die Einstufung chemischer Stoffe als Gifte?

Betriebe und Einrichtungen, die chemische Stoffe herstellen, gewinnen oder zum Import vorgesehen haben, müssen diese nach den für Gifte geltenden Kriterien prüfen oder prüfen lassen. Im letzteren Falle muß eine tierexperimentelle Untersuchung bei einer toxikologischen Untersuchungsstelle beantragt werden.

Für den Betrieb des Industriezweiges Chemie ist hier das WTZ für Arbeitsschutz, Arbeitshygiene und Toxikologie in der chemischen Industrie zuständig.

Das Ergebnis der toxikologischen Untersuchung bzw. das Ergebnis der Literaturrecherche ist über das zuständige zentrale Staatsorgan dem Gut-

achterausschuß zur Einstufung von Giften beim Ministerium für Gesundheitswesen zuzuleiten.
Der Gutachterausschuß unterbreitet dem Minister für Gesundheitswesen die entsprechenden Einstufungs- bzw. Nichteinstufungsvorschläge. Die Einstufungsentscheidung trifft der Minister für Gesundheitswesen.

9. **Wer ist für die Prüfung zwecks Einstufung verantwortlich?**
Der Hersteller bzw. der Importeur eines Produktes hat die toxikologische Prüfung und Einstufung zu veranlassen.

10. **Wie ist mit Stoffen umzugehen, die möglicherweise als Gifte eingestuft werden?**
Wird aufgrund der Eigenschaften eines Stoffes oder aufgrund seiner Ähnlichkeit mit anderen chemischen Stoffen angenommen, daß es sich um ein Gift handelt, müssen solche betrieblichen Maßnahmen getroffen werden, die eine Gesundheitsgefährdung bzw. mißbräuchliche Verwendung ausschließen.

11. **Welches Gremium erarbeitet die Einstufungsempfehlung im Auftrage des Ministers für Gesundheitswesen?**
Der Gutachterausschuß zur Einstufung von Giften beim Ministerium für Gesundheitswesen.

12. **Nennen Sie die Arten des Verkehrs mit Giften!**
Herstellung, Gewinnung, Verarbeitung, Lagerung, Verwendung, Erwerb, Besitz, Abgabe, Transport, Beseitigung.

13. **In welcher Rechtsvorschrift ist die Beseitigung von Giften noch geregelt?**
In der 2. Durchführungsbestimmung zur 6. Durchführungsverordnung zum Landeskulturgesetz — Schadlose Beseitigung toxischer Abprodukte und anderer Schadstoffe.

14. **In welchen Fällen sollen Gifte nicht eingesetzt werden?**
Da der Verkehr mit Giften auf das unbedingt notwendige Maß zu beschränken ist, muß immer geprüft werden, ob das Gift durch einen unschädlichen oder weniger schädlichen Stoff ersetzt werden kann.

15. **Wer ist berechtigt zum Umgang mit Giften der Abt. 1?**
- Giftbeauftragte, die eine persönliche Erlaubnis besitzen
- Bestätigte Werktätige
- Einzelpersonen, die für den einmaligen Erwerb von Giften der Abteilung 1 eine polizeiliche Erlaubnis erhielten.

16. Wer ist berechtigt zum Umgang mit Giften der Abteilung 2?

— Der im Punkt 15 genannte Personenkreis
— Jeder andere Werktätige, der im Rahmen seiner Arbeitsaufgaben damit umgehen muß und eine Arbeitsschutzbelehrung erhalten hat
— Jeder Bürger, der das 16. Lebensjahr erreicht hat

17. Wer ist verantwortlich für den ordnungsgemäßen Verkehr mit Giften?

Die Leiter der Staatsorgane, der wirtschaftsleitenden Organe, Betriebe, Kombinate und Einrichtungen sowie die Vorstände der Genossenschaften sind für die Einhaltung des Giftgesetzes verantwortlich.

18. Wen muß der Leiter eines Betriebes bzw. einer Einrichtung zur Absicherung des Verkehrs mit Giften einsetzen?

Die Leiter von Betrieben und Einrichtungen haben in Produktionsabteilungen, Lagern, Laboratorien, Handelseinrichtungen, Bildungseinrichtungen und dergleichen, in denen mit Giften umgegangen wird, Giftbeauftragte einzusetzen.

19. Welche Voraussetzungen werden an einen Giftbeauftragten gestellt?

Giftbeauftragte müssen die persönliche Eignung und die fachliche Befähigung für diese Funktion besitzen. Sie müssen das 18. Lebensjahr vollendet und in einer Prüfung den Befähigungsnachweis erworben haben. Für Gifte der Abteilung 1 benötigt ein Giftbeauftragter darüber hinaus eine persönliche Erlaubnis.

20. Auf welche Weise erwirbt der Giftbeauftragte den Befähigungsnachweis?

Durch den Betrieb wird die Zulassung zur Prüfung beim Rat des Kreises, Abt. Gesundheits- und Sozialwesen, beantragt. Als Prüfungsvorbereitung ist in der Regel ein Lehrgang zu besuchen. Nach erfolgreich abgelegter Prüfung wird der Befähigungsnachweis ausgestellt.

21. Wer nimmt die Prüfung für Giftbeauftragte ab?

Die Prüfung erfolgt durch eine Kommission beim Rat des Kreises, Abteilung Gesundheits- und Sozialwesen, sofern nicht durch Regelungen auf der Grundlage des § 9 anders lautende Festlegungen durch die jeweiligen Minister und Leiter anderer zentraler Staatsorgane getroffen wurden.

22. Wie setzt sich die Prüfungskommission zusammen?
Der Prüfungskommission gehören an:
— der Kreisarzt oder ein Beauftragter
— ein Vertreter der Staatlichen Hygieneinspektion
— ein Facharzt für Arbeitshygiene
— der Kreisapotheker
— der Kreistierarzt und/oder ein Vertrer der Kreispflanzenschutzstelle
— der Lehrgangsleiter
— Zusätzlich können Vertreter der Betriebe zugezogen werden
Die Kommission ist beschlußfähig, wenn mindestens drei Mitglieder der Kommission anwesend sind.

23. Wer muß an Lehrgängen zur Prüfungsvorbereitung teilnehmen?
Wer kein abgeschlossenes Studium der Medizin, Veterinärmedizin, Chemie oder Pharmazie nachweisen kann, muß an einem Lehrgang teilnehmen. Desweiteren müssen Werktätige, die keine abgeschlossene fachspezifische Berufsausbildung besitzen, an einem Lehrgang teilnehmen. Zu empfehlen ist die Teilnahme aLch für die anderen Personenkreise, da bei den Lehrdie gesetzlichen Bestimmungen anschaulich kommentiert werden.

24. Für den Verkehr mit einigen Giften wird eine gesonderte Prüfung gefordert. Welche sind das?
Gasförmige- oder Gase entwickelnde PSM, Vorratsschutzmittel, Mittel zur Steuerung biologischer Prozesse und Holzschutzmittel, die Gifte der Abteilung 1 sind.

25. In welcher Weise ist die fachliche Befähigung für die Tätigkeit als Giftbeauftragter nachzuweisen?
In Form einer Prüfung.

26. Wie lange sind Befähigungsnachweise gültig?
Für den Verkehr mit gasförmigen- oder Gase entwickelnden PSM, Vorratsschutzmittel, Mittel zur Steuerung biologischer Prozesse und Holzschutzmittel, die Gifte der Abteilung 1 sind: 2 Jahre,
für alle anderen Gifte der Abteilung 1: 4 Jahre,
für Gifte der Abteilung 2: 8 Jahre.

27. Worüber sind in der Prüfung Kenntnisse nachzuweisen?
— über Rechtsvorschriften über den Verkehr mit Giften sowie über einschlägige Bestimmungen des Gesundheits- und Arbeitsschutzes sowie Brandschutzes

— über die Zusammensetzung, Eigenschaften und Wirkung der Gifte
— über das Erkennen von Vergiftungen und Maßnahmen der 1. Hilfe
— über das Verhalten bei Havarien und anderen Vorkommnissen im Verkehr mit Giften

28. Welchen Geltungsbereich hat der Befähigungsnachweis?
Er gilt nur für die Gifte, über die die Prüfung abgelegt wurde. Der Befähigungsnachweis muß aussagen, über welche Gifte ausreichende Kenntnisse erworben und nachgewiesen wurden.

29. Welche Werktätigen müssen sich einer Prüfung über die einschlägigen Rechtsvorschriften unterziehen?
Alle Werktätigen, die als Giftbeauftragte eingesetzt werden sollen, haben sich einer solchen Prüfung zu unterziehen.

30. Wovon ist die Verlängerung der Gültigkeit des Befähigungsnachnachweises abhängig?
Die Verlängerung ist abhängig von der erfolgreichen Ablegung einer Wiederholungsprüfung.

31. Welche Aufgaben haben Giftbeauftragte?
Giftbeauftragte haben im Auftrag des Leiters zu gewährleisten, daß die Bestimmungen über
— die Lagerung
— die Nachweispflicht
— die Schlüsselordnung
— die schadlose Beseitigung
— die Verpackung
— die Kennzeichnung
— die jährliche Aufstellung des Bestandes an Giften der Abteilung 1 und die Übergabe an die VP
— die Kontrolle und vierteljährliche Belehrung der Berechtigten
— die Erlaubnispflicht
— die Abgabebedingungen
eingehalten werden.
Darüber hinaus sind Verluste, Fehlbestände und andere Unregelmäßigkeiten sofort dem Leiter zu melden und nicht mehr nutzbare Gifte einer anderen Verwertung oder schadlosen Beseitigung auf der Grundlage der Entscheidung des Leiters zuzuführen.

32. Welche Befugnisse haben Giftbeauftragte?

— Weisungsrecht gegenüber Werktätigen, die mit Giften umgehen
— Recht der Einsichtnahme in betriebliche Unterlagen
— Recht zum Betreten von Räumen und Anlagen
— Recht zur Einleitung und Durchführung von Sofortmaßnahmen in Gefahrensituationen
— Recht der Veranlassung zur Umlagerung von Giften, wenn Lagerbedingungen unzureichend sind.

33. Welche Bereiche umschließt die Erlaubnis zum Verkehr mit Giften der Abteilung 1?

Die Herstellung, Gewinnung und Verarbeitung, die Lagerung und Verwendung, der Erwerb, der Besitz und die Abgabe von Giften der Abteilung 1 sind erlaubnispflichtig.

34. Welche Arten der Erlaubnis für den Verkehr mit Giften der Abteilung 1 gibt es?

— Unbefristete Erlaubnis für Betriebe und Einrichtungen
— Befristete Erlaubnisse für Giftbeauftragte
— Erlaubnis für den einmaligen Erwerb an Betriebe und Einrichtungen sowie die zeitlich und mengenmäßig begrenzte Verwendung von Giften der Abteilung 1 an Einzelpersonen.

35. Durch wen erhalten Volkseigene Betriebe und Kombinate die Erlaubnis zum Verkehr mit Giften?

— Durch den Leiter des übergeordneten Organs erhalten Volkseigene Betriebe und Kombinate die Erlaubnis zur Herstellung, Gewinnung, Verarbeitung, zur Verwendung, zum Erwerb, zum Besitz und zur Abgabe von Giften.
— Für die Lagerung von Giften der Abteilung 1 muß die Erlaubnis bei der Volkspolizei eingeholt werden.

36. Ist der Transport von Giften erlaubnispflichtig?

Der Transport von Giften ist nicht erlaubnispflichtig. In bestimmten Fällen kann eine Erlaubnispflicht durh die Volkspolizei festgelegt werden.

37. Welche Erlaubnisse benötigen Giftbeauftragte für den Umgang mit Giften der Abteilung 1?

— Einen Befähigungsnachweis für Giftbeauftragte
— Eine persönliche Erlaubnis zum Umgang mit Giften der Abteilung 1

38. Welche Erlaubnis benötigen Giftbeauftragte für den Umgang mit Giften der Abteilung 2?
Einen Befähigungsnachweis für Giftbeauftragte.

39. Ist der Verkehr mit Giften der Abteilung 2 erlaubnispflichtig?
Der Verkehr mit Giften der Abteilung 2 ist nicht erlaubnispflichtig. Die Betriebe müssen jedoch den Verkehr mit Giften der Abteilung 2 der Volkspolizei zur Registrierung melden.

40. Durch wen erfolgt die Bestätigung der Werktätigen, die eine Berechtigung zum Umgang mit Giften der Abteilung 1 erhalten sollen?
Durch das örtlich zuständige Volkspolizei-Kreisamt (sofern keine andere Regelung auf Grund des § 9 des Giftgesetzes erfolgte).

41. Können Bürger Gifte der Abteilung 1 privat erwerben?
Bürger können Gifte der Abteilung 1 privat erwerben, wenn die Erlaubnis der Volkspolizei zum einmaligen Erwerb eingeholt wurde.

42. Welches Mindestalter müssen Bürger, die Gifte erwerben wollen, erreicht haben?
— Für Gifte der Abteilung 1: 18 Jahre
— Für Gifte der Abteilung 2: 16 Jahre

43. Wo werden eingestufte Gifte veröffentlicht?
In den beiden Anlagen der 2. Durchführungsbestimmung zum Giftgesetz.

44. Wo werden eingestufte Pflanzenschutz- und Vorratsschutzmittel, Mittel zur Steuerung biologischer Prozesse, Holzschutzmittel und Mittel zur Bekämpfung von Gesundheitsschädlingen veröffentlicht?
Im Verzeichnis der Pflanzenschutzmittel.

45. Wer ist für die Bekanntmachung eingestufter Gifte verantwortlich?
— Der Minister für Gesundheitswesen
— Die Leiter der zentralen Staatsorgane sind für die Vorabbekanntmachung von Entscheidungen über Einstufungen in ihren Bereichen verantwortlich.

46. Welche Einrichtung hat die toxikologische Prüfung von Importprodukten und ggf. die Einstufung als Gift zu veranlassen?
Das Außenhandelsorgan bzw. die Einrichtung, die eigenverantwortlich Importverträge abschließt.

47. Wie kann sich der Anwender chemischer Stoffe informieren, ob ein Stoff als Gift eingestuft ist?
— Im Gesetzblatt (2. Durchführungsbestimmung zum Giftgesetz) — jedoch nur Wirkstoffe
— Anfrage beim Hersteller
— Anhand der Kennzeichnung des Produktes.

48. Welche Angaben gehören zur ordnungsgemäßen Kennzeichnung?
Name des Erzeugnisses, chemische Bezeichnung des Giftes, chemische Kurzbezeichnung, Giftkennzeichnung, Name des Herstellers bzw. desjenigen, der das Erzeugnis unter seinen Namen in Verkehr bringt.

49. Wie werden Gifte der Abteilung 1 und 2 gekennzeichnet?
— Abteilung 1 — Totenkopfsymbol und das Wort „Gift" in weiß auf schwarzem Grund
— Abteilung 2 — Totenkopfsymbol und das Wort „Gift" in rot auf weißem Grund.

50. Wie werden die gesondert aufgeführten konzentrierten Säuren und Laugen der Abteilung 2 gekennzeichnet?
„Vorsicht, stark ätzend!"

51. Welche Anforderungen werden an die Beschriftung gestellt?
Die Kennzeichnung muß deutlich lesbar, sichtbar und dauerhaft haltbar an einer auffallenden Stelle der Verpackung angebracht sein.

52. Wer ist für die ordnungsgemäße Kennzeichnung der Gifte verantwortlich?
Wer die Gifte herstellt, gewinnt, importiert oder andersweitig in den Verkehr bringt.

53. Welche zusätzlichen Angaben müssen auf den Verpackungen von Pflanzenschutzmitteln enthalten sein, bzw. sind den Packungen beizufügen?
Es müssen Hinweise für eine gefahrlose Verwendung, sichere Lagerung und Maßnahmen der Ersten Hilfe bei Vergiftungserscheinungen gegeben sein.

54. Welche Anforderungen werden an Kleinverbraucherpackungen für Gifte gestellt?
Sie müssen sich deutlich von den für Lebensmittel, Arzneimittel, Gesundheitspflegemittel und Futtermittel üblichen Kleinverbraucherpackungen unterscheiden.

55. Welche Anforderungen werden an die Verpackung für Gifte gestellt?
Verpackungen für Gifte müssen dicht und dauerhaft sein. Bei normaler Beanspruchung muß ein Verschütten, Verstäuben, Ausfließen oder Verdunsten ausgeschlossen sein. Die Verpackung darf vom Inhalt nicht angegriffen werden.

56. Bei welchen Erzeugnissen kann die chemische Bezeichnung des enthaltenen Giftes entfallen?
Bei Erzeugnissen, die weniger als 0,1 % Gifte der Abteilung 1 oder weniger als 1 % Gifte der Abteilung 2 enthalten.

57. Von welchen Voraussetzungen ist die Lagerung von Giften der Abteilung 1 abhängig?
— Vom Vorhandensein eines Giftlagers, das den Sicherheitsanforderungen gem. § 3 der 1. Durchführungsbestimmung zum Giftgesetz entspricht und auf Antrag des Betriebes von der Deutschen Volkspolizei genehmigt wurde.
— Vom Vorhandensein einer Erlaubnis zum Verkehr mit Giften für die im § 9 des Giftgesetzes genannten Einrichtungen.

58. Mit welchen anderen Gegenständen dürfen Gifte gemeinsam gelagert werden?
— Gifte der Abteilung 1: In dem gleichen Raum bzw. Behältnis dürfen nur Gegenstände, die ausschließlich zum Umgang mit Giften bestimmt sind, sowie Gifte der Abteilung 2 gelagert werden.
— Gifte der Abteilung 2: Im gleichen Raum bzw. Behältnis dürfen andere Chemikalien sowie Gegenstände, die zum Umgang mit Chemikalien bestimmt sind, gelagert werden, wenn die Lagerung getrennt erfolgt.

59. Welche Anforderungen werden bei ausschließlicher Lagerung von Giften der Abteilung 2 gestellt?
Sie müssen gegen den Zugriff unbefugter Personen gesichert sein.

60. Welche Möglichkeit der Lagerung größerer Vorräte an Giften der Abteilung 2 ist laut Gesetz zulässig?
Die Lagerung auf geeigneter Fläche im Freien, wenn die Lagerfläche gegen den Zutritt Unbefugter gesichert ist.

61. Wie werden Giftlager gekennzeichnet?
An auffallender Stelle mit dem Warnzeichen für giftige Substanzen und dem Text „Gift der Abteilung 1 (bzw. 2)" gemäß den Staatlichen Standards.

62. Dürfen Gifte der Abteilung 1 unverschlossen in Laboratorien oder Produktionsanlagen aufbewahrt werden?
Ja, sofern es sich um Gifte handelt, die zur unmittelbaren Verarbeitung Verwendung oder Verladung vorgesehen und gegen den Zugriff Unbefugter gesichert sind bzw. unter Aufsicht Berechtigter stehen.

63. Wird zur Nachweisführung der Giftbestände ein Giftbuch benötigt?
Diese Forderung wird nicht erhoben. Die Nachweispflicht über den Bestand, den Zu- und Abgang von Giften ist an keine besondere Form gebunden. Unabhängig von der Form der Nachweisführung müssen die geforderten Angaben (vgl. § 7 der 1. Durchführungsbestimmung) sofort ersichtlich sein.

64. Wer ist für exakte Führung der Nachweisunterlagen verantwortlich und wie lange sind die Unterlagen aufzubewahren?
Die Führung der Nachweisunterlagen gehört zu den Aufgaben des Giftbeauftragten. Die Unterlagen sind von der letzten Eintragung an mindestens 2 Jahre aufzubewahren.

65. Wie oft und von wem sind Bestandskontrollen für Gifte durchzuführen?
Die Leiter der Betriebe und Einrichtungen haben zu veranlassen, daß monatlhch eine Kontrolle des Lagerbestandes der Gifte der Abteilung 1 sowie jährlich eine Kontrolle der Gifte der Abteilung 2 erfolgt und in den Nachweisunterlagen ausgewiesen wird.

66. Welche Bestandsmeldungen für Gifte sind an das zuständige Volkspolizei-Kreisamt zu richten?
Die jährliche Meldung der Lagerbestände; für Gifte der Abteilung 1 ist der Stand vom 31. März bis zum 20. April jeden Jahres zu melden.

67. Was ist beim Auftreten von Fehlbeständen an Giften der Abteilung 1 zu veranlassen?
Festgestellte Fehlbestände bzw. Verluste sind umgehend dem zuständigen Volkspolizei-Kreisamt zu melden. Über die möglichen Ursachen ist zusätzlich ein Protokoll anzufertigen.

68. Wann kann der Transport von Giften erlaubnispflichtig gemacht werden?
Wenn die Gewährleistung von Ordnung und Sicherheit dies erfordern, z. B. beim Transport hochgiftiger Stoffe durch enge Stadtgebiete.

69. In welchen Rechtsvorschriften wird der Transport von Giften geregelt?
— 3. Durchführungsbestimmung zum Giftgesetz
— Transportordnung für gefährliche Güter (TOG)
— Postordnung
— Anordnung über die Mitnahme gefährlicher Stoffe und Gegenstände in öffentliche Beförderungsmittel.

70. Handelt es sich beim Transport zwischen räumlich getrennten Kombinatsbetrieben um innerbetrieblichen Transport?
Nein, denn es werden öffentliche Straßen benutzt.

71. Welche Regelungen gelten für den innerbetrieblichen Transport?
In den innerbetrieblichen Anweisungen über den Verkehr mit Giften muß der Transport von Giften, der dazu berechtigten Personen und deren Belehrung geregelt sein.

72. Für welche Transportarten gelten die gesetzlichen Bestimmungen der 3. Durchführungsbestimmung?
Für den Transport von Giften mit Straßen-, Wasser- und Luftfahrzeugen sowie mit der Eisenbahn.

73. Unter welchen Bedingungen können Gifte mit der Post befördert werden?
Als Wertbrief oder als Wertpaket mit der Wertangabe 1000,— M und dem Stempelaufdruck „Gift" ist eine Beförderung von Giften laut Postordnung möglich. Die Verpackung muß dicht und dauerhaft sein.

74. Können Gifte in öffentlichen Verkehrsmitteln, z. B. in der Straßenbahn, mitgenommen werden?
Die Anordnung über die Mitnahme gefährlicher Stoffe und Gegenstände in öffentliche Beförderungsmittel regelt die zulässigen Höchstmengen an Giften, die in den einzelnen Beförderungsmitteln mitgeführt werden dürfen.

75. Wie werden Gifttransporte gekennzeichnet?
Mit dem Giftkennzeichen gemäß 3. Durchführungsbestimmung zum Giftgesetz (rechteckig, schwarz auf weiß „Gift , Abt. . . .").

76. Wie sind nicht mehr nutzbare Gifte schadlos zu beseitigen?
Durch Überführung in weniger toxische bzw. in nicht schädigende Stoffe oder durch geordnete Deponie.

77. Wer ist berechtigt, Gifte einer schadlosen Beseitigung oder anderweitigen Verwendung zuzuführen?
Gifte dürfen nur von Giftbeauftragten auf der Grundlage der Entscheischeidungen der Leiter der Betriebe und Einrichtungen einer schadlosen Beseitigung oder anderweitigen Verwendung zugeführt werden.

78. Welche gesetzliche Bestimmung regelt speziell die schadlose Beseitigung von toxischen Abprodukten?
Die 2. Durchführungsbestimmung zur 6. Durchführungsverordnung zum Landeskulturgesetz.

79. Wer entscheidet über die Deponie nicht verwertbarer Gifte?
Die Deponie von Giften darf nur auf Grundlage von Entscheidungen der jeweiligen Abteilungen Umweltschutz und Wasserwirtschaft beim Rat des Bezirkes erfolgen.

80. Dürfen Gifte in Gewässer eingeleitet werden?
In bestimmtem Umfang — in Abhängigkeit von Konzentration und Menge — dürfen Wasserschadstoffe, also auch Gifte, im Rahmen der von der zuständigen Oberflußmeisterei erteilten wasserrechtlichen Nutzungsgenehmigung über das Abwasser abgeleitet werden.

81. Wen hat der Betreiber von Anlagen unverzüglich zu informieren, wenn durch Havarien Gifte in das Erdreich oder in Gewässer gelangt sind?

— die örtlichen Räte Abteilung Umweltschutz
— die zuständige Kreishygieneinspektion
— die Staatliche Gewässeraufsicht
— die zuständige Arbeitshygieneinspektion
— die Deutsche Volkspolizei

82. Wie ist Verpackungsmaterial von Pflanzenschutzmitteln zu beseitigen?

Unter Beachtung der Anwendungshinweise sind die Gefäße zu spülen und dem Altstoffhandel zuzuführen.

Brennbares Verpackungsmaterial kann unter Beachtung der Umweltschutz- und Brandschutzbestimmungen verbrannt werden.

83. Welche Aufgabe hat der Zentrale Toxikologische Auskunftsdienst?

Der Zentrale Toxikologische Auskunftsdienst ist ein Informationsorgan für Ärzte bei der Einleitung von Erste-Hilfe-Maßnahmen und der Behandlung von akuten Vergiftungen.

84. Welche Angaben muß der Hersteller eines Giftes oder eines Stoffes, der Gift enthält, dem Zentralen Toxikologischen Auskunftsdienst übermitteln?

— Name der Erzeugnisse
— Inhaltsstoffe
— chemische Bezeichnung der Gifte
— Nummer und Bezeichnung des Standards des Erzeugnisses
— im Betrieb vorgesehene Maßnahmen im Gefahrenfalle.

85. In welchen Fällen des Verstoßes gegen das Giftgesetz werden Straf- bzw. Ordnungsstrafverfahren eingeleitet?

— Bei vorsätzlichem rechtswidrigen Verkehr mit Giften
— Bei vorsätzlicher Verursachung einer Gemeingefahr (auch Vorbereitung)
— Bei fahrlässiger Herbeiführung eines erheblichen Gesundheitsschadens oder des Todes eines Menschen
— Der Versuch ist in allen Fällen strafbar.

86. Welche Dienststellen üben die staatliche Kontrolle des Verkehrs mit Giften aus?

— Staatliche Hygieneinspektion
— Arbeitshygieneinspektion
— Deutsche Volkspolizei.

87. Nennen Sie typische Gifte der Abteilung 1 und der Abteilung 2!

— Abt. 1 — Acrylnitril
Arsen und Verbindungen
Blausäure
Cadmiumverbindungen
Phosgen
Schlangengifte
Kaliumcyanid

— Abt. 2 — Chlor
Chloroform
Methanol
Phenol
Säuren und Laugen ab bestimmter Konzentration

88. Welche Grundsätze sind zu beachten, wenn Vergifteten Erste Hilfe geleistet wird?

- Ursachen beseitigen
- Arzt beachrichtigen
- Packung, Gebrauchsanweisung, Erbrochenes sicherstellen
- ggf. durchnäßte Kleidung entfernen
- ggf. Haut reinigen
- bei Transport ins Krankenhaus zweite Person mitgeben
- ggf. Atemwege frei machen
- Geschädigten warm einpacken und an frische Luft legen
- bei Aufnahme des Giftes über den Mund und vorhandenem Bewußtsein ggf. Erbrechen auslösen
- zur Verzögerung der Giftaufnahme: Kohle
- zum Abführen: Glaubersalz (Natriumsulfat)
  oder Karlsbader-Salz, nicht Rizinusöl.

89. Was muß beachtet werden, wenn Vergiftete bewußtlos sind?

- Geschädigten in stabile Seitenlage bringen
- Prothese aus Mund entfernen — Atemwege frei machen
- nie Flüssigkeit einflößen
- warm halten.

90. Was ist bei Atemstillstand zu tun?

Sofort mit Mund-zu-Mund- oder Mund-Nasen-Beatmung beginnen (eigener Schutz durch Benutzung eines Taschentuches) oder künstliche Beatmung nach Holger-Nielsen-Methode.

91. Was ist bei Vergiftungen durch Gase oder Dämpfe zu tun?
- — aus toxischer Atmosphäre entfernen (an Selbstschutz denken)
- — bequem lagern
- — für ausreichende Atemfunktion sorgen.

92. Was kann bei Vergiftungen mit Säuren getan werden bzw. was darf nicht getan werden?
- — Einflößen von Wasser oder von 30 g gebrannter Magnesia in $^1/_2$ l Wasser bzw. Abwaschen mit viel Wasser
- — kein Natron oder Schlämmkreide einflößen
- — kein Erbrechen auslösen.

93. Was ist bei Vergiftungen mit Laugen zu tun bzw. was darf nicht getan werden?
- — Trinken bzw. Abwaschen mit viel Wasser
- — Trinken von Essigwasser (2 Eßl. Speiseessig auf $^1/_2$ l Wasser)
- — Trinken von Zitronensaftwasser
- — kein Erbrechen auslösen.

94. Warum sollen bei Verätzungen mit Säuren keine Neutralisationsversuche durchgeführt werden?
- — beim Suchen nach geeigneten Neutralisationsmitteln geht wertvolle Zeit verloren
- — die „Neutralisation" verhindert nicht die Säurewirkung unter dem sich bildenden Säureschorf.

95. Wie kann Erbrechen ausgelöst werden?
- — Mechanisch, durch Kitzeln am Rachenrand
- — Trinkenlassen von Salzwasser (1 Eßl. Kochsalz auf 1 Tasse lauwarmes Wasser)
- — bei Kleinkindern Trinken von viel Himbeerwasser

Erbrochenes aufbewahren.

96. Wann darf kein Erbrechen ausgelöst werden?
- — bei Bewußtseinsstörungen
- — bei Verätzungen (Säuren-Laugen)
- — nach Einnahme von organischen Lösungsmitteln.

97. Welches sind die wichtigsten Mittel der Laienhilfe?
- — Wasser
- — Kochsalz

— Aktivkohle
— Natriumsulfat (Glaubersalz)
— Eier.

98. Was ist bei Verätzungen am Auge zu tun?
10 Minuten unter fließendem Wasser bei geöffnetem Lidspalt spülen.

99. Welche Giftaufnahmewege gibt es?
— über den Mund
— über die Haut
— über die Schleimhäute
— durch Inhalation
— über die Blutbahn (z. B. Schlangenbiß).

100. Warum ist Milch oder Öl bei manchen Vergiftungen kontraindiziert?
Durch Milch bzw. Fette und Öle wird bei manchen Stoffen die Giftresorption noch beschleunigt.

Anlage

Gesetz über den Verkehr mit Giften
—Giftgesetz—
vom 7. April 1977

Der Schutz der Bürger vor Gefährdung und Schädigung durch Gifte ist eine wichtige Aufgabe des sozialistischen Staates. Der Verkehr mit Giften ist entsprechend den gesellschaftlichen Erfordernissen und den wissenschaftlich-technischen Erkenntnissen so zu gestalten, daß die Bürger sowie die Tier- und Pflanzenwelt vor Gifteinwirkungen geschützt und die volkswirtschaftlichen Aufgaben erfüllt werden. Die Volkskammer beschließt daher das folgende Gesetz.

Grundsätze

§ 1

(1) Gifte im Sinne dieses Gesetzes sind chemische Stoffe (Elemente, Verbindungen, Gemische), die durch ihre toxische Wirkung im lebenden Organismus vorübergehend oder bleibend Gesundheitsschädigungen verursachen oder den Tod herbeiführen können. Radioaktive Stoffe sind nicht Gifte im Sinne dieses Gesetzes.

(2) Der Minister für Gesundheitswesen legt Kriterien fest, nach denen chemische Stoffe zu prüfen und entsprechend dem Grad der Gefährlichkeit für das Leben und die Gesundheit der Menschen in hochgiftige Stoffe (Gifte der Abteilung 1) und giftige Stoffe (Gifte der Abteilung 2) einzustufen sind.

(3) Die Minister und Leiter anderer zentraler Staatsorgane sind dafür verantwortlich, daß die in ihrem Bereich hergestellten, gewonnenen oder für den Import vorgesehenen chemischen Stoffe nach den für Gifte geltenden Kriterien zwecks Einstufung geprüft werden.

(4) Der Minister für Gesundheitswesen entscheidet über die Einstufung der Gifte.

(5) Der Minister für Gesundheitswesen wird bei der Einstufung von Giften durch einen Gutachterausschuß beraten. Die Mitglieder des Gutachterausschusses werden durch den Minister für Gesundheitswesen auf Vorschlag der Leiter der zuständigen zentralen Staatsorgane berufen.

§ 2

(1) Der Verkehr mit Giften umfaßt die Herstellung, Gewinnung und Verarbeitung, die Lagerung, die Verwendung, den Erwerb, den Besitz, die Abgabe, den Transport und die Beseitigung von Giften sowie im Produktionsprozeß entstehenden Zwischenprodukten, die Gifte sind.

(2) Der Verkehr mit Arzneimitteln, diesen gleichgestellten Stoffen und Zubereitungen, mit Suchtmitteln und mit Gesundheitspflegemitteln richtet sich, auch wenn sie zugleich Gifte sind oder solche enthalten, nach den dafür geltenden Gesetzen und anderen Rechtsvorschriften.

§ 3

(1) Der Verkehr mit Giften hat so zu erfolgen, daß dabei das Leben und die Gesundheit der Menschen und der Nutztiere sowie die Kultur- und Nutzpflanzen nicht gefährdet und volkswirtschaftliche und andere Schäden sowie eine Beeinträchtigung der Umwelt vermieden werden.

(2) Der Verkehr mit Giften ist auf das unbedingt notwendige Maß zu beschränken. Gifte sich nicht zu verwenden, wenn sie durch unschädliche oder weniger schädliche Stoffe ersetzt werden können. Der Minister für Gesundheitswesen kann für die Verwendung und die Abgabe bestimmter Gifte einschränkende Festlegungen treffen.

(3) Der Verkehr mit Giften hat so zu erfolgen, daß ein Zugriff zu Giften durch Unbefugte und eine mißbräuchliche Verwendung ausgeschlossen sind.

(4) Über den Bestand, den Zu- und Abgang von Giften ist ein Nachweis zu führen.

(5) Verpackungen für Gifte müssen vollständig dicht und dauerhaft sein. Sie sind besonders zu kennzeichnen und dürfen für andere Zwecke nicht verwendet werden. Kleinverbraucherpackungen müssen sich deutlich von den für Lebensmittel, Arzneimittel, Gesundheitspflegemittel und Futtermittel üblichen Kleinverbraucherpackungen unterscheiden.

§ 4

Verantwortlichkeit

(1) Die Leiter der Staatsorgane, der wirtschaftsleitenden Organe, Betriebe, Kombinate und Einrichtungen sowie die Vorstände der Genossenschaften haben in ihrem Verantwortungsbereich alle Voraussetzungen für einen ordnungsgemäßen Verkehr mit Giften zu schaffen. Durch eine straffe Kontrolle haben sie die Einhaltung der für den Verkehr mit Giften geltenden Rechtsvorschriften und betrieblichen Weisungen zu gewährleisten sowie zu sichern, daß nur solche Gifte nach Art und Menge gelagert werden, die zur Erfüllung der Aufgaben notwendig sind.

(2) Die Leiter der Betriebe, Kombinate, Betriebe der Kombinate und Einrichtungen sowie die Vorsitzenden der Genossenschaften (nachfolgend Leiter der Betriebe und Einrichtungen genannt) haben die notwendigen Sicherheitsmaßnahmen für die einzelnen Stufen des Produktionsprozesses und des sonstigen Verkehrs mit Giften, zur Verhinderung und Bekämpfung von Havarien, Bränden und Explosionen und zur schadlosen Beseitigung nicht mehr nutzbarer Gifte zu treffen und Verhaltensregeln für den Katastrophenfall festzulegen. Soweit die Festlegungen die medizinische Betreuung betreffen, sind sie mit dem zuständigen Kreis- bzw. Bezirksarzt abzustimmen.

(3) Die Leiter der Betriebe und Einrichtungen sind dafür verantwortlich, daß in Produktionsabteilungen, Lagern, Laboratorien, Handelseinrichtungen, Bildungseinrichtungen und dergleichen, in denen mit Giften umgegangen wird, Giftbeauftragte eingesetzt werden, die die dafür geforderte persönliche Eignung und fachliche Befähigung besitzen und das 18. Lebensjahr vollendet haben.

(4) Mit chemischen Stoffen, von denen auf Grund ihrer Eigenschaften anzunehmen ist, daß es sich um Gifte handelt, ist auch vor ihrer Einstufung als Gifte so umzugehen, daß eine Gesundheitsgefährdung und mißbräuchliche Verwendung ausgeschlossen ist.

§ 5

Verzeichnis der Gifte

(1) Beim Ministerium für Gesundheitswesen ist ein Verzeichnis der eingestuften Gifte zu führen. Das Verzeichnis sowie Änderungen und Ergänzungen werden durch den Minister für Gesundheitswesen veröffentlicht. Die Leiter der zentralen Staatsorgane sind verpflichtet, die Entscheidung über die Einstufung für ihre Bereiche in geeigneter Weise vorab bekanntzumachen.

(2) Mit der Prüfung und Zulassung von Pflanzenschutz-, Vorratsschutzmitteln und von Mitteln zur Steuerung biologischer Prozesse, von Holzschutzmitteln und Mitteln zur Bekämpfung von Gesundheitsschädlingen hat das dafür zuständige zentrale Staatsorgan gleichzeitig auf der Grundlage des Verzeichnisses der Gifte im Einvernehmen mit dem Ministerium für Gesundheitswesen festzulegen, welcher Abteilung der Gifte diese Mittel zuzuordnen sind. Die Entscheidung über die Zuordnung zu den Giften ist mit der staatlichen Zulassung der genannten Mittel zu veröffentlichen.

§ 6

Toxikologischer Auskunftsdienst

Der Minister für Gesundheitswesen gewährleistet durch einen zentralen toxikologischen Auskunftsdienst die fachliche Information der Ärzte für eine schnelle medizinische Hilfe bei Gefahr für das Leben und die Gesundheit der Bürger infolge der Einwirkung von Giften.

Erlaubnis zum Verkehr mit Giften

§ 7

(1) Die Herstellung, Gewinnung und Verarbeitung, die Lagerung, die Verwendung, der Erwerb, der Besitz und die Abgabe von Giften der Abteilung 1 ist nur mit Erlaubnis der Deutschen Volkspolizei gestattet.

(2) Für den Transport von Giften der Abteilungen 1 und 2 und den Erwerb bestimmter Gifte der Abteilung 2 kann eine Erlaubnispflicht durch die Deutsche Volkspolizei festgelegt werden, wenn dies zur Gewährleistung von Ordnung und Sicherheit erforderlich ist.

(3) Giftbeauftragte bedürfen für den Verkehr mit Giften der Abteilung 1 einer persönlichen Erlaubnis, die von der Deutschen Volkspolizei erteilt wird.

(4) Betriebe, Kombinate, Genossenschaften und Einrichtungen haben den Verkehr mit Giften der Abteilung 2 der Deutschen Volkspolizei zur Registrierung zu melden.

(5) Die Erlaubnis kann mit Auflagen verbunden, auf den Verkehr mit bestimmten Giften sowie auf bestimmte Arten des Verkehrs mit Giften beschränkt und bei Nichterfüllung der geforderten Voraussetzungen versagt werden.

(6) Die Erlaubnis kann entzogen werden, wenn die Voraussetzungen für ihre Erteilung nicht mehr gegeben sind, gegen Rechtsvorschriften verstoßen wurde oder die mit der Erlaubnis verbundenen Auflagen nicht eingehalten werden.

§ 8

(1) Volkseigene Betriebe und Kombinate erhalten die Erlaubnis zur Herstellung, Gewinnung und Verarbeitung, zur Verwendung, zum Erwerb, zum Besitz und zur Abgabe von Giften auf der Grundlage der erteilten staatlichen Planauflagen durch den Leiter des ihnen übergeordneten Organs. Die Lagerung von Giften der Abteilung 1 bedarf der Erlaubnis der Deutschen Volkspolizei.

(2) Werktätige der Betriebe, Kombinate, Genossenschaften und Einrichtungen, die nicht Giftbeauftragte sind und im Rahmen ihrer Arbeitsaufgaben mit Giften der Abteilung 1 umgehen sollen, sind der Deutschen Volkspolizei namentlich zur Bestätigung zu benennen. Sie dürfen die Arbeit mit den Giften der Abteilung 1 erst aufnehmen, nachdem diese Bestätigung vorliegt.

§ 9

In den Einrichtungen des Gesundheitswesens, des Hoch- und Fachschulwesens, der Volksbildung, der Akademie der Wissenschaften der DDR, der Akademie der Landwirtschaftswissenschaften der DDR, des staatlichen Veterinärwesens sowie in Einrichtungen, die zentralen Staatsorganen unmittelbar unterstellt sind, regeln die zuständigen Minister und Leiter anderer zentraler Staatsorgane die Erteilung der Erlaubnis zum Verkehr mit Giften, den Einsatz von Giftbeauftragten und die Erteilung der persönlichen Erlaubnis sowie die Bestätigung der Werktätigen, die im Rahmen ihrer Arbeitsaufgaben mit Giften der Abteilung 1 umgehen sollen. Die Regelungen sind mit dem Minister für Gesundheitswesen und dem Minister des Innern und Chef der Deutschen Volkspolizei abzustimmen.

§ 10

Beseitigung

(1) Nicht mehr nutzbare Gifte sind so zu beseitigen, daß eine Gefährdung von Leben und Gesundheit der Menschen, der Nutztiere, der Kultur- und Nutzpflanzen nicht eintreten kann und volkswirtschaftliche und andere Schäden sowie eine Beeinträchtigung der Umwelt vermieden werden.

(2) Über die schadlose Beseitigung der Gifte ist ein Nachweis zu führen.

§ 11

Staatliche Kontrolle

(1) Die Staatlichen Hygieneinspektionen, die Arbeitshygieneinspektionen sowie die Deutsche Volkspolizei sind im Rahmen ihrer Zuständigkeit befugt, zur Verwirklichung der Rechtsvorschriften den Verkehr mit Giften zu kontrollieren.

(2) Zur Wahrnehmung der Kontrollbefugnisse sind die im Abs. 1 genannten Organe berechtigt, Betriebe, Einrichtungen und Anlagen zu betreten, Auskünfte zu fordern, Einblick in Unterlagen zu nehmen, die Erstattung von Gutachten zu fordern und sich vorlegen zu lassen sowie Auflagen zu erteilen. Zu den Kontrollen können andere Sachkundige des staatlichen Gesundheitswesens sowie Sachkundige des staatlichen Veterinärwesens und des Pflanzenschutzes hinzugezogen werden.

Straf- und Ordnungsstrafbestimmungen

§ 12

(1) Wer vorsätzlich Gifte entgegen den Rechtsvorschriften herstellt, gewinnt, verarbeitet, lagert, verwendet, in Besitz hat, sich oder einem anderen beschafft, als Berechtigter an Unberechtigte weitergibt, transportiert, beiseite schafft oder beseitigt, wird mit öffentlichem Tadel, Geldstrafe, Verurteilung auf Bewährung oder mit Freiheitsstrafe bis zu zwei Jahren bestraft.

(2) Wer durch die Tat vorsätzlich eine Gemeingefahr verursacht, wird mit Freiheitsstrafe bis zu fünf Jahren bestraft.

(3) Wer durch die Tat fahrlässig einen erheblichen Gesundheitsschaden oder den Tod eines Menschen verursacht, wird mit Freiheitsstrafe bis zu acht Jahren bestraft.

(4) Im Falle der vorsätzlichen Herbeiführung einer Gemeingefahr gemäß Abs. 2 sind Vorbereitung und Versuch, in allen anderen Fällen ist der Versuch strafbar.

§ 13

(1) Wer fahrlässig die im § 12 Abs. 1 genannten Handlungen begeht und dadurch die im § 12 Abs. 3 beschriebenen Folgen fahrlässig verursacht, wird mit öffentlichem Tadel, Geldstrafe, Verurteilung auf Bewährung oder mit Freiheitsstrafe bis zu zwei Jahren bestraft. Wurde durch die Handlungen der Tod eines Menschen verursacht, ist auf Freiheitsstrafe bis zu zwei Jahren oder auf Verurteilung auf Bewährung zu erkennen.

(2) Wer als Berechtigter Gifte fahrlässig abhanden kommen läßt und dadurch fahrlässig eine Gemeingefahr verursacht, wird mit öffentlichem Tadel, Geldstrafe, Verurteilung auf Bewährung oder mit Freiheitsstrafe bis zu einem Jahr bestraft.

(3) Ein schwerer Fall liegt vor, wenn

1. mehrere Menschen getötet werden oder
2. die Handlung auf einer rücksichtslosen Verletzung der Bestimmungen über Gifte beruht oder der Täter seine Sorgfaltspflichten im gesellschaftlichen Zusammenleben in besonders verantwortungsloser Weise verletzt.

In schweren Fällen wird der Täter mit Freiheitsstrafe von einem Jahr bis zu fünf Jahren bestraft. Liegen die Voraussetzungen der Ziffern 1 und 2 zugleich vor, kann die Freiheitsstrafe bis auf acht Jahre erhöht werden.

§ 14

(1) Wer vorsätzlich oder fahrlässig entgegen den Bestimmungen dieses Gesetzes, den zu seiner Durchführung erlassenen Rechtsvorschriften oder erteilten Auflagen der zuständigen Staatsorgane Gifte herstellt, gewinnt, verarbeitet, lagert, verwendet, in Besitz hat, sich oder einem anderen beschafft, als Berechtigter an Unberechtigte weitergibt, transportiert, beseite schafft oder beseitigt, kann, wenn die Auswirkungen der Tat auf die Rechte und Interessen der Bürger oder der Gesellschaft und die Schuld des Täters unbedeutend sind und damit keine Straftat vorliegt, mit Verweis oder Ordnungsstrafe von 10 M bis 500 M belegt werden.

(2) Ist eine vorsätzliche Handlung nach Abs. 1 aus gesellschaftlichen Interessen mißachtenden Beweggründen oder wiederholt innerhalb von 2 Jahren begangen

und mit Ordnungsstrafe geahndet worden, kann eine Ordnungsstrafe bis zu 1000 M ausgesprochen werden.

(3) Gegenstände, auf die sich die Ordnungswidrigkeit bezieht, können neben anderen Ordnungsstrafmaßnahmen oder selbständig eingezogen werden.

(4) Die Durchführung des Ordnungsstrafverfahrens obliegt dem Leiter der zuständigen Staatlichen Hygieneinspektion, der Arbeitshygieneinspektion oder der zuständigen Dienststelle der Deutschen Volkspolizei.

(5) Bei geringfügigen Ordnungswidrigkeiten gemäß Abs. 1 sind die Beauftragten der Staatlichen Hygieneinspektion und die dazu ermächtigten Angehörigen der Deutschen Volkspolizei befugt, eine Verwarnung mit Ordnungsgeld bis zur Höhe von 10 M auszusprechen.

(6) Für die Durchführung des Ordnungsstrafverfahrens und den Ausspruch von Ordnungsstrafmaßnahmen gilt das Gesetz vom 12. Januar 1968 zur Bekämpfung von Ordnungswidrigkeiten — OWG — (GBl. I Nr. 3 S. 101).

§ 15

Übergangsbestimmungen

(1) Die vor dem Inkrafttreten dieses Gesetzes erteilten Erlaubnisse behalten für die in ihnen festgelegte Frist Gültigkeit. Unbefristete Erlaubnisse zum Verkehr mit Giften verlieren ein Jahr nach Inkrafttreten dieses Gesetzes ihre Gültigkeit.

(2) Für den Verkehr mit Giften der Abteilung 1 verlieren Prüfungszeugnisse über den Nachweis der fachlichen Befähigung für Giftbeauftragte zwei Jahre und für den Verkehr mit Giften der Abteilung 2 vier Jahre nach Inkrafttreten dieses Gesetzes ihre Gültigkeit.

(3) Die Kennzeichnung der Gifte ist planmäßig innerhalb von zwei Jahren mit den Festlegungen dieses Gesetzes in Übereinstimmung zu bringen.

§ 16

Ausnahmen

(1) Der Minister für Gesundheitswesen kann für den Verkehr mit Säuren und Laugen von diesem Gesetz abweichende Festlegungen treffen.

(2) Befristete und inhaltlich begrenzte Ausnahmen von den Festlegungen dieses Gesetzes können vom Minister für Gesundheitswesen in Abstimmung mit dem Minister des Innern und Chef der Deutschen Volkspolizei im Einver- mit den Leitern der zuständigen zentralen Staatsorgane auf begründeten Antrag hin genehmigt werden.

Schlußbestimmungen

§ 17

Durchführungsbestimmungen zu diesem Gesetz erlassen die zuständigen Minister und Leiter anderer zentraler Staatsorgane im Einvernehmen mit dem Minister für Gesundheitswesen und dem Minister des Innern und Chef der Deutschen Volkspolizei.

§ 18

(1) Dieses Gesetz tritt am 1. Januar 1978 in Kraft.

(2) Gleichzeitig treten außer Kraft:

- Gesetz vom 6. September 1950 über den Verkehr mit Giften (Giftgesetz) (GBl. Nr. 105 S. 977; Ber. GBl. 1951 Nr. 57 S. 420),
- Erste Durchführungsbestimmung vom 26. November 1951 zum Gesetz über den Verkehr mit Giften — Giftgesetz — (GBl. Nr. 141 S. 1108),
- Bekanntmachung vom 28. Juni 1952 über das Verzeichnis der Gifte (GBl. Nr. 89 S. 548),
- Dritte Durchführungsbestimmung vom 15. Oktober 1953 zum Gesetz über den Verkehr mit Giften — Ablegen der Prüfung im Umgang mit Giften — (GBl. Nr. 124 S. 1169),
- Vierte Durchführungsbestimmung vom 13. Dezember 1957 zum Gesetz über den Verkehr mit Giften — Giftgesetz — (GBl. I Nr. 81 S. 678),
- Fünfte Durchführungsbestimmung vom 28. März 1958 zum Gesetz über den Verkehr mit Giften — Giftgesetz — Erteilung der Erlaubnis — (GBl. I Nr. 25 S. 335),
- Sechste Durchführungsbestimmung vom 21. März 1964 zum Gesetz über den Verkehr mit Giften — Giftgesetz — (GBl. II Nr. 31 S. 243),
- Achte Durchführungsbestimmung vom 1. Juli 1975 zum Giftgesetz — Transport von Giften — (GBl. I Nr. 30 S. 568),
- Ziff. 4 der Anlage zum Gesetz vom 11. Juni 1968 zur Anpassung von Strafbestimmungen und Ordnungsstrafbestimmungen — Anpassungsgesetz — (GBl. I Nr. 11 S. 242).

Das vorstehende, von der Volkskammer der Deutschen Demokratischen Republik am siebenten April neunzehnhundertsiebenundsiebzig beschlossene Gesetz wird hiermit verkündet.

Berlin, den siebenten April neunzehnhundertsiebenundsiebzig

Der Vorsitzende des Staatsrates
der Deutschen Demokratischen Republik

E. Honecker

Erste Durchführungsbestimmung zum Giftgesetz vom 31. Mai 1977

Auf Grund des § 17 des Giftgesetzes vom 7. April 1977 (GBl. I Nr. 10 S. 103) wird im Einvernehmen mit den Leitern der zuständigen zentralen Staatsorgane folgendes bestimmt:

Zu § 1 Abs. 2 des Gesetzes:

§ 1

Einstufung

(1) Grundlage für die Einstufung eines chemischen Stoffes als Gift ist seine toxische Wirkung,

1. die in tierexperimentellen Untersuchungen ermittelt wurde oder
2. bei der aus der Erfahrung her bekannt ist, daß sie beim Menschen in vergleichbaren Mengen bzw. Konzentrationen Gesundheitsschädigungen verursachen kann.

(2) Als Gifte der Abteilung 1 sind chemische Stoffe einzustufen, die

- nach einmaliger oraler Applikation von $\leqq$ 0,15 g/kg Körpermasse mehr als die Hälfte von wenigstens 20 behandelten 200 bis 250 g schweren weißen Ratten innerhalb 48 Stunden töten oder
- nach 4stündiger Inhalation von $\leqq$ 5 g/m³ Atemluft mehr als die Hälfte von wenigstens 20 behandelten 200 bis 250 g schweren weißen Ratten innerhalb 72 Stunden töten oder
- nach 24stündiger Einwirkung von $\leqq$ 0,5 g/kg Körpermasse auf die rasierte Rückenhaut der Ratte mehr als die Hälfte von wenigstens 10 behandelten weißen Ratten innerhalb 5 Tagen töten oder
- nach oraler Applikation von täglich $\leqq$ 0,015 g/kg Körpermasse an wenigstens 5 Tagen jeder Woche über einen Zeitraum von 12 Wochen mehr als die Hälfte von wenigstens 20 behandelten weißen Ratten mit einer Masse von 120 bis 170 g zu Versuchsbeginn innerhalb 16 Wochen töten oder bei ihnen schwere irreversible Schädigungen hinterlassen.

(3) Als Gifte der Abteilung 2 sind chemische Stoffe einzustufen, die
- nach einmaliger oraler Applikation von >0,15 bis 1,5 g/kg Körpermasse mehr als die Hälfte von wenigstens 20 behandelten 200 bis 250 g schweren weißen Ratten innerhalb 48 Stunden töten oder
- nach 4stündiger Inhalation von >5 bis 25 g/m^3 Atemluft mehr als die Hälfte von wenigstens 20 behandelten 200 bis 250 g schweren weißen Ratten innerhalb 72 Stunden töten oder
- nach 24stündiger Einwirkung von >0,5 bis 2,5 g/kg Körpermasse auf die rasierte Rückenhaut der Ratte mehr als die Hälfte von wenigstens 10 behandelten weißen Ratten innerhalb von 5 Tagen töten oder
- nach oraler Applikation von täglich >0,015 bis 0,15 g/kg Körpermasse an wenigstens 5 Tagen jeder Woche über einen Zeitraum von 12 Wochen mehr als die Hälfte von wenigstens 20 behandelten weißen Ratten mit einer Masse von 120 bis 170 g zu Versuchsbeginn innerhalb 16 Wochen töten oder bei ihnen schwere irreversible Schädigungen hinterlassen.

(4) In den Fällen des Abs. 1 Ziff. 1 haben die Leiter der Betriebe und Einrichtungen die erforderlichen Untersuchungen für die Einstufung chemischer Stoffe als Gifte zu veranlassen und die Dokumentation hierzu über das für sie zuständige zentrale Staatsorgan dem Ministerium für Gesundheitswesen zuzuleiten.

(5) Bei Vorliegen der Voraussetzungen des Abs. 1 Ziff. 2 haben die Leiter der Betriebe und Einrichtungen die Dokumentation für die Einstufung chemischer Stoffe als Gifte über das für sie zuständige zentrale Staatsorgan dem Ministerium für Gesundheitswesen zuzuleiten.

Zu § 1 Abs. 5 des Gesetzes:

§ 2

Gutachterausschuß

(1) Der Gutachterausschuß zur Einstufung von Giften ist ein Gremium, in dem Wissenschaftler und Praktiker
- des Gesundheitswesens,
- des Hoch- und Fachschulwesens,
- der Land-, Forst- und Nahrungsgüterwirtschaft,
- der chemischen Industrie,
- des Verkehrswesens,
- der Nationalen Volksarmee,
- der Akademie der Wissenschaften der DDR und
- der Akademie der Landwirtschaftswissenschaften der DDR

vertreten sind.

(2) Aufgaben und Arbeitsweise des Gutachterausschusses werden in einer Arbeitsordnung durch den Minister für Gesundheitswesen festgelegt.

Zu § 3 des Gesetzes:

Lagerung

§ 3

(1) Gifte sind in einem gesonderten Raum zu lagern. Der als Giftlager eingerichtete Raum muß allseitig durch massive Wände umschlossen sein. Die Oberfläche des Fußbodens muß so beschaffen sein, daß verschüttete Gifte schnell und vollständig wieder aufgenommen werden können. Die Tür zum Giftlager muß aus mindestens 5 mm starkem Stahlblech oder aus mindestens 30 mm starkem Holz bestehen, das beiderseitig mit mindestens 1,5 mm starkem Stahlblech beschlagen ist. Sie muß so im Türrahmen angebracht sein, daß sie im geschlossenen Zustand nicht ausgehoben werden kann und mit einem Sicherheitsschloß (kein Vorhängeschloß) versehen sein. Türangeln, Türbänder und Türschloß dürfen sich nicht von außen lösen oder ausbauen lassen. Fenster sind durch Eisengitter oder von innen zu verschließende Läden so zu sichern, daß ein Eindringen durch sie nicht möglich ist.

(2) Kleinere Vorräte an Giften können in gegen Entwendung der Gifte besonders gesicherten Behältnissen gelagert werden. Die Behältnisse müssen in ihrer Beschaffenheit und bezüglich des sicheren Verschlusses den Anforderungen eines Panzerschrankes, Stahlblechschrankes oder einer Stahlblechkassette entsprechen. Stahlblechschränke und Stahlblechkassetten sind fest mit dem Fußboden oder der Wand so zu verankern, daß sie in verschlossenem Zustand nicht gelöst werden können. Behältnisse, in denen Gifte gelagert werden, sind in Räumen aufzustellen, die während der Arbeitszeit unter Kontrolle des Giftbeauftragten stehen und außerhalb der Arbeitszeit gegen das Betreten durch unbefugte Personen gesichert sind.

§ 4

(1) Gifte sind nach den Abteilungen 1 und 2 geordnet zu lagern. Aus Originalpackungen entnommene Gifte sind in feste und dichte Verpackungen umzufüllen, die wie Originalpackungen zu kennzeichnen sind.

(2) Gifte der Abteilung 1 dürfen nicht mit Gegenständen und mit chemischen Stoffen, die nicht Gifte sind, in einem Raum bzw. in einem Behältnis gelagert werden. Ausgenommen davon sind Gegenstände, die ausschließlich für den Umgang mit Giften bestimmt sind.

(3) Gifte der Abteilung 2 dürfen mit Gegenständen, die für den Umgang

mit chemischen Stoffen bestimmt sind, und mit anderen chemischen Stoffen in einem Raum gelagert werden, sofern die Lagerung getrennt erfolgt und eine gegenseitige schädigende Einwirkung ausgeschlossen ist.

§ 5

(1) Werden nur Gifte der Abteilung 2 gelagert, kann abweichend von den Festlegungen des § 3 die Lagerung auch in anderen Räumen bzw. Behältnissen erfolgen, wenn die Gifte gegen den Zugriff unbefugter Personen gesichert sind.

(2) Größere Vorräte an Giften der Abteilung 2 können unter Beachtung der Bestimmungen über den Gesundheits- und Arbeitsschutz sowie Brandschutz und der Rechtsvorschriften über den Umweltschutz auf einer geeigneten Fläche im Freien gelagert werden. Die Lagerfläche ist gegen den Zutritt unbefugter Personen zu sichern.

§ 6

(1) Als Lagerung gilt nicht, wenn sich Gifte innerhalb der Betriebe und Einrichtungen in Produktionsanlagen, in stationären Behältern oder in Geräten und Gefäßen von Laboratorien befinden sowie zur unmittelbaren Verarbeitung, Verwendung oder Verladung für den Transport bereitgestellt werden.

(2) Die Leiter der Betriebe und Einrichtungen haben in den Fällen des Abs. 1 zu gewährleisten, daß Gifte unter Aufsicht und Kontrolle von Berechtigten stehen oder gegen den Zugriff Unbefugter gesichert sind.

Nachweisführung

§ 7

(1) Nachweisunterlagen für Gifte der Abteilung 1 müssen folgende Angaben enthalten:

Tag der Eintragung, Name des Giftes,
Bestand, Zugang/Abgang, neuer Bestand,
Name und Anschrift des Lieferers/Empfängers,
Unterschrift des Übernehmenden bei persönlicher Übergabe, Unterschrift des Giftbeauftragten.

(2) Die Eintragungen in die Nachweisunterlagen sind unmittelbar nach dem Zugang bzw. Abgang vorzunehmen.

(3) Die Nachweisunterlagen sind so aufzubewahren, daß sie den Kontrollorganen jederzeit vorgewiesen werden können. Sie sind, vom Tage der letzten Eintragung gerechnet, mindestens 2 Jahre aufzubewahren.

(4) Die Leiter der Betriebe und Einrichtungen haben zu gewährleisten, daß monatlich eine Kontrolle des Lagerbestandes der Gifte der Abteilung 1 vorge-

nommen und das Ergebnis protokollarisch oder in den Nachweisunterlagen ausgewiesen wird.

(5) Die Betriebe und Einrichtungen haben eine Aufstellung ihrer Lagerbestände an Giften der Abteilung 1 mit Stand vom 31. März bis zum 20. April eines jeden Jahres in zweifacher Ausfertigung dem örtlich zuständigen Volkspolizei-Kreisamt zu übergeben.

§ 8

(1) Als Nachweis für Gifte der Abteilung 2 gelten Unterlagen, die über den Bestand, den Zugang und Abgang sowie über die Herkunft und den Verbleib Auskunft geben.

(2) Die Nachweisunterlagen sind mindestens 2 Jahre aufzubewahren.

(3) Die Leiter der Betriebe und Einrichtungen haben zu gewährleisten, daß jährlich eine Kontrolle des Bestandes der Gifte der Abteilung 2 vorgenommen und das Ergebnis in den Nachweisunterlagen ausgewiesen wird.

(4) Die Meldung des Verkehrs mit Giften der Abteilung 2 gemäß § 7 Abs. 4 des Gesetzes ist in zweifacher Ausfertigung an das örtlich zuständige Volkspolizei-Kreisamt zu richten und hat Angaben über die Art des Verkehrs mit Giften und die Arten der Gifte zu enthalten.

§ 9

Die Leiter der Betriebe und Einrichtungen haben Verluste und Fehlbestände an Giften der Abteilung 1 umgehend dem örtlich zuständigen Volkspolizei-Kreisamt zu melden. Über Verluste und Fehlbestände ist ein Protokoll zu fertigen, in dem die möglichen Ursachen für die entstandenen Unregelmäßigkeiten enthalten sind. Das Protokoll ist mit den Nachweisunterlagen aufzubewahren.

Verpackung und Kennzeichnung

§ 10

(1) Die Verpackung der Gifte muß so beschaffen sein, daß ein Verschütten, Verstäuben, Ausfließen oder Verdunsten der Gifte aus der bzw. durch die Verpackung ausgeschlossen ist. Die Werkstoffe der Verpackung dürfen vom Inhalt nicht angegriffen werden.

(2) Auf den Verpackungen sind der Name des Erzeugnisses, des Herstellers oder desjenigen, der das Erzeugnis unter seinem Namen in den Verkehr bringt, sowie die chemische Bezeichnung des Giftes entsprechend der gültigen chemischen Nomenklatur oder die chemische Kurzbezeichnung anzugeben. Bei Erzeugnissen, die weniger als 0,1% Gifte der Abteilung 1 oder weniger als 1% Gifte der Abteilung 2 enthalten, kann die Angabe der chemischen Bezeichnung für diese Gifte entfallen.

(3) Gifte der Abteilung 1 sind auf der Verpackung zusätzlich wie folgt zu kennzeichnen:

Totenkopf und darunter das Wort „Gift“,
beides in weiß auf schwarzem Grund.

(4) Gifte der Abteilung 2 sind auf der Verpackung zusätzlich wie folgt zu kennzeichnen:

Totenkopf und darunter das Wort „Gift“,
beides in rot auf weißem Grund.

(5) Die Kennzeichnung hat deutlich lesbar, sichtbar und dauerhaft haltbar an einer auffallenden Stelle der Verpackung zu erfolgen. Das Wort „Gift“ muß in mindestens gleicher, das Totenkopfzeichen in mindestens doppelter Größe wie die Buchstaben des Namens des Erzeugnisses angebracht sein.

(6) Auf den Verpackungen der Pflanzenschutzmittel, der Vorratsschutzmittel, der Mittel zur Steuerung biologischer Prozesse, der Holzschutzmittel und der Mittel zur Bekämpfung von Gesundheitsschädlingen sind zusätzlich Hinweise für eine gefahrlose Verwendung, eine ordnungsgemäße und sichere Lagerung sowie für Maßnahmen der Ersten Hilfe bei Vergiftungserscheinungen anzubringen oder den Packungen beizufügen.

(7) Pflanzenschutzmittel, Vorratsschutzmittel, Mittel zur Steuerung biologischer Prozesse, Holzschutzmittel und Mittel zur Bekämpfung von Gesundheitsschädlingen sind, wenn eine Verwechslung mit Lebensmitteln, Gesundheitspflegemitteln und Futtermitteln nicht auszuschließen ist, auffallend und dauerhaft zu färben.

(8) Verantwortlich für die ordnungsgemäße Kennzeichnung ist, wer Gifte herstellt, gewinnt, importiert oder anderweitig in den Verkehr bringt. Erwerber und Verwender sind verpflichtet, die Kennzeichnung der Verpackung beizubehalten und bei Beschädigung so zu erneuern, wie sie vom Verantwortlichen vorgenommen wurde.

§ 11

(1) Die Türen der Giftlager und die Behältnisse zur Lagerung von Giften sind außen, die Lagerflächen an auffalender Stelle mit dem Warnzeichen für giftige Substanzen sowie einem Zusatzzeichen mit dem Text „Gift der Abteilung 1“ bzw. „Gift der Abteilung 2“ entsprechend dem hierfür geltenden staatlichen Standard[1] zu kennzeichnen. Im innerbetrieblichen Verkehr sind Lagerbehälter für Gifte in gleicher Weise und zusätzlich mit dem Namen des Erzeugnisses zu kennzeichnen. Für Betriebsbehälter, wie Reaktionsgefäße und Rohrleitungen, ist die Kennzeichnung innerbetrieblich zu regeln.

[1] Z. Z. gilt: TGL 30 817, Sicherheitsfarben und Sicherheitszeichen.

(2) Arbeitsgeräte sind mit dem Warnzeichen für giftige Substanzen zu kennzeichnen und dürfen nicht für andere Zwecke verwendet werden. Ausgenommen hiervon sind Arbeitsgeräte in Laboratorien.

Zu § 4 Abs. 3 des Gesetzes:

§ 12

Stellung, Aufgaben und Befugnisse der Giftbeauftragten

(1) Die Giftbeauftragten handeln im Auftrag der Leiter der Betriebe und Einrichtungen. Sie haben im Rahmen der ihnen übertragenen Aufgaben zu gewährleisten, daß

- die Festlegungen zur ordnungsgemäßen und sicheren Lagerung der Gifte eingehalten werden;
- ein exakter Nachweis über den Bestand, den Zugang und Abgang sowie über die schadlose Beseitigung nicht mehr nutzbarer Gifte geführt wird und die hierzu angewiesenen Kontrollen durchgeführt werden;
- die Schlüssel zu den Giftlagern und/oder zu den Behältnissen für die Lagerung von Giften vor dem Zugriff Unbefugter sicher verwahrt werden;
- Lager, Behältnisse und Lagerflächen sowie Arbeitsgeräte entsprechend gekennzeichnet sind;
- Gifte ordnungsgemäß verpackt und die Verpackungen wie gefordert gekennzeichnet sind;
- eine Abgabe an andere Betriebe und Einrichtungen und eine Weitergabe innerhalb des Betriebes bzw. der Einrichtung nur an Berechtigte erfolgt;
- die zum Verkehr mit Giften Berechtigten kontrolliert und vierteljährlich über die Bestimmungen des Gesetzes aktenkundig belehrt werden;
- Verluste, Fehlbestände und andere Unregelmäßigkeiten sofort dem Leiter des Betriebes bzw. der Einrichtung gemeldet werden;
- die jährlich geforderte Aufstellung des Bestandes an Giften der Abteilung 1 gefertigt und an das örtlich zuständige Volkspolizei-Kreisamt übergeben wird;
- nicht mehr nutzbare Gifte einer anderweitigen Verwertung oder schadlosen Beseitigung auf der Grundlage der Entscheidung der Leiter der Betriebe und Einrichtungen entsprechend den Rechtsvorschriften zugeführt werden.

(2) Zur Wahrnehmung der im Abs. 1 genannten Aufgaben haben die Giftbeauftragten die Befugnis,

- zur Einhaltung der Rechtsvorschriften über den Verkehr mit Giften den am Verkehr mit Giften Beteiligten erforderliche Weisungen zu erteilen;

— bei plötzlich eintretenden Gefahren für Leben und Gesundheit der Menschen und der Nutztiere im Verkehr mit Giften Sofortmaßnahmen zur Beseitigung der Gefahren einzuleiten und durchzuführen;
— eine sofortige Umlagerung oder andere Maßnahmen zur Sicherung der Gifte vor unbefugtem Zugriff zu veranlassen, wenn eine ordnungsgemäße und sichere Lagerung infolge von Defekten oder anderen Störungen nicht mehr gewährleistet ist;
— zur Wahrnehmung ihrer Kontrollpflichten Räume zu betreten und Anlagen zu kontrollieren, in denen der Verkehr mit Giften erfolgt, sowie in dafür vorhandene Unterlagen Einsicht zu nehmen.

Befähigungsnachweis für Giftbeauftragte

§ 13

(1) Giftbeauftragte bedürfen zur Ausübung ihrer Tätigkeit eines Befähigungsnachweises.

(2) Die Leiter der Betriebe und Einrichtungen haben für die Qualifizierung zu Giftbeauftragten nur Werktätige vorzuschlagen, die für diese Tätigkeit die persönliche Eignung und die fachlichen Voraussetzungen besitzen.

§ 14

(1) Die fachliche Befähigung für die Tätigkeit als Giftbeauftragter ist durch Ablegen einer Prüfung nachzuweisen.

(2) Die Zulassung zur Prüfung ist durch die Betriebe und Einrichtungen beim Rat des Kreises, Abteilung Gesundheits- und Sozialwesen, zu beantragen. Dem Antrag sind beizufügen:
— vollständige Angaben zur Person, eine Beurteilung und ggf. der Nachweis über eine fachspezifische Qualifikation;
— Angaben über Art und Umfang des Verkehrs mit Giften;
— Benennung der Gifte im vorgesehenen Tätigkeitsbereich.

(3) In der Prüfung sind Kenntnisse über
— die Rechtsvorschriften über den Verkehr mit Giften sowie über einschlägige Bestimmungen des Gesundheits- und Arbeitsschutzes sowie Brandschutzes,
— die Zusammensetzung, Eigenschaften und Wirkung der Gifte,
— das Erkennen von Vergiftungen und Maßnahmen der Ersten Hilfe und
— das Verhalten bei Havarien und anderen Vorkommnissen im Verkehr mit Giften

nachzuweisen.

§ 15

(1) Zur Vorbereitung auf die Prüfung sind entsprechend den Erfordernissen durch die Abteilungen Gesundheits- und Sozialwesen der Räte der Kreise Lehrgänge durchzuführen. Einrichtungen der Volksbildung können mit der Durchführung von Lehrgängen beauftragt werden. Die Berechtigung zur Durchführung von Lehrgängen kann Bildungsstätten von Betrieben und Einrichtungen oder der Kammer der Technik übertragen werden.

(2) Die Wissensvermittlung kann entsprechend der vorgesehenen Tätigkeit auf bestimmte Gifte beschränkt werden.

§ 16

(1) Für Werktätige mit einem abgeschlossenen medizinischen, veterinärmedizinischen oder naturwissenschaftlichen Studium auf den Gebieten der Chemie oder der Pharmazie ist die Teilnahme an einem Lehrgang gemäß § 15 nicht erforderlich. Die Prüfung ist auf die Rechtsvorschriften über den Verkehr mit Giften, die einschlägigen Bestimmungen des Gesundheits- und Arbeitsschutzes sowie Brandschutzes und das Verhalten bei Havarien und anderen Vorkommnissen im Verkehr mit Giften zu beschränken.

(2) Bei Werktätigen mit einer abgeschlossenen fachspezifischen Berufsausbildung kann von der Teilnahme an einem Lehrgang zur Vorbereitung auf die Prüfung abgesehen werden. Die Entscheidung darüber trifft der Leiter des Betriebes bzw. der Einrichtung.

§ 17

(1) Die fachliche Befähigung für den Verkehr mit gasförmigen oder Gase entwickelnden Pflanzenschutzmitteln, Vorratsschutzmitteln, Mitteln zur Steuerung biologischer Prozesse und Holzschutzmitteln, die Gifte der Abteilung 1 sind, ist in einer gesonderten Prüfung nachzuweisen.

(2) Zur Prüfung sind nur Werktätige zuzulassen, die in einem Lehrgang neben den geforderten theoretischen Kenntnissen Fertigkeiten bei der praktischen Anwendung der genannten Mittel erworben haben.

(3) Die Lehrunterlagen für die Ausbildung bedurfen der Bestätigung durch das für die Prüfung und Zulassung der genannten Mittel zuständige zentrale Staatsorgan.

§ 18

(1) Zur Abnahme der Prüfungen gemäß den §§14 und 17 ist beim Rat des Kreises, Abteilung Gesundheits- und Sozialwesen, eine Kommission zu bilden. Der Kommission gehören an:
— der Kreisarzt oder ein von ihm Beauftragter als Vorsitzender,
— ein Vertreter der Staatlichen Hygieneinspektion,

— ein Facharzt für Arbeitshygiene,
— der Kreisapotheker,
— der Kreistierarzt und/oder der Leiter der Pflanzenschutzstelle beim Rat des Kreises (für Prüfungen im Bereich der Landwirtschaft),
— der Lehrgangsleiter.

Zusätzlich können Vertreter aus den antragstellenden Betrieben und Einrichtungen beratend zur Prüfung hinzugezogen werden.

(2) Die Kommission ist beschlußfähig, wenn mindestens 3 Mitglieder anwesend sind. Bei Stimmengleichheit entscheidet der Vorsitzende.

(3) Über das Ergebnis der Prüfung ist ein Protokoll anzufertigen.

§ 19

(1) Nach erfolgreich abgelegter Prüfung ist ein Befähigungsnachweis auszustellen. Im Befähigungsnachweis sind die Gifte aufzuführen, die Gegenstand der Prüfung waren.

(2) Der Befähigungsnachweis ist
— für den Verkehr mit gasförmigen oder Gase entwickelnden Pflanzenschutzmitteln, Vorratsschutzmitteln, Mitteln zur Steuerung biologischer Prozesse und Holzschutzmitteln, die Gifte der Abteilung 1 sind, auf 2 Jahre,
— für den Verkehr mit allen anderen Giften der Abteilung 1 auf 4 Jahre und für den Verkehr mit Giften der Abteilung 2 auf 8 Jahre zu befristen.

(3) Die Verlängerung der Gültigkeit des Befähigungsnachweises ist von der erfolgreichen Ablegung einer Wiederholungsprüfung abhängig zu machen.

(4) Nicht bestandene Prüfungen können jeweils nach Ablauf von 3 Monaten wiederholt werden.

(5) Für die Ausstellung des Befähigungsnachweises werden entsprechend den dafür geltenden Rechtsvorschriften Verwaltungsgebühren erhoben.

Zu § 6 des Gesetzes:

§ 20

Toxikologischer Auskunftsdienst

(1) Betriebe und Einrichtungen haben dem Zentralen Toxikologischen Auskunftsdienst[1] vor dem Inverkehrbringen eines Erzeugnisses, das Gift enthält, folgende Angaben zu übermitteln:
— Name des Erzeugnisses,
— Inhaltsstoffe (Arten und prozentualer Anteil der Gifte),

[1] Institut für Arzneimittelwesen der DDR 112 Berlin, Große Seestr. 4.

— chemische Bezeichnung der Gifte entsprechend der gültigen chemischen Nomenklatur und ggf. die chemische Kurzbezeichnung,
— Nummer und Bezeichnung des Standards des Erzeugnisses,
— im Betrieb bzw. in der Einrichtung vorgesehene Maßnahmen bei Gefahr für das Leben und die Gesundheit der Bürger infolge der Einwirkung des Erzeugnisses.

(2) Über bereits im Verkehr befindliche Erzeugnisse sind die im Abs. 1 geforderten Angaben innerhalb von 6 Monaten nach Inkrafttreten dieser Durchführungsbestimmung mitzuteilen.

Zu den §§ 7 bis 9 des Gesetzes:

Erteilung der Erlaubnis

§ 21

(1) Die Erlaubnis zum Verkehr mit Giften der Abteilung 1 erteilt auf Antrag das örtlich zuständige Volkspolizei-Kreisamt. Die Erlaubnis kann erteilt werden:

1. unbefristet an Betriebe und Einrichtungen zur Herstellung, Gewinnung und Verarbeitung, zur Lagerung, zur Verwendung, zum Erwerb und Besitz sowie zur Abgabe,
2. befristet Giftbeauftragten im Rahmen der den Betrieben und Einrichtungen erteilten Erlaubnis,
3. für den einmaligen Erwerb an Betriebe und Einrichtungen sowie an Einzelpersonen für eine zeitlich und mengemäßig begrenzte Verwendung.

(2) Die Erlaubnis wird schriftlich erteilt und kann widerrufen werden.

(3) Dem Antrag auf Erteilung einer Erlaubnis gemäß Abs. 1 Ziff. 1 sind Unterlagen beizufügen, aus denen ersichtlich ist, welche Gifte der Abteilung 1 hergestellt, gewonnen, verarbeitet, gelagert, verwendet oder abgegeben werden sollen.

(4) Dem Antrag auf Erteilung einer Erlaubnis gemäß Abs. 1 Ziff. 2 ist der Nachweis über die fachliche Befähigung und eine Beurteilung des Giftbeauftragten durch den Betrieb bzw. die Einrichtung beizufügen.

(5) Im Antrag auf Erteilung einer Erlaubnis gemäß Abs. 1 Ziff. 3 ist die Notwendigkeit der Verwendung des Giftes zu begründen. Die Erlaubnis kann erteilt werden, wenn eine gegen den Zugriff unbefugter Personen sichere Lagerung des Giftes gewährleistet ist und die Verwendung innerhalb von 6 Monaten erfolgt. Einzelpersonen müssen die erforderliche persönliche Eignung besitzen und das 18. Lebensjahr vollendet haben.

(6) Die Erlaubnis ist der ausstellenden Dienststelle zurückzureichen, wenn die mit der Erlaubnis erteilten Befugnisse nicht mehr wahrgenommen werden. Die

Übergabe der Gifte an andere Erlaubnisinhaber oder die schadlose Beseitigung nicht mehr nutzbarer Gifte ist protokollarisch nachzuweisen.

(7) Für die Erteilung der Erlaubnis werden entsprechend den dafür geltenden Rechtsvorschriften Verwaltungsgebühren erhoben.

§ 22

Die Bestätigung der Werktätigen, die eine Berechtigung zum Verkehr mit Giften der Abteilung 1 erhalten sollen, erfolgt durch das örtlich zuständige Volkspolizei-Kreisamt.

Abgabe von Giften

§ 23

(1) Gifte der Abteilung 1 dürfen nur abgegeben werden, wenn eine Berechtigung zum Erwerb von Giften vorliegt.

(2) An Personen unter 16 Jahren dürfen auch Gifte der Abteilung 2 nicht abgegeben werden.

(3) Im Einzelhandel mit Selbstbedienung und im ambulanten Handel dürfen Gifte nicht angeboten oder abgegeben werden.

§ 24

(1) Die Abgabe, der Erwerb und die Verwendung von gasförmigen oder Gase entwickelnden Pflanzenschutzmitteln, Vorratsschutzmitteln, Mitteln zur Steuerung biologischer Prozesse und Holzschutzmitteln, die Gifte der Abteilung 1 sind, darf nur durch Betriebe und Einrichtungen erfolgen, denen dafür ausdrücklich die Erlaubnis durch das örtlich zuständige Volkspolizei-Kreisamt erteilt wurde.

(2) Die im Abs. 1 genannten Gifte sind bei der Veröffentlichung gemäß § 5 Abs. 2 des Gesetzes mit dem Vermerk „Besondere Erlaubnis erforderlich" zu versehen.

§ 25

Inkrafttreten

Diese Durchführungsbestimmung tritt am 1. Januar 1978 in Kraft.

Berlin, den 31. Mai 1977

Der Minister für Gesundheitswesen

OMR Prof. Dr. sc. med. Mecklinger

Der Minister des Innern

Deutschen Volkspolizei

Dickel

Zweite Durchführungsbestimmung[1] zum Giftgesetz —Verzeichnis eingestufter Gifte— vom 31. Mai 1977

(Aktualisiert durch Einfügungen neu eingestufter bzw. ungestufter Gifte sowie durch Streichungen entsprechend den getroffenen Verfügungen mit Stand vom 31. 12. 1979)

Auf Grund des § 17 des Giftgesetzes vom 7. April 1977 (GBl. I Nr. 10 S. 103) wird im Einvernehmen mit den Leitern der zuständigen zentralen Staatsorgane folgendes bestimmt:

§ 1

(1) Die in der Anlage 1 dieser Durchführungsbestimmung genannten chemischen Stoffe sind Gifte der Abteilung 1 gemäß § 1 Abs. 2 des Giftgesetzes.

(2) Die in der Anlage 2 dieser Durchführungsbestimmung genannten chemischen Stoffc sind Gifte der Abteilung 2 gemäß § 1 Abs. 2 des Giftgesetzes.

§ 2

(1) Für die in der Anlage 2 genannten konzentrierten Säuren und Laugen gelten nicht § 3 Abs. 4, § 4 Abs. 3 und § 7 Abs. 4 des Giftgesetzes sowie § 8 Absätze 3 und 4, § 10 Absätze 4 und 5 Satz 2 und § 11 der Ersten Durchführungsbestimmung zum Giftgesetz.

(2) Konzentrierte Säuren und Laugen sind zusätzlich zu den Festlegungen des § 10 Abs. 2 der Ersten Durchführungsbestimmung zum Giftgesetz wie folgt zu kennzeichnen:

„Vorsicht, stark ätzend!".

§ 3

Diese Durchführungsbestimmung tritt am 1. Januar 1978 in Kraft.

Berlin, den 31. Mai 1977

Der Minister für Gesundheitswesen
OMR Prof. Dr. sc. med. Mecklinger

---

[1] DB vom 31. Mai 1977 (GBL I Nr. 21 S. 275).

Anlage 1

zu vorstehender Zweiter Durchführungsbestimmung

Verzeichnis eingestufter Gifte der Abteilung 1

Acrylnitril
Äthylenchlorhydrin
Äthylenoxid
Aldicarb
Allylalkohol
Amphetamin
Amphetaminil
Arprocarb
Arsen und Verbindungen
Atropin
Azinphos-methyl

Benzaldehydcyanhydrin
Blausäure (siehe Cyanwasserstoffsäure)
Bleitetraäthyl und andere Bleialkylverbindungen
Bromfenvinphos
Brucin
Butylbiguanid

Cadmiumverbindungen
Carbofuran
Chlorfenvinphos
Chlornidin
Chlorphacinon
Chlorthiophos
Colchicin
Cyanwasserstoffsäure und Verbindungen, ausgenommen Eisencyankomplexsalze

Demephion-O
Demephion-S
Dibutylzinnacetat
Dibutylzinndichlorid
Dibutylzinnoxid
Dichlorvos (DDVP)
Digitalisglycoside
Dimefox
Dinitroorthokresol (DNOC)
Dinoseb
Dinosebacetat
3,3-Diphenyl-propen-(3)-ylen-N-(1'-methyl-2'phenyläthyl)-imin
Disulfoton

Endosulfan
Epichlorhydrin
Epinephrin

Fenaminosulf
Fentinacetat
Fluoräthanol und Verbindungen
Fluoressigsäure und Verbindungen
Fluorwasserstoffsäure, mehr als 50%ig

Hexamethylendiisocyanat (HMDI)

Isopropyl-chlorcarbonat

Levarterenol

Mephentermin
Mercapto dimethur
Metallcarbonyle
Methamidophos
Methamphetamin

Methidathion
Methomyl
Methylbromid
Mevinphos

Neostigmin
Nicotin

Omethoat

Paraoxon
Parathionmethyl
Pentachlorphenol
Phosgen
Phosmet
Phosphide
Physostigmin
Pilocarpin
Pirimicarb
Polychlorcamphen
Promecarb
Propionitril
Proscillaridin
Pyridostigmin

Quecksilberverbindungen ausgenommen Quecksilbersulfid und Quecksilber(I)-chlorid

Schlangengifte
Schradan
Scopolamin
Selen(IV)-verbindungen
Strophanthine
Strychnin
Sulfotepp

Thalliumverbindungen, ausgenommen Thalliumsulfid
Toluylendiisocyanat (TDI)
Tributylzinnacetat
Tributylzinnchlorid
Trimethylzinnchlorid
Triorthokresylphosphat
Tropicamid

Warfarin

Yohimbin

Anlage 2

zu vorstehender Zweiter Durchführungsbestimmung

Verzeichnis eingestufter Gifte der Abteilung 2

Acetanilid
Acetonitril
Acrylsäure und Verbindungen
Ätholoxamin
Alachlor
Ametryn

Amidraz
Aminophenole
Amitraz
Amylnitrit
Anilin
Antimonverbindungen, lösliche[1]

Barban
Barbitursäurederivate
Bariumverbindungen, lösliche[1]
Bentazon
Benzol
Benzolsulfochlorid
Benzolsulfonsäure
Benzotrichlorid
Benzoylchlorid
Benzoylpropäthyl
Benzylamin
Benzylchlorid
Berylliumverbindungen, lösliche[1]
Bleiverbindungen, lösliche[1]
Brom
Bromoform
Bromoxynil
Bromwasserstoffsäure
Butonat

Carbaryl
Cartaphydrochlorid
Chlor
Chloralhalbacetal
Chloralhydrat
Chlorbenzol
Chloressigsäuren und Verbindungen
Chlordiazepoxid
Chlorindion
Chlormequat
Chlorochin
Chlorphenole
Chlorphenprop-methyl
Chloroform
Chrom(III)- und Chrom(VI)-verbindungen, lösliche[1]
Cocain
Corticosteroide
Cyclophosphamid

Dazomet
Demelverin
Diazepam
Dibromäthan
Dichlofluanid
Didropyridin
1,2-Dichloräthan[2]
Dichlordiphenyltrichloräthan (DDT)
Dichlorhydrin
2,4-Dichlorphenoxybuttersäure (2,4-DB)
2,4-Dichlorphenoxyessigsäure (2,4-D)
Dichlorprop (2,4-DP)
Dicofol
Dicyclopentadien
Dihydralazin
Diisopropylamin
Dimethoat
N,N-Dimethylbenzylamin
Dimethylsulfat
Dimexan
Dinocap
Diphenyläthylamin-hydrochlorid
4,4′-Diphenylmethandiisocyanat (MDI)
Diquat

Ephedrin und Derivate
Ethiophencarb

Fenazox
Fenitrothion
Fluoride, lösliche[1]
Fluorwasserstoffsäure, 5%ig bis 50%ig
Formaldehyd

Gallamintriäthjodid
Glyoxal
Glutethimid
Guanoxan

Hexachloräthan
Hexachlorophen

Hexafluorokieselsäure und Verbindungen, lösliche[1]
Histamin
Hydrazin
Homatropin
Hydroxylamin

Imipramin
Ioxynil
Isoniacid

Kelevan
Kresole
Kupferverbindungen, lösliche[1]

Laugen (siehe Säuren und Laugen)
Lidocain
Lindan

Malathion
Mecoprop (CMPP)
Mephenesin
Metaldehyd
Methabenzthiazuron
Methacrylsäure und Verbindungen
Metham-Natrium
Methanol
Methaqualon
Methazol
Methylchlorphenoxybuttersäure (MCPB)
Methylchlorphenoxyessigsäure (MCPA)
N-Methylcyclohexylamin
Morphin und Derivate
Mutterkorn-Alkaloide

Naled
Naphazolin
Nitrazepam
Nitrite
Nitrobenzol
Nitrofural
Nitroglycerin
Nitroglykol
p-Nitrophenol
p-Nitrosodimethylanilin
Nitrotoluole
Normethadon

Oxäthacain
Oxalsäure und Verbindungen
Oxyphedrin

Papaverin
Pargylin
Paraldehyd
Paraquat
Pentachlorphenol-Na
Pentetrazol
Peressigsäurc
Pethidin
Phendimetrazin
Phenol
Phenothiazine
Phenprokumon
β-Phenyläthylamin,
Phenylbutazon
Phenytoin
Pholedrin
Phosphor(V)-oxidchlorid
Phosphor(V)-chlorid
Phosphor(V)-sulfid
Phosphor(III)-chlorid
Picoline
β-Piperidinoäthylphenylketon-hydrochlorid
Polychlorpinen
Propachlor
Propionylchlorid
Propipocain
Propylenchlorhydrin

Prothiocarbhydrochlorid
Proximpham
Purine
Pyrazophos
Pyridin

Quecksilber(I)-chlorid

Rauwolfia-Alkaloide

Säuren und Laugen ab folgender Konzentration:

— Ameisensäure	50%
— Essigsäure	80%
— Phosphorsäure	50%
— Salpetersäure	15%
— Salzsäure	15%
— Schwefelsäure	15%
— Ammoniaklösung	10%
Kalilauge	5%
— Kaliumhydroxid	
— Natronlauge	5%
— Natriumhydroxid	

Schwefelchloride
Schwefelkohlenstoff
Silberverbindungen, lösliche[1]
Strontiumverbindungen, lösliche[1]
Succamethoniumhalogenide
Sulfanilamide
Sulfurylchorid
Sulfide, lösliche[1]

Talastin
Testosteron und Derivate
Tetracain
Tetrachloräthan
Tetrachloräthylen (Perchloräthylen)
Tetrachlormethan (Tetrachlorkohlenstoff)[2]
Tetrahydrofuran
Thiocyanate, lösliche[1]
Thionylchlorid
Thiram
Tolazolin
Toluidin
Trapidil
Triadimefon
Triäthylendiamin
Tributylzinnoxid
Trichloräthylen
Trichlorphenoxyessigsäure (2,4,5-T)
Trichlorphon (Metriphonat)
Tricyclohexyl-Zinnhydroxid
Tridemorph
Trihexyphenidyl
Triperiden

Uranverbindungen, lösliche[1]

Vinylchlorid

Zinkverbindungen, lösliche[1]
Zinnverbindungen, lösliche[1]

---

[1] Löslich heißt: Mehr als 0,1 % löslich in Wasser und/oder in 10%iger Mineralsäure und/oder in 30%igem Äthanol.

[2] Nicht zulässig zur Herstellung von Erzeugnissen für den Bevölkerungsbedarf.

Dritte Durchführungsbestimmung[1] zum Giftgesetz —Transport von Giften— vom 31. Mai 1977

Auf Grund des § 17 des Giftgesetzes vom 7. April 1977 (GBl. I Nr. 10 S. 103) wird im Einvernehmen mit den Leitern der zuständigen zentralen Staatsorgane folgendes bestimmt:

§ 1

Geltungsbereich

Diese Durchführungsbestimmung gilt für den Transport von Giften mit der Eisenbahn, mit Straßen-, Wasser- oder Luftfahrzeugen einschließlich des transportbedingten vorübergehenden Lagerns und des transportbedingten Umschlags von Giften. Sie enthält Bestimmungen, die beim Transport von Giften zusätzlich zu den Rechtsvorschriften für den Transport gefährlicher Güter[2] einzuhalten sind.

---

[1] 2. DB vom 31. Mai 1977 (GBL I Nr. 21 S. 279).

[2] Z. Z. gelten:

a) Ordnung vom 28. Dezember 1967 über den Transport gefährlicher Güter mit Eisenbahn, Kraftfahrzeugen und Binnenschiffen — Transportordnung für gefährliche Güter (TOG) — zu beziehen

bei Bestellungen	Deutsche Reichsbahn Drucksachenverlag Außenstelle Dresden 8027 Dresden Tharandter Str. 105
bei Selbstabholung gegen Barzahlung	Ministerium für Verkehrswesen der Deutschen Demokratischen Republik Tarifamt 1020 Berlin Alexanderplatz 5 (Haus des Reisens)

§ 2

Kennzeichnen der Transportpapiere und der Versandstücke

(1) Die Absender von Giften der Abteilungen 1 und 2 haben für den Transport dieser Gifte, soweit für diesen Transport die Transportodnung für gefährliche Güter (TOG) gilt, die Transportpapiere und die Versandstücke, Container und Güterwagen zusätzlich wie folgt zu kennzeichnen:

---

b) Ordnung vom 20. Juli 1970 über die Behandlung gefährlicher Güter im Seetransport und Hafenumschlag — Seefrachtordnung (SFO) — zu beziehen beim

Seefahrtsamt
der Deutschen Demokratischen Republik
2500 Rostock
Patriotischer Weg 120

c) Ordnung vom 4. Februar 1972 über den Lufttransport gefährlicher Güter — Lufttransportordnung für gefährliche Güter (OLTG) — zu beziehen bei der

INTERFLUG
Abteilung Verkehrsorganisation
1189 Berlin-Schönfeld
Flughafen

d) Besondere Bedingungen für die Beförderung von gefährlichen Gütern im internationalen Eisenbahnverkehr — Anlage 4 zum Abkommen vom 1. November 1951 über den internationalen Eisenbahn-Güterverkehr (SMGS) — zu beziehen
bei Bestellungen

Deutsche Reichsbahn
Drucksachenverlag
Außenstelle Dresden
8027 Dresden
Tharandter Str. 105

e) Internationale Ordnung vom 1. April 1967 für die Beförderung gefährlicher Güter mit der Eisenbahn (RID) — Anlage I zum Internationalen Übereinkommen über den Eisenbahnfrachtverkehr (CIM) —
zu beziehen
bei Bestellungen

Deutsche Reichsbahn
Drucksachenverlag
Außenstelle Dresden
8027 Dresden
Tharandter Str. 105

f) Europäisches Abkommen vom 30. September 1957 über die internationale Beförderung gefährlicher Güter auf der Straße (ADR) (GBl. II 1974 Nr. 16 S. 285).

a) Transportpapiere:

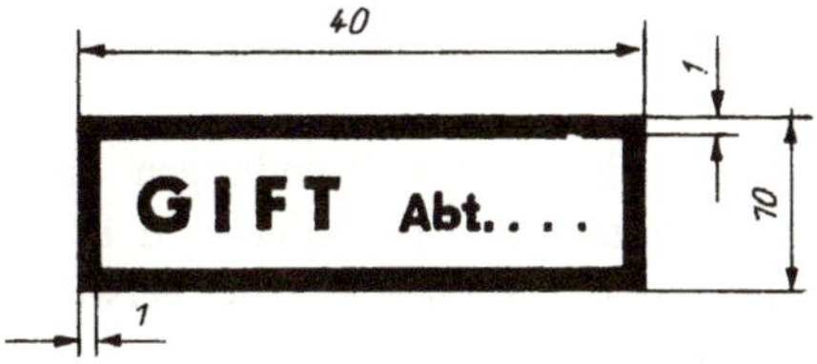

b) Versandstücke, Container, Güterwagen:

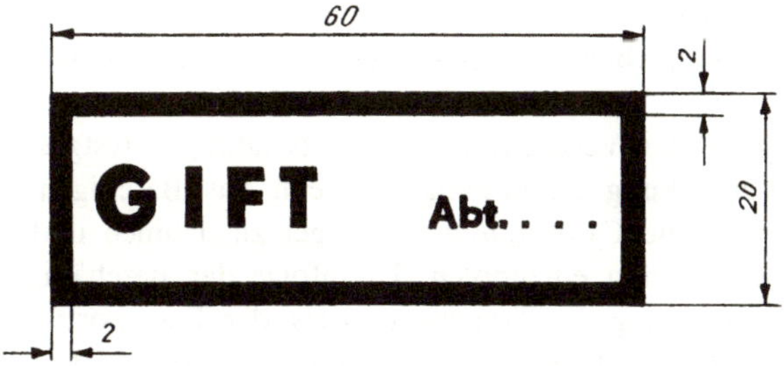

(2) In den Transportpapieren hat das Kennzeichnen in dem für die Bezeichnung des Gutes vorgesehenen Raum und auf den Versandstücken, an den Klein-, Mittel- und Großcontainern sowie an den Güterwagen im unteren Teil des nach der Transportordnung für gefährliche Güter (TOG) anzubringenden Gefahrzettels mit schwarzer Farbe durch Einstempeln zu erfolgen. In den Transportpapieren ist auch das Eindrucken zugelassen.

(3) Für leere, ungereinigte Kesselwagen, die Gifte der Abteilung 2 enthalten haben, entfällt die zusätzliche Kennzeichnung gemäß Abs. 1.

§ 3

Besondere Sicherheitsmaßnahmen

(1) Im kombinierten Stückguttransport durch Eisenbahn und Kraftverkehr, bei Eisenbahn-Stückguttransporten und bei Expreßguttransporten sind die Verschlüsse von solchen Behältern mit Giften der Abteilung 1, die ohne feststellbare Beschädigung der Verpackung geöffnet und geschlossen werden können, vom Absender zu verplomben. Die Bezeichnung der Plomben ist in die Transportpapiere einzutragen.

(2) Das Verladen, der Transport, das transportbedingte vorübergehende Lagern und der transportbedingte Umschlag von Giftsendungen sind mit der notwendigen Vorsicht durchzuführen. Dabei ist insbesondere zu gewährleisten, daß

a) sich Giftsendungen nicht über, unter oder unmittelbar neben Lebens- oder Futtermitteln befinden und

b) die Behältnisse gegen Umfallen, Herabstürzen oder sonstige unbeabsichtigte Änderung ihrer Lage gesichert sind.

(3) Der Entlader hat sich nach dem Entladen von Giftsendungen davon zu überzeugen, daß das Transportmittel frei von Giften ist. Miet- und Privatgüterwagen, die zweckgebunden für den Transport von Giften wieder verwendet werden, müssen äußerlich frei von Giften sein.

(4) Gelangen beim Verladen, Transport, transportbedingten vorübergehenden Lagern, transportbedingten Umschlag und Entladen Gifte in das Erdreich oder in Gewässer, hat der die Unregelmäßigkeit Feststellende hierüber unverzüglich den zuständigen Rat des Bezirkes, Abteilung Umweltschutz und Wasserwirtschaft, zu informieren.

(5) Wird eine Beschädigung der Verpackung von Giftsendungen festgestellt, ist der Mangel an der Verpackung zu beseitigen. Wenn das Beseitigen des Mangels nicht möglich ist, ist die Giftsendung auf Lager zu nehmen und die Weisung des Verfügungsberechtigten einzuholen. Ist infolge der Beschädigung der Verpackung eine Verunreinigung des Transportmittels, der Transportanlage oder anderer Güter durch Gifte eingetreten, sind das Transportmittel, die Transportanlage bzw. die anderen Güter vom Feststellenden oder im Zweifelsfall von einem Fachmann so zu reinigen, daß die Gifte restlos aufgenommen sind. Die Gifte sind unter Beachtung der geltenden Rechtsvorschriften[1] durch einen Fachmann schadlos zu beseitigen. Fachamnn im Sinne dieser Durchführungsbestimmung ist, wer einen Befähigungsnachweis für Giftbeauftragte besitzt.

(6) Lassen die Umstände der Beschädigung der Verpackung die begründete Annahme einer Gefahr für das Leben oder die Gesundheit von Menschen und Tieren zu, besteht der Verdacht einer Straftat oder wird der gänzliche oder teilweise Verlust von Giften der Abteilung 1 festgestellt, ist umgehend durch den Transportträger die zuständige Dienststelle der Deutschen Volkspolizei zu benachrichtigen. Beim Verdacht einer Straftat dürfen unmittelbar am Feststellungsort keine Veränderungen vorgenommen werden, es sei denn, es besteht unmittelbare Gefahr für das Leben und die Gesundheit von Menschen.

(7) Wird Gift in Transportmitteln, auf Transportanlagen bzw. an anderen Gütern festgestellt, bei dem die Herkunft nicht erkennbar ist, so ist hinsichtlich der Beseitigung der Verunreinigung durch Gift gemäß Abs. 5 bzw. bei Verdacht einer Straftat gemäß Abs. 6 zu verfahren.

---

[1] Z. Z. gilt: Zweite Durchführungsbestimmung vom 21. April 1977 zur Sechsten Durchführungsverordnung zum Landeskulturgesetz — Schadlose Beseitigung toxischer Abprodukte und anderer Schadstoffe — (GBl. I Nr. 15 S. 161).

(8) Straßen- und Wasserfahrzeuge, die mit Sendungen beladen sind, die Gifte der Abteilung 1 enthalten, dürfen während des Transports nicht ohne Aufsicht gelassen werden. Die Aufsichtspflicht obliegt den Betrieben, Dienststellen und Einrichtungen, die für die Durchfühung des Gifttransports verantwortlich sind.

§ 4

Gifträume, Giftplätze

(1) Sendungen von Giften der Abteilung 1, die infolge Transportunterbrechung oder aus anderen transportbedingten Gründen vorübergehend gelagert werden, sind in allseitig umschlossene, sicher verschließbare, den Brandschutzbestimmungen entsprechende und gekennzeichnete Gifträume einzustellen. Sendungen von Giften der Abteilung 2 sind getrennt von anderen Gütern auf gekennzeichnete Giftplätze abzustellen. Sendungen von Giften, die außerdem brennbar sind, sind in die Gifträume gesondert einzustellen bzw. auf die Giftplätze gesondert abzustellen; in den Brandschutzinstruktionen sind entsprechende Festlegungen zu treffen.

(2) Die Gifträume bzw. die Giftplätze sind gut sichtbar durch ein Schild mit der Aufschrift „Gift Abt. 1" bzw. „Gift Abt. 2" (jeweils schwarz auf weißem Grund) zu kennzeichnen. Unterhalb der Aufschrift ist der nach den Rechtsvorschriften für den Transport gefährlicher Güter für Giftsendungen geltende Gefahrzettel dauerhaft anzubringen.

(3) Bei Rekonstruktionen oder Neubauten von Verkehrsanlagen sind die Gifträume so auszuführen, daß sie § 3 Abs. 1 der Ersten Durchführungsbestimmung vom 31. Mai 1977 zum Giftgesetz (GBl. I Nr. 21 S. 275) entsprechen.

(4) Das Einstellen von anderen Gütern in die Gifträume bzw. das Abstellen auf die Giftplätze ist nicht zugelassen.

§ 5

Aufsicht über Giftsendungen

(1) Die Leiter von Betrieben, Dienstellen und Einrichtungen haben Beauftragte zur Wahrnehmung der Aufsicht über Giftsendungen beim transportbedingten vorübergehenden Lagern und transportbedingten Umschlag einzusetzen. Der Beauftragte muß nicht Fachmann gemäß § 3 Abs. 5 sein.

(2) Dem Beauftragten obliegt die Aufsichtspflicht über die dem Betrieb, der Dienststelle oder der Einrichtung zum vorübergehenden Lagern übergebenen Giftsendungen und über das Führen eines Nachweises. Den Inhalt des Nachweises bestimmt der zuständige Leiter des Betriebes, der Dienststelle oder der Einrichtung.

(3) Das Einlagern in Gifträume, das Ausgeben und Verladen transportbedingt

vorübergehend gelagerter Giftsendungen darf nur unter Aufsicht des Beauftragten erfolgen.

(4) Der Beauftragte hat den Schlüssel zum Giftraum unter Verschluß aufzubewahren und gegen unbefugte Benutzung zu sichern.

(5) Der Beauftragte hat dafür Sorge zu tragen, daß das transportbedingte vorübergehende Lagern von Giftsendungen auf den unbedingt notwendigen Zeitraum beschränkt bleibt.

§ 6

Belehren der Werktätigen

(1) Die Werktätigen aller Betriebe, Dienststellen und Einrichtungen, die am Vorbereiten und Durchführen des Transportprozesses, am transportbedingten vorübergehenden Lagern und am transportbedingten Umschlag von Giftsendungen mitwirken, sind regelmäßig, mindestens einmal vierteljährlich, über

a) die zu beachtenden Sicherheitsmaßnahmen gemäß § 3,

b) das Verhalten bei Störungen während des Transports, des transportbedingten vorübergehenden Lagerns und des transportbedingten Umschlags von Giftsendungen

aktenkundig zu belehren.

(2) Für das Belehren ist der Leiter des Betriebes, der Dienststelle bzw. der Einrichtung verantwortlich. Der Leiter kann mit dem Belehren verantwortliche Mitarbeiter beauftragen.

§ 7

Inkrafttreten

Diese Durchführungsbestimmung tritt am 1. Januar 1978 in Kraft.

Berlin, den 31. Mai 1977

Der Minister für Verkehrswesen
Arndt

4. Durchführungsbestimmung[1] zum Giftgesetz —Verkehr mit giftigen Agrochemikalien— vom 18. September 1979

Auf Grund des § 17 des Giftgesetzes vom 7. April 1977 (GBl. I Nr. 10 S. 103) wird im Einvernehmen mit den Leitern der zuständigen zentralen Staatsorgane sowie in Übereinstimmung mit dem Zentralvorstand des Verbandes der Kleingärtner, Siedler und Kleintierzüchter und dem Zentralvorstand der Vereinigung der gegenseitigen Bauernhilfe folgendes bestimmt:

§ 1

Geltungsbereich

(1) Diese Durchführungsbestimmung gilt für den Verkehr mit

— Pflanzenschutz- und Vorratsschutzmitteln sowie Mitteln zur Steuerung biologischer Prozesse in der Pflanzenproduktion,
— mineralischen Düngemitteln und Bodenverbesserungsmitteln,
— chemischen Stoffen zur Produktion und Konservierung von Futter,
— nicht als Arzneimittel registrierten Reinigungs- und Desinfektionsmitteln für die Tier- und Pflanzenproduktion,

die als Gifte der Abteilungen 1 und 2 eingestuft sind (nachfolgend giftige Agrochemikalien genannt).

(2) Die Bestimmungen der Ersten Durchführungsbestimmung vom 31. Mai 1977 zum Giftgesetz (GBl. I Nr. 21 S. 275) gelten, soweit nicht in dieser Durchführungsbestimmung andere Regelungen getroffen wurden.

§ 2

Staatliche Zulassung giftiger Agrochemikalien

Giftige Agrochemikalien dürfen nur verwendet werden, wenn sie für das vorgesehene Anwendungsgebiet staatlich geprüft und durch das Ministerium für Land-, Forst- und Nahrungsgüterwirtschaft zugelassen sind. Die festgelegten

---

[1] 3. DB vom 31. Mai 1977 (GBl. I Nr. 21 S. 282)

Anwendungsbestimmungen, Präventivzeiten, Karenzzeiten, maximal zulässigen Rückstandsmengen sowie Hinweise zu besonderen Gefährdungen, die zu Anwendungsbegrenzungen führen, sind für alle Anwender giftiger Agrochemikalien verbindlich.

§ 3

Verzeichnis giftiger Agrochemikalien

(1) Bei Pflanzenschutz-, Vorratsschutzmitteln und Mitteln zur Steuerung biologischer Prozesse in der Pflanzenproduktion wird die Zuordnung zu den Giften der Abteilungen 1 und 2 im periodisch erscheinenden Pflanzenschutzmittelverzeichnis der Deutschen Demokratischen Republik veröffentlicht.

(2) Für mineralische Düngemittel, Bodenverbesserungsmittel, chemische Stoffe zur Produktion und Konservierung von Futter sowie nicht als Arzneimittel registrierte Reinigungs- und Desinfektionsmittel für die Tier- und Pflanzenproduktion wird die Zuordnung zu den Giften der Abteilungen 1 und 2 in den Verfügungen und Mitteilungen des Ministeriums für Land-, Forst- und Nahrungsgüterwirtschaft veröffentlicht.

§ 4

Erlaubnis zum Verkehr mit Giften

(1) Volkseigenen Betrieben einschließlich volkseigenen Gütern und Kombinaten der Land-, Forst- und Nahrungsgüterwirtschaft ist gemäß § 8 Abs. 1 des Giftgesetzes auf der Grundlage der staatlichen Planauflage die Erlaubnis zum Verkehr mit Giften (Anlage) für den Erwerb, den Besitz, die Verwendung, die Verarbeitung und die Abgabe von Agrochemikalien, die als Gifte der Abteilung 1 eingestuft sind, durch die Stellvertreter der Vorsitzenden der Räte der Bezirke für Land-, Forst und Nahrungsgüterwirtschaft oder die Leiter der übergeordneten wirtschaftsleitenden Organe bzw. durch das Ministerium für Land-, Forst- und Nahrungsgüterwirtschaft zu erteilen[2]. Die Erteilung der Erlaubnis zur Lagerung von Agrochemikalien, die als Gifte der Abteilung 1 eingestuft sind, sowie der persönlichen Erlaubnis durch die Deutsche Volkspolizei wird davon nicht berührt.

(2) Vor Erteilung der Erlaubnis ist gemäß § 4 Abs. 1 des Giftgesetzes zu prüfen, ob alle Voraussetzungen für einen ordnungsgemäßen Verkehr mit Agrochemikalien, die als Gifte der Abteilung 1 eingestuft wurden, vorhanden sind. Bestehen diese Voraussetzungen nicht, darf keine Erlaubnis erteilt werden.

---

2 LPG, GPG und deren kooperative Einrichtungen erhalten die Erlaubnis zum Verkehr mit Giften gemäß § 7 Abs. 1 des Giftgesetzes durch die Deutsche Volkspolizei.

§ 5

Verpackung und Kennzeichnung

(1) Auf den Verpackungsmitteln für giftige Agrochemikalien sind außer den Symbolen gemäß § 10 Absätze 3 und 4 der Ersten Durchführungsbestimmung zum Giftgesetz und dem Zulassungszeichen weitere bildliche Darstellungen nicht zulässig. Ausnahmegenehmigungen erteilt das Ministerium für Land-, Forst- und Nahrungsgüterwirtschaft. Die Bestimmungen der Arbeitsschutz- und Brandschutzanordnung 850/1 vom 1. Oktober 1962 — Verkehr mit brennbaren Flüssigkeiten (ABAO 850/1) und technische Grundsätze — (Sonderdruck Nr. 358 des Gesetzblattes), der Arbeitsschutz- und Brandschutzanordnung 850/2 vom 15. Januar 1969 — Verkehr mit brennbaren Flüssigkeiten — (Sonderdruck Nr. 610 des Gesetzblattes) und der Rechtsvorschriften für den Transport gefährlicher Güter werden davon nicht berührt.

(2) Für die Durchsetzung der Kennzeichnung importierter giftiger Agrochemikalien durch den ausländischen Partner ist der zuständige Außenhandelsbetrieb verantwortlich.

(3) Leih- und Rückkaufverpackungen für giftige Agrochemikalien sind vom Anwender in einwandfreiem und wiederverwendungsfähigem Zustand, völlig entleert, äußerlich gereinigt und frei von Fremdstoffen an den Lieferer zurückzugeben. Leere Verpackungen sind nur der schadlosen Beseitigung zuzuführen, wenn keine gefahrlose Wiederverwendung erfolgen kann. Die schadlose Beseitigung nicht wiederverwendungsfähiger Verpackungsmittel für giftige Agrochemikalien ist durch die Anwender und Lagerhalter jeweils zum 30. Juni und 31. Dezember jeden Jahres beim zuständigen Rat des Bezirkes zu beantragen. Für Lebensmittel und Futtermittel dürfen gebrauchte Verpackungsmittel von giftigen Agrochemikalien nicht verwendet werden.

Lagerung giftiger Agrochemikalien

§ 6

(1) Die Lagerung giftiger Agrochemikalien, mit Ausnahme von mineralischen Düngemitteln, die als Gifte der Abteilungen 1 und 2 eingestuft sind, hat für die Land-, Forst- und Nahrungsgüterwirtschaft konzentriert bei den VEB Kombinat für materiell-technische Versorgung zu erfolgen.

(2) Anwender dürfen giftige Agrochemikalien nur als Arbeitsvorräte für einen Zeitraum von 20 Arbeitstagen oder als Restbestände aus der letzten Applikation lagern. Ausgenommen davon sind giftige Saatgutbeizen in Verpackungsmitteln mit mehr als 1000 l Fassungsvermögen, für die Arbeitsvorräte bis zu 50 Arbeitstagen zulässig sind.

(3) In besonderen Fällen können durch das Ministerium für Land-, Forst-

und Nahrungsgüterwirtschaft für den Umfang der Arbeitsvorräte gemäß Abs. 2 abweichende Regelungen getroffen werden, wenn eine Rücknahme überhöhter Arbeitsvorräte durch die VEB Kombinat für materiell-technische Versorgung nicht möglich ist.

(4) Über den Umfang der Arbeitsvorräte an giftigen Agrochemikalien haben die Anwender aus der Land-, Forst- und Nahrungsgüterwirtschaft den für sie zuständigen VEB Kombinat für materiell-technische Versorgung zum 30. Juni und 31. Oktober jeden Jahres schriftlich zu informieren. Der VEB Kombinat für materiell-technische Versorgung hat dem Stellvertreter des Vorsitzenden des Rates des Bezirkes für Land-, Forst- und Nahrungsgüterwirtschaft jeweils bis zum 15. Kalendertag des darauffolgenden Monats eine Übersicht über den Umfang dieser Arbeitsvorräte im Territorium sowie der Bestände an giftigen Agrochemikalien im Kombinat vorzulegen.

(5) Für überlagerte bzw. unbrauchbare giftige Agrochemikalien, die nicht wiederverwendet werden können, ist durch die Anwender und Lagerhalter jeweils zum 30. Juni und 31. Dezember jeden Jahres beim zuständigen Rat des Bezirkes eine schadlose Beseitigung zu beantragen.

§ 7

(1) Großbehälter (ab 500 kg bzw. 500 l Fassungsvermögen) für giftige Agrochemikalien, die als Gifte der Abteilung 2 eingestuft sind, gelten als Giftlager im Sinne des § 5 Abs. 1 der Ersten Durchführungsbestimmung zum Giftgesetz, wenn Art und Masse der Behältnisse und deren Verschluß ein unbefugtes Öffnen oder Verbringen sicher verhindern und der Standort mit einer Einfriedung versehen ist oder bewacht wird.

(2) Lager für giftige Agrochemikalien mit einem Lagervolumen von mehr als 1000 m^3 sind mit einer Anlage zur aktiven Be- und Entlüftung auszustatten.

§ 8

Pflanzenschutz-, Vorratsschutzmittel und Mittel zur Steuerung biologischer Prozesse in der Pflanzenproduktion, die als Gifte der Abteilungen 1 und 2 eingestuft sind, dürfen mit anderen Pflanzenschutz-, Vorratsschutzmittel und Mitteln zur Steuerung biologischer Prozesse in der Pflanzenproduktion zusammen gelagert werden, wenn der Lagerraum den Bestimmungen für die Lagerung von Giften der Abteilung 1 entspricht. In diesen Fällen sind die giftigen Agrochemikalien nach Giften der Abteilung 1 und 2 getrennt zu lagern. Gasförmige und Gase entwickelnde Pflanzenschutzmittel, die Giften der Abteilung 1 angehören, sind in einem gesonderten Giftlager zu lagern.

Kennzeichnung und Verwendung von mit giftigen Agrochemikalien behandelten Pflanzen, Pflanzenteilen und Vorräten von pflnzlichen Produkten sowie von Freilandflächen und Räumen

§ 9

Mit giftigen Agrochemikalien behandelte Pflanzen und Pflanzenteile unter Glas und Plasten sowie Vorräte von pflanzlichen Produkten im Freiland und in Räumen — ausgenommen gebeiztes Saatgut — sind durch den Nutzungsberechtigten oder den Anwender mit Warntafeln zu kennzeichnen, auf denen das verwendete Präparat sowie das Ende der Karenzzeit und, soweit Präventivzeiten festgelegt wurden, das Ende der Präventivzeit anzugeben sind. In besonderen Fällen kann durch den Rat des Bezirkes die Aufstellung von Warntafeln auch für mit giftigen Agrochemikalien behandelte Freilandsflächen festgelegt werden.

§ 10

(1) Mit giftigen Agrochemikalien behandelte Pflanzen, Pflanzenteile und Vorräte von pflanzlichen Produkten dürfen als Lebensmittel oder Futtermittel verwendet werden, wenn die von der Akademie der Landwirtschaftswissenschaften der Deutschen Demokratischen Republik festgelegten Karenzzeiten und Anwendungsbegrenzungen eingehalten sind oder die Unterschreitung der maximal zulässigen Rückstandsmengen durch Kontrolluntersuchungen in den dafür zuständigen Einrichtungen nachgewiesen wird.

(2) Soweit für giftige Agrochemikalien Präventivzeiten festgelegt wurden, ist jedes Betreten der mit diesen giftigen Agrochemikalien behandelten Freilandflächen oder Räume sowie jede weitere Bearbeitung erst nach Ablauf der Präventivzeit zulässig. Die Aufstellung von Warntafeln hat gemäß § 9 zu erfolgen. Erfolgskontrollen sind unter Einhaltung der bei den einzelnen giftigen Agrochemikalien festgelegten Sicherheitsbestimmungen durchzuführen.

§ 11

(1) Mit giftigen Agrochemikalien gebeiztes Saatgut ist
- getrennt von Lebensmitteln und Futtermitteln zu lagern und zu transportieren,
- in Säcken und anderen Behältnissen sowie Transportmitteln durch die Aufschrift: „Nur zu Saatzwecken verwenden, Verfütterung und freie Lagerung verboten, gebeizt mit giftigen Agrochemikalien“ (Verwendetes Beizmittel angeben!) zu kennzeichnen,
- so zu lagern, daß ein unbefugter Zugriff nicht möglich ist.

(2) Mit giftigen Agrochemikalien gebeiztes Saatgut darf nur zur Aussaat verwendet werden. Die Verfütterung dieses Saatgutes an landwirtschaftliche Nutztiere, jagdbares Wild und andere freilebende Tiere sowie Fische ist verboten. Auch ein Verschneiden des mit giftigen Agrochemikalien gebeizten Saatgutes mit ungebeiztem Saatgut sowie Futtergetreide und anderen Futtermitteln ist unzulässig.

§ 12

(1) Quecksilberhaltigen Beizmitteln ist gemäß § 10 Abs. 7 der Ersten Durchführungsbestimmung zum Giftgesetz bei der Herstellung ein roter Farbstoff zuzusetzen, der eine auffallende und dauerhafte rote Färbung des gebeizten Saatgutes gewährleistet.

(2) Giftige Agrochemikalien in Form von Ködern sind, wenn zu ihrer Herstellung Getreide, Lebensmittel oder Futtermittel verwendet werden, bei der Herstellung auffallend und dauerhaft zu färben. Durch das Ministerium für Land-, Forst- und Nahrungsgüterwirtschaft werden in Abstimmung mit anderen zuständigen zentralen Staatsorganen Warnfarben für die einzelnen Wirkstoffe[3] festgelegt.

§ 13

Ausbildung von Giftbeauftragten

(1) Die Ausbildung der Giftbeauftragten für die Land-, Forst- und Nahrungsgüterwirtschaft erfolgt unter Verantwortung der Räte der Kreise, Abteilungen Gesundheits- und Sozialwesen, durch die Betriebsakademien bei den Räten der Kreise, Abteilungen Landwirtschaft und Nahrungsgüterwirtschaft — Kreislandwirtschaftsschulen — bzw. durch die Betriebsakademien oder Betriebsschulen der wirtschaftsleitenden Organe der Land-, Forst- und Nahrungsgüterwirtschaft.

(2) Lehrgänge zur Erlangung eines Befähigungsnachweises für den Verkehr mit gasförmigen oder Gase entwickelnden giftigen Agrochemikalien sind in einer vom Stellvertreter des Vorsitzenden des Rates des Bezirkes für Land-, Forst- und Nahrungsgüterwirtschaft festzulegenden Bildungseinrichtung des Bezirkes durchzuführen. Die fachliche Unterweisung der Lektoren erfolgt bei Inlanderzeugnissen durch den Hersteller der gasförmigen bzw. Gase entwickelnden giftigen Agrochemikalien, bei Importerzeugnissen durch die staatlichen Prüfeinrichtungen.

---

[3] Z. Z. gelten folgende Warnfarben für die einzelnen Wirkstoffe:

Warnfarbe	Wirkstoffe
grün	Strychnin
violett	Warfarin
rotviolett	Zinkphosphid
rot	Quecksilber.

(3) Die Bestätigung der für die Ausbildung gemäß Abs. 2 notwendigen Lehrunterlagen für den Verkehr mit gasförmigen und Gase entwickelnden giftigen Agrochemikalien erfolgt durch das Ministerium für Land-, Forst- und Nahrungsgüterwirtschaft. Für die Ausarbeitung und ständige Aktualisierung dieser Lehrunterlagen sind durch die Hersteller, bei Importerzeugnissen durch die staatlichen Prüfeinrichtungen die erforderlichen spezifischen Angaben und Materialien zur Verfügung zu stellen.

§ 14

Inkrafttreten

Diese Durchführungsbestimmung tritt am 1. Oktober 1979 in Kraft.

Berlin, den 18. September 1979

Der Minister
für Land-, Forst- und Nahrungsgüterwirtschaft
Kuhrig

Anlage zu vorstehender Durchführungsbestimmung

Erlaubnis zum Verkehr mit Giften

Dem ....
Bezeichnung des volkseigenen Betriebes/Kombinates

....
Anschrift

wird hiermit gemäß § 8 Abs. 1 des Giftgesetzes vom 7. April 1977 (GBl. I Nr. 10 S. 103) widerruflich die Erlaubnis erteilt,

Pflanzenschutz-, Vorratsschutzmittel und Mittel zur Steuerung biologischer Prozesse in der Pflanzenproduktion, die als Gifte der Abteilung 1 eingestuft sind,*
– mineralische Düngemittel und Bodenverbesserungsmittel, die als Gifte der Abteilung 1 eingestuft sind,*
– chemische Stoffe zur Produktion und Konservierung von Futter, die als Gifte der Abteilung 1 eingestuft sind,*
nicht als Arzneimittel registrierte Reinigungs- und Desinfektionsmittel für die Tier- und Pflanzenproduktion, die als Gifte der Abteilung 1 eingestuft sind,*
– gasförmige oder Gase entwickelnde Agrochemikalien zur Schädlingsbekämpfung (Blausäure, Phosphorwasserstoff, Äthylenoxid, Methylbromid), die als Gifte der Abteilung 1 eingestuft sind,*

zu erwerben/zu besitzen/zu verwenden/zu verarbeiten/abzugeben.*
Diese Erlaubnis wird mit folgenden Auflagen verbunden.*

.... DS ....
Ort, Datum Unterschrift
Stellvertreter des Vorsitzenden des Rates des Bezirkes für Land-, Forst- und Nahrungsgüterwirtschaft
Generaldirektor der VVB bzw. Direktor des Kombinates

* Nichtzutreffendes streichen

Zweite Durchführungsbestimmung[1] zur Sechsten Durchführungsverordnung zum Landeskulturgesetz —Schadlose Beseitigung toxischer Abprodukte und anderer Schadstoffe— vom 21. April 1977

Auf Grund des § 11 Abs. 2 der Sechsten Durchführungsverordnung vom 11. September 1975 zum Landeskulturgesetz — Nutzbarmachung und schadlose Beseitigung von Abprodukten — (GBl. I Nr. 39 S. 662) wird zur schadlosen Beseitigung toxischer Abprodukte und anderer Schadstoffe im Einvernehmen mit den zuständigen Ministern und Leitern anderer zentraler Staatsorgane sowie den Vorsitzenden der Räte der Bezirke folgendes bestimmt:

§ 1

Geltungsbereich

(1) Diese Durchführungsbestimmung regelt die schadlose Beseitigung nicht nutzbarer toxischer Abprodukte und anderer Schadstoffe. Sie gilt für Betriebe, Kombinate, Genossenschaften und Einrichtungen (nachfolgend Betriebe genannt) sowie für staatliche und wirtschaftsleitende Organe.

(2) Diese Durchführungsbestimmung ist entsprechend für die schadlose Beseitigung toxischer Abprodukte und anderer Schadstoffe anzuwenden, die bei Betriebsstörungen, Havarien oder Unfällen anfallen.

§ 2

Begriffsbestimmung

(1) Nicht nutzbare toxische Abprodukte im Sinne dieser Durchführungsbestimmung sind nicht nutzbare Gifte sowie feste, schlammartige oder flüssige Abfälle und Rückstände, für die keine Nutzungsmöglichkeiten als Sekundärrohstoffe bestehen und die Bestandteile enthalten, die als hochgiftig (Gifte der

---

[1] 1. DB vom vom 8. September 1976 (GBl. I Nr. 39 S. 465).

Abteilung 1 des Giftgesetzes) oder als giftige Stoffe (Gifte der Abteilung 2 des Giftgesetzes) eingestuft sind.

(2) Schadstoffe im Sinne dieser Durchführungsbestimmung sind feste, schlammartige oder flüssige Abfälle und Rückstände, für die keine Nutzungsmöglichkeit als Sekundärrohstoff besteht und durch die Naturressourcen, insbesondere das Grund- und Oberflächenwasser, geschädigt bzw. beeinträchtigt werden können.

(3) Schadlose Beseitigung toxischer Abprodukte und anderer Schadstoffe im Sinne dieser Durchführungsbestimmung ist die Umwandlung in nicht toxische beziehungsweise nicht schädigende Stoffe oder eine Ablagerung, die eine Gefährdung von Leben und Gesundheit der Menschen, der Nutztiere, der Kultur- und Nutzpflanzen ausschließt sowie volkswirtschaftliche Schäden oder eine Beeinträchtigung der Umwelt vermeidet.

§ 3

Aufgaben der Betriebe

(1) Die Verantwortung für die schadlose Beseitigung toxischer Abprodukte und anderer Schadstoffe trägt der Betrieb, in dem diese anfallen. Die Verantwortung schließt die zur schadlosen Beseitigung notwendigen wissenschaftlich-technischen Leistungen und erforderlichen Untersuchungen der zu beseitigenden Stoffe ein. Die wirtschaftsleitenden Organe gewährleisten die Erfüllung der Aufgaben der Betriebe ihrer Bereiche zur Schaffung des wissenschaftlich-technischen Vorlaufs zur schadlosen Beseitigung nicht nutzbarer toxischer Abprodukte und anderer Schadstoffe sowie zur Sicherung erforderlicher Untersuchungskapazitäten.

(2) Betriebe, in denen toxische Abprodukte anfallen, sind dafür verantwortlich, daß ein lückenloser täglicher Nachweis über den Anfall und den Verbleib nach Art und Menge geführt wird. Sie haben unter Berücksichtigung der für Gifte geltenden Rechtsvorschriften die betriebliche Kontrolle über Anfall und Verbleib der toxischen Abprodukte zu sichern.

(3) Betriebe, in denen nicht verwertbare toxische Abprodukte und andere Schadstoffe anfallen, melden diese entsprechend § 4 Abs. 3 der Sechsten Durchführungsverordnung vom 11. September 1975 zum Landeskulturgesetz an den für den Standort des Betriebes zuständigen Rat des Bezirkes. Die Form, der Zeitpunkt und der Umfang der Meldung werden durch den Minister für Umweltschutz und Wasserwirtschaft festgelegt.

(4) Über die Vorschläge für die schadlose Beseitigung toxischer Abprodukte und anderer Schadstoffe entscheidet der zuständige Rat des Bezirkes. Er kann andere Beseitigungsverfahren oder -standorte als vorgesehen festlegen. Die Festlegungen sind zu begründen.

§ 4

Einrichtung von Beseitigungsanlagen und Deponien

(1) Verfahren zur schadlosen Beseitigung toxischer Abprodukte und anderer Schadstoffe bedürfen der Bestätigung durch die Staatliche Hygieneinspektion des Ministeriums für Gesundheitswesen.

(2) Anlagen und Deponien zur schadlosen Beseitigung toxischer Abprodukte und anderer Schadstoffe bedürfen der Bestätigung durch die Räte der Bezirke. Die Bestätigung ist durch den Betrieb (Betreiber) beim zuständigen Rat des Bezirkes zu beantragen. Sie kann mit Auflagen hinsichtlich der Errichtung und des Betreibens der Anlagen verbunden werden.

(3) Neue Anlagen und Deponien zur schadlosen Beseitigung toxischer Abprodukte und anderer Schadstoffe sind als Gemeinschaftsanlagen zu betreiben. Ausnahmen bedürfen der Bestätigung durch die zuständigen Räte der Bezirke.

(4) Die Räte der Bezirke sind berechtigt, Betreibern von Anlagen oder Deponien zur schadlosen Beseitigung toxischer Abprodukte und anderer Schadstoffe Betriebe als Mitnutzer zuzuweisen, sofern bei den Anlagen oder Deponien Voraussetzungen für eine Nutzung durch mehrere Betriebe gegeben sind. Die Mitnutzung ist durch Wirtschaftsverträge zu regeln.

(5) Die Räte der Bezirke können Betrieben Beseitigungsstandorte und Beseitigungsanalagen oder Deponien auf dem Territorium anderer Bezirke zuweisen. Die Zuweisung bedarf der Zustimmung durch den Rat des Bezirkes, in dessen Zuständigkeit die Beseitigungsanlage oder Deponie liegt. Der für die Beseitigungsanlage oder Deponie zuständige Rat des Bezirkes erteilt erforderliche Auflagen.

§ 5

Betrieb von Beseitigungsanlagen und Deponien

(1) Für den ordnungsgemäßen Betrieb von Anlagen und Deponien zur schadlosen Beseitigung toxischer Abprodukte und anderer Schadstoffe ist der Betreiber verantwortlich.

(2) Bei allen Anlagen und Deponien zur schadlosen Beseitigung toxischer Abprodukte und anderer Schadstoffe ist vom Betreiber ein täglicher Nachweis über die Menge, Zusammensetzung und Herkunft der angelieferten und der beseitigten Abprodukte zu führen. Bei obertägigen Deponien ist darüber hinaus der Tag der Anlieferung und die Stelle der Ablagerung im Deponiekörper in Lageplänen oder anderen Nachweisunterlagen festzuhalten. Bei unterirdischen Deponien ist die Bezeichnung der Sonde beziehungsweise Kaverne in den Nachweisunterlagen festzuhalten. Die Nachweisunterlagen sind zu archivieren.

(3) Die Betreiber haben für jede Anlage oder Deponie zur schadlosen

Beseitigung toxischer Abprodukte und anderer Schadstoffe Festlegungen über den Arbeits- und Brandschutz zu treffen sowie Betriebs-, Deponie- und Havarieordnungen festzulegen, die ständig zu aktualisieren sind.

(4) Die Betreiber haben die Anlagen oder Deponien zur schadlosen Beseitigung toxischer Abprodukte und anderer Schadstoffe vor dem Betreten durch Unbefugte zu sichern.

(5) Die Havarieordnungen bedürfen der Zustimmung der territorial zuständigen Kontrollorgane des Gesundheitsschutzes und der Wasserwirtschaft sowie der Organe der Deutschen Volkspolizei. Die Zustimmungen sind vor Aufnahme des Betriebes der Anlage oder Deponie einzuholen.

(6) Die Deponie toxischer Abprodukte und anderer Schadstoffe ist mit der Rekultivierung der Deponiekörper abzuschließen. Unterirdische Deponien sind durch die Betreiber entsprechend den Rechtsvorschriften zu verwahren. Die Rekultivierungsmaßnahmen bedürfen der Bestätigung der Räte der Bezirke, Abteilung Land-, Forst- und Nahrungsgüterwirtschaft.

§ 6

Kontrolle und Überwachung

(1) Die Betriebe, in denen toxische Abprodukte oder andere Schadstoffe anfallen, sowie die Betreiber von Anlagen oder Deponien für die schadlose Beseitigung toxischer Abprodukte oder anderer Schadstoffe sind verpflichtet, die Einhaltung dieser Rechtsvorschrift in ihrem Bereich in eigener Verantwortung zu sichern. Über die Art und die Durchführung der Eigenkontrolle besteht Nachweispflicht gegenüber den im Abs. 2 genannten Kontrollorganen.

(2) Für die staatliche Kontrolle darüber, daß durch die Errichtung oder den Betrieb der Anlagen oder Deponien zur schadlosen Beseitigung toxischer Abprodukte oder anderer Schadstoffe Gefährdungen von Leben und Gesundheit der Menschen, der Nutztiere, der Kultur- und Nutzpflanzen ausgeschlossen sowie volkswirtschaftliche Schäden oder Beeinträchtigungen der Umwelt vermieden werden, sind die zuständigen staatlichen Hygieneinspektionen, die Arbeitshygieneinspektionen, die Deutsche Volkspolizei, die Organe der Gewässeraufsicht sowie der staatlichen Bergaufsicht im Rahmen ihrer Zuständigkeit verantwortlich.

(3) Zur Wahrnehmung der Kontrollbefugnisse sind die im Abs. 2 genannten Organe berechtigt, Betriebe, Einrichtungen und Anlagen zu betreten, Auskünfte zu fordern, Einblick in Unterlagen zu nehmen, Proben von Abprodukten aus Beseitigungsanlagen und Deponien sowie aus deren Umgebung zu nehmen und zu untersuchen, die Erstattung von Gutachten zu fordern und sich vorlegen zu lassen sowie Auflagen zu erteilen.

§ 7

Aufgaben und Arbeitsweise der Räte der Bezirke

(1) Die Räte der Bezirke gewährleisten die schadlose Beseitigung toxischer Abprodukte und anderer Schadstoffe auf ihrem Territorium im Zusammenwirken mit den Räten der Kreise gemäß § 10 Absätze 2 und 3 der Sechsten Durchführungsverordnung vom 11. September 1975 zum Landeskulturgesetz. Die sich daraus ergebenden Aufgaben werden durch die Abteilungen Umweltschutz und Wasserwirtschaft wahrgenommen.

(2) Die Abteilungen Umweltschutz und Wasserwirtschaft der Räte der Bezirke wirken bei der Erfüllung ihrer Aufgaben mit den bezirklichen Organen des Gesundheitswesens, der Geologie, der örtlichen Versorgungswirtschaft, der Landwirtschaft sowie mit den zuständigen Organen der Gewässeraufsicht und der Deutschen Volkspolizei zusammen. Die Abteilungen Umweltschutz und Wasserwirtschaft treffen ihre Entscheidungen mit Zustimmung der genannten Organe.

(3) Die Räte der Bezirke können Aufgaben nach dieser Durchführungsbestimmung auf die Räte der Kreise delegieren.

§ 8

Schlußbestimmungen

(1) Diese Durchführungsbestimmung tritt am 1. Juni 1977 in Kraft.

(2) Der Minister für Umweltschutz und Wasserwirtschaft gibt eine Liste der Schadstoffe heraus, die ständig aktualisiert wird.[1]

Berlin, den 21. April 1977

Der Minister
für Umweltschutz und Wasserwirtschaft
Dr. Reichelt

---

[1] Die Liste der Schadstoffe wird im Sonderdruck des Gesetzblattes veröffentlicht.

Arbeitsschutz- und Brandschutzanordnung 108 — Pflanzenschutz- und Schädlingsbekämpfungsmittel — vom 5. Juni 1969

Auf Grund des § 6 der Verordnung vom 22. September 1962 zur Erhaltung und Förderung der Gesundheit der Werktätigen im Betrieb — Arbeitsschutzverordnung — (GBl. II 1964 S. 703; Ber. S. 721) in der Fassung der Zweiten Arbeitsschutzverordnung vom 5. Dezember 1963 (GBl. II 1964 S. 15) und des § 2 der Dritten Durchführungsverordnung vom 13. August 1964 zum Gesetz über die landwirtschaftlichen Produktionsgenossenschaften — Erhaltung und Förderung der Gesundheit der Mitglieder der Produktionsgenossenschaften in der sozialistischen Landwirtschaft — (GBl. II S. 733) wird im Einvernehmen mit den Leitern der zuständigen zentralen staatlichen Organe und in Übereinstimmung mit dem Zentralvorstand der Gewerkschaft Land, Nahrungsgüter und Forst folgendes angeordnet:

§ 1

Geltungsbereich

(1) Diese Arbeitsschutz- und Brandschutzanordnung (nachstehend Anordnung genannt) gilt:

1. für die Verpackung, den Transport, die Lagerung, den Handel, die Anwendung, die Aufbereitung und das Ausbringen von Pflanzenschutz- und Schädlingsbekämpfungsmitteln (nachstehend Pflanzenschutzmittel genannt)
2. für den Umgang mit und die Beseitigung von Lösungen, Beständen und Verpackungsmaterialien von Pflanzenschutzmitteln
3. für die Einrichtung von Giftlagern (Gifträumen)
4. für die Konstruktion, den Bau, die Reparatur und das Reinigen von Maschinen, Geräten und Anlagen zur Ausbringung von Pflanzenschutzmitteln.

(2) Außer dieser Anordnung gelten für den Umgang mit Pflanzenschutzmitteln das Gesetz vom 6. September 1950 über den Verkehr mit Giften — Giftgesetz — (Gbl. S. 977) und die dazu erlassenen Durchführungsbestimmungen sowie die Ordnung vom 1. März 1968 über den Transport gefährlicher Güter mit der Eisenbahn, Kraftfahrzeugen und Binnenschiffen — Transportordnung

für gefährliche Güter (TOG) (Tarif- und Verkehrsanzeiger (TVA) Nr. 37/4/1968) und die Nomenklatur gefährlicher Güter vom 20. März 1968, für deren Transport im öffentlichen Straßenverkehr besondere Sicherheitsbestimmungen erforderlich sind (Tarif- und Verkehrsanzeiger (TVA) Nr. 107/14/1968).

§ 2

Begriffsbestimmungen

(1) Als Pflanzenschutzmittel im Sinne dieser Anordnung gelten Chemikalien und ihre Zubereitungen, die durch die Landwirtschaft, den Gartenbau, die Forstwirtschaft und andere beim Vorratsschutz, zur Bekämpfung oder Abwehr von Schaderregern aus dem Tier- und Pflanzenbereich, zur Defoliation oder Desikkation von Kulturpflanzenbeständen oder zur Beseitigung unerwünschten Pflanzenwuchses auf Landwirtschaftlichen Nutzflächen, in der Forstwirtschaft auf Verkehrswegen und Plätzen sowie an und in Binnengewässern angewendet werden.

(2) Defoliationsmittel sind Mittel zum Entlauben von Kulturpflanzenbeständen.

(3) Desikkationsmittel sind Mittel zum Austrocknen von Kulturpflanzenbeständen oder von landwirtschaftlichen Produkten.

§ 3

Anwendung der Pflanzenschutzmittel

(1) Als Pflanzenschutzmittel dürfen nur solche Chemikalien verwendet werden, die von der Biologischen Zentralanstalt der Deutschen Akademie der Landwirtschaftswissenschaften zu Berlin anerkannt und im Pflanzenschutzmittelverzeichnis der Deutschen Demokratischen Republik veröffentlicht sind.

(2) Beizanlagen, in denen mit chemischen Verbindungen, die eine toxische Wirkung haben, gearbeitet wird und die in geschlossenen Räumen untergebracht sind, müssen mit einer wirksamen Absaugvorrichtung versehen sein. Die zulässigen Maximalarbeitsplatzkonzentrationswerte (MAK-Werte) und die zulässige Konzentration toxischer Stoffe in der Luft am Arbeitsplatz (ZSK) nach TGL 22 310 Bl. 1 — Arbeitshygiene, Begriffe und Grenzwerte — dürfen nicht überschritten werden. Für Lagerräume zur Aufnahme von gebeiztem Getreide oder andere Räume, in denen stärkere Konzentrationen von toxischen Gasen, Dämpfen und Stäuben auftreten können, trifft die gleiche Forderung zu.

§ 4

Anforderung an Maschinen und Geräte

(1) Anlagen, Rohrleitungen, Armaturen und Behälter müssen aus solchen Werkstoffen sein, die ausreichenden Widerstand gegen chemische Einwirkungen und physikalische Belastungen durch die zur Anwendung kommenden Pflanzenschutzmittel bieten.

(2) Verbindungsstellen an Rohrleitungen sind konstruktiv so zu gestalten, daß nach Möglichkeit Dichtungseinlagen nicht erforderlich sind.

(3) Druckbehälter müssen den Forderungen der Arbeitsschutzanordnung 840/1 vom 29. Mai 1962 — Druckgefäße — (Druckgefäßanordnung) und technische Grundsätze (Sonderdruck Nr. 350 des Gesetzblattes; Ber. GBl. II 1962 S. 750 und 798) entsprechen. Die Ausblaseöffnungen der Sicherheitsventile müssen eine gefahrlose Ableitung des Überdruckes sichern.

(4) Rohranschlußstellen zum Füllen und Entleeren der Anlagen, Maschinen und Geräte müssen mit Konusflächen versehen sein, die durch Verschrauben sicher abdichten.

(5) Verschlüsse an Einfüll- und Ablaßöffnungen müssen dicht schließen und sind gegen Verlust zu sichern.

(6) Meß- und Kontrollarmaturen dürfen durch Vibration, Stoß und Schlag nicht beschädigt werden können. Ihre Überwachung muß, außer bei den Rückentragespritzen, im Blickfeld der Bedienungsperson liegen.

(7) Einfüllöffnungen unter Druck stehender Behälter dürfen sich erst öffnen lassen, nachdem über ein Ventil der Druckausgleich hergestellt wurde.

(8) Für Anlagen, Maschinen und Geräte mit Spritz-, Sprüh- und Nebeldüsen müssen Einrichtungen zum Reinigen dieser Düsen bereitgestellt werden.

(9) Filter und Siebe, die gereinigt werden müssen, sind so anzuordnen, daß sie leicht und gefahrlos erreicht werden können. Es dürfen keine belästigenden oder schädigenden Verschmutzungen für die Reinigungsarbeiten durchführender Personen auftreten.

§ 5

(1) Düsen und andere Vorrichtungen zur Ausbringung von Pflanzenschutz mitteln sind so anzuordnen, daß für die Bedienungsperson keine belästigenden oder schädigenden Luftverunreinigungen durch Stäube, Gase, Dämpfe oder Nebel auftreten. Falls erforderlich, ist

a) der Bedienungsplatz zu verlegen

b) die Quelle der Luftverunreinigung abzuschirmen

c) die Strömungsrichtung zu verändern.

Traktoren müssen zum Ausbringen von Pflanzenschutzmitteln mit einer allseitig geschlossenen Kabine mit Zuführung von gereinigter Frischluft versehen sein.

(2) Wird ein Bedienungssitz benötigt, sind Sitzschale nach TGL 33-16771, Fußstützen, Haltegriffe und Sicherheitsgurte anzubringen. Die Fußstützen müssen eine vollständige Auflage der ganzen Fußfläche ermöglichen.

(3) Bedieungselemente müssen so angeordnet sein, daß ihre Handhabung keine wesentliche Veränderung der normalen Körperhaltung erfordert. Der benötigte Kraftaufwand ist so zu bemessen, daß bei längerer Arbeitsdauer keine Überanstrengungen auftreten. Die maximale Kraft darf bei häufig zu bedienenden Elementen 6 kp nicht übersteigen.

(4) Der durch die Arbeitsmaschine (Gebläse, Verdichter und dergleichen) erzeugte Lärm darf die in den Rechtsvorschriften festgelegten Werte nicht übersteigen.

(5) Fahrbare, einachsige Anhängegeräte und -maschinen müssen gegen Vor- und Rückwärtskippen mit Kippsicherungen versehen sein, die gleichzeitig zu einem gefahrlosen Radwechsel verwendet werden können.

(6) Rotierende oder andere sich bewegende Teile sind, sofern sie nicht im Inneren der Maschine liegen, vollständig zu verkleiden.

(7) Schmierstellen sind leicht zugänglich anzubringen. Nach Möglichkeit sind wartungsarme Lager zu verwenden.

(8) Die Forderung des § 3 Abs. 2 und der §§ 4 und 5 gelten für alle Neuentwicklungen und sind für die nach dem 31. Dezember 1970 zur Auslieferung kommenden Maschinen und Geräte für die Ausbringung von Pflanzenschutzmitteln verbindlich. Bei vorhandenen Maschinen, Geräten und Anlagen ist nach Abstimmung mit den zuständigen staatlichen und gewerkschaftlichen Organen des Gesundheits- und Arbeitsschutzes durch den Leiter des Nutzerbetriebes zu entscheiden, ob eine Um- oder Nachrüstung durchzuführen ist.

§ 6

Lagerung und Transport

(1) Pflanzenschutzmittel sind so unter Verschluß zu lagern, daß sie für unbefugte Personen nicht zugänglich sind, keine Verunreinigungen des Oberflächen- und Grundwassers eintreten auch auftretendes Hochwasser diese nicht erreichen kann.

(2) Die Lagerung der Pflanzenschutzmittel hat übersichtlich angeordnet in Originalpackungen zu erfolgen. Diese müssen aus solchem Material und so gefertigt sein, daß sie bei sachgemäßem Umgang nicht beschädigt werden können.

§ 7

(1) Pflanzenschutzmittel der Giftabteilung 1 sind entsprechend § 9 des Giftgesetzes in Giftkammern, -räumen und -lagern (nachstehend Giftlager genannt) aufzubewahren.

(2) Das Giftlager muß aus einem allseitig durch feste Wände umschlossenen Raum bestehen, der trocken ist und den Brandschutzbestimmungen entspricht. Die Wände müssen leicht abwaschbar und der Fußboden mit einem fugenlosen Belag, der keine Feuchtigkeit durchläßt, versehen sein.

(3) Der Zugang zum Giftlager darf nicht durch Wohn-, Aufenthalts-, Arbeits- oder Wirtschaftsräume, Ställe und Räume, in denen Lebensmittel oder Futtermittel gelagert oder aufbewahrt bzw. aufbereitet werden, führen. Die Tür des Giftlagers muß aus dichtem, festem und widerstandsfähigem Material (z. B. Stahlblech, starkem Holz mit Stahlblech beschlagen oder diagonal verstrebt) bestehen und so angebracht sein, daß sie in geschlossenem Zustand nicht ausgehoben werden kann. Die Tür muß mit einem Sicherheitsschloß versehen sein. Türangeln, -bänder und -schloß dürfen sich nicht von außen lösen oder ausbauen lassen. Es muß gewährleistet sein, daß beim Verlassen des Giftlagers das Schuhwerk gereinigt werden kann.

(4) Die Fenster des Giftlagers sind so zu sichern, daß niemand durch sie in den Raum eindringen kann (Eisengitter oder von innen zu verschließende feste Fensterläden). Eine ausreichende Be- und Entlüftung ist zu sichern.

(5) An dem Giftlager ist, an einer beim Betreten des Raumes gut sichtbaren Stelle, ein Schild mit der Aufschrift „Vorsicht Gift! Rauchen und Umgang mit Feuer oder offenem Licht verboten" anzubringen.

(6) Die in den Absätzen 2 bis 5 enthaltenen Forderungen sind für alle nach Inkrafttreten dieser Anordnung zu errichtenden bzw. einzurichtenden Giftlager verbindlich. Vorhandene Giftlager sind bis zum 31. Dezember 1970 den Forderungen dieser Anordnung entsprechend herzurichten.

(7) Außer den Pflanzenschutzmitteln der Giftabteilung 1 und anderen Pflanzenschutzmitteln dürfen in dem Giftlager und im Pflanzenschutzmittellager nur Geräte und Gegenstände aufbewahrt werden, die für den Umgang mit diesen Mitteln bestimmt sind. Für andere Zwecke dürfen diese Geräte und Gegenstände nicht verwendet werden Arbeitsschutzkleidung und -mittel, die beim Umgang mit Pflanzenschutzmitteln Verwendung finden, dürfen in diesen Räumen nicht aufbewahrt werden.

§ 8

(1) Mit der Verwaltung des Giftlagers haben die Vorsitzenden der LPG und GPG, die Direktoren der VEG und die Leiter sonstiger Betriebe eine Person (Giftverantwortlicher) zu beauftragen, die im Besitz einer Erlaubnis zum Verkehr mit Giften gemäß § 3 des Giftgesetzes ist. Anderen Personen ist der Zutritt zum Giftlager nur unter Aufsicht des Giftverantwortlichen gestattet.

(2) Der Giftverantwortliche hat insbesondere die Pflicht,

a) Pflanzenschutzmittel der Giftabteilung 1 ordnungsgemäß zu lagern und abzugeben

b) die Schlüssel des Giftlagers so zu verwahren, daß diese für andere Personen nicht zugänglich sind (ein zweiter Schlüssel ist unter Verschluß beim Vorsitzenden der LPG und GPG, beim Direktor des VEG und beim Leiter sonstiger Betriebe aufzubewahren)
c) einen genauen Nachweis über den Bestand sowie über den Ein- und Ausgang von Pflanzenschutzmitteln zu führen
d) alle mit der Ausbringung von Pflanzenschutzmitteln beauftragten Personen entsprechend § 12 Abs. 2 über ihr Verhalten und die zu beachtenden Bestimmungen zur Vermeidung gesundheitlicher Schäden zu belehren.
   Solche Belehrungen sind jährlich
   — vor Beginn der Ausbringung der Pflanzenschutzmittel
   — einmal im Monat bei Arbeiten mit den gleichen oder ständig wiederkehrenden Präparaten
   — vor Beginn der Arbeiten mit neuen Präparaten

   durchzuführen, aktenkundig zu machen und von den Belehrten durch Unterschrift zu bestätigen.

§ 9

(1) Pflanzenschutzmittel dürfen bis zum Einsatz nur mit dafür vorgesehenen Fahrzeugen oder in unbeschädigten Originalverpackungen transportiert werden.

(2) Mit Fahrzeugen, die Pflanzenschutzmittel transportieren, ist die gleichzeitige Beförderung von Personen, die nicht unmittelbar mit dem Auf- und Abladen oder mit der Ausbringung dieser Mittel beauftragt sind, sowie von Tieren, Lebens- und Futtermitteln und Futterbeistoffen nicht gestattet. Jede Gefährdung der Mitfahrenden muß vermieden werden.

(3) Alle Fahrzeuge, die für den Transport von Pflanzenschutzmitteln verwendet werden, sind gegen einen Verlust von Pflanzenschutzmitteln zu sichern und unmittelbar nach ihrer Benutzung gründlich zu reinigen.

(4) Maschinen, Geräte und Hilfsmittel zur Zubereitung und Ausbringung von Pflanzenschutzmitteln dürfen nicht in Räumen untergebracht werden, in denen sich Tiere, Lebens- und Futtermittel und Futterbeistoffe ständig oder zeitweilig befinden.

§ 10

Kennzeichnung

Alle Verpackungen von Pflanzenschutzmitteln müssen vom Hersteller mit einer dauerhaften Aufschrift versehen sein. Neben den geforderten Angaben.

— nach §§ 23 und 24 der Ersten Durchführungsbestimmung vom 26. November 1951 zum Giftgesetz (GBl. S. 1108)

— nach § 7 der Arbeitsschutz- und Brandschutzanordnung 850/1 vom 1. Oktober 1962 – Verkehr mit brennbaren Flüssigkeiten — (Sonderdruck Nr. 358 des Gesetzblattes)
— nach §§ 3 bis 6 der Arbeitsschutzanordnung 728 vom 13. Juni 1952 — Kennzeichnung der Löse- oder Verdünnungsmittel sowie Kennzeichnung der Erzeugnisse, in denen Löse- oder Verdünnungsmittel enthalten sind — (GBl. S. 543; Ber. S. 732)
— nach § 2 der Anordnung vom 25. Mai 1960 über die Etikettierungspflicht (GBl. I S. 378)
— sowie die Kennzeichnung nach der Ordnung über den Transport gefährlicher Güter mit Eisenbahn, Kraftfahrzeugen und Binnenschiffen — Transportordnung für gefährliche Güter (TOG), sofern es sich um nicht geschlossene Ladungen handelt,

ist jedem Behälter mit Pflanzenschutzmitteln eine Gebrauchsanweisung beizufügen, die u. a. folgende Angaben zu enthalten hat:

a) eindeutige Bezeichnung der Wirkstoffe
b) Lagerbedingungen und Lagerungsfähigkeit
c) Sicherheitsvorkehrungen, die beim Umgang mit Pflanzenschutzmitteln sowie deren Anwendung zu beachten und einzuhalten sind (Arbeitsschutzkleidung, Atemschutz, Art der zu verwendenden Filter und dergleichen)
d) die Art der Frühsymptome, welche auf eine Vergiftung hindeuten
e) Erste-Hilfe-Maßnahmen beim Auftreten von Vergiftungserscheinungen
f) einzuhaltende Karenzzeiten und Anwendungsbeschränkungen
g) Brandgefährdungsgrad.

Diese Angaben sind von einer Kommission, die unter Leitung der chemischen Industrie steht und Vertreter der Verbraucherbetriebe, der Biologischen Zentralanstalt des Staatlichen Komitees für Landtechnik und materiell-technische Versorgung der Landwirtschaft sowie des Gesundheitswesens angehören, zu prüfen und zu bestätigen. Durch das Staatliche Komitee für Landtechnik und materiell-technische Versorgung der Landwirtschaft ist zu sichern, daß diese Angaben in deutscher Sprache auch importierten Pflanzenschutzmitteln beigefügt werden.

§ 11

Einstellungs- und Wiederholungsuntersuchungen

Ärztliche Einstellungs- und Überwachungsuntersuchungen der Werktätigen, die ständig oder überwiegend mit Pflanzenschutzmitteln arbeiten, sind entsprechend den Rechtsvorschriften vorzunehmen. Richtlinien über die Einsatzfähigkeit von Personen für Arbeiten mit Pflanzenschutzmitteln erläßt der Minister für Gesundheitswesen.

§ 12

Beschäftigungsbeschränkungen

(1) Die Anwendung von Pflanzenschutzmitteln ist nur unter ständiger Aufsicht von Personen gestattet, die eine Spezialausbildung auf dem Gebiet des Pflanzenschutzes nachweisen können und im Besitz einer Erlaubnis zum Verkehr mit Giften sind.

(2) Andere Personen dürfen bei der Anwendung von Pflanzenschutzmitteln hinzugezogen werden, wenn sie

— mindestens 16 Jahre sind
— zum Umgang mit Präparaten und Verbindungen der Giftabteilung 1 mindestens 18 Jahre sind
— über die Ausbringung von Pflanzenschutzmitteln sowie ihr Verhalten beim Umgang mit diesen Stoffen und die zu beachtenden Bestimmungen aktenkundig belehrt wurden.

(3) Die tägliche Arbeitszeit mit solchen Stoffen darf bei Jugendlichen 4 Stunden nicht überschreiten.

§ 13

Verhalten beim Umgang mit Pflanzenschutzmitteln

Beim Umgang mit Pflanzenschutzmitteln sind die gemäß § 10 Buchst. c dieser Anordnung und die im Katalog für Arbeitsschutzbekleidung und -mittel der sozialistischen Land- und Forstwirtschaft geforderten Körperschutzmittel zu benutzen. Dieses gilt auch für Personen, die auf mit Pflanzenschutzmitteln behandelten Flächen arbeiten, solange eine Gefährdung besteht.

§ 14

(1) Die Aufnahme von Speisen und Getränken sowie das Rauchen bei der Arbeit mit Pflanzenschutzmitteln ist erst dann gestattet, nachdem die Werktätigen die Arbeitsschutzbekleidung abgelegt, die Hände und das Gesicht gründlich unter Benutzung von Seife und fließendem Wasser (Tankwagen) gewaschen, den Mund gespült und den Arbeitsbereich so weit verlassen haben, daß eine schädigende Wirkung der toxischen Stoffe nicht mehr eintreten kann.

(2) Der Genuß von Alkohol ist vor, während und mindestens 3 Stunden nach der Arbeit mit Pflanzenschutzmitteln verboten.

§ 15

Zur Vermeidung gesundheitlicher Schäden durch die Einwirkung von Pflanzenschutzmitteln ist der persönlichen Hygiene besondere Beachtung zu schenken. Für die Personen, die mit Pflanzenschutzmitteln in Berührung kommen, ist neben den Forderungen der TGL 10699 — Gesundheitliche Anlagen, Abort-, Reinigungs- und Umkleideanlagen in Arbeitsstätten und gesellschaftlichen Bauten

— zu sichern, daß
— die Straßen- und Arbeitskleidung räumlich getrennt untergebracht werden kann
— vom Betrieb geeignete Wasch- oder Duschmöglichkeiten eingerichtet werden, damit sie nach Beendigung der Schicht und nach dem Ablegen der Arbeits- bzw. Arbeitsschutzkleidung den ganzen Körper gründlich waschen können
— stets einwandfreies Trinkwasser oder andere Getränke sowie saubere Trinkgefäße zur Verfügung stehen
— geeignete Möglichkeiten zum Aufbewahren der Verpflegung vorhanden sind, damit keine Verunreinigung durch Pflanzenschutzmittel eintreten kann
— ständig ein Behälter mit sauberem Wasser bereitsteht, um ätzende Stoffe sofort abwaschen zu können
— nur Atemschutzgeräte ausgegeben werden, die einwandfrei passen, nach Gebrauch gründlich gereinigt und gelüftet wurden und mit vorschriftsmäßigen Filtern versehen sind
— nach Bedarf, mindestens einmal in der Woche, gereinigte oder gewaschene Arbeitsschutzkleidung kostenlos vom Betrieb ausgegeben wird
— Handschuhe benutzt werden, die nach jedem Gebrauch gründlich außen und innen gewaschen sind
— mit Pflanzenschutzmitteln verschmutzte Kleidungsstücke nur von hierfür unterwiesenen Personen gereinigt werden.

§ 16

Das Füllen der Ansetz- und Brühbehälter aus Wasserentnahmestellen ist verboten. Die Füllung hat über einen Zwischenbehälter zu erfolgen. Das Ansetzes der Spritzbrühe und das Füllen der Brühe- bzw. Stäubebehälter hat so zu erfolgen, daß keine Brühe und kein Pflanzenschutzmittel in ein Gewässer gelangen kann und die Umgebung von Wasserentnahmestellen nicht durch Pflanzenschutzmittel verunreinigt wird. Spritzbrühe und Stäubemittel sind in vorgeschriebener Form — Konzentration und gleichmäßiger Verteilung auf die Fläche auszubringen.

§ 17

Zum Ausbringen von Pflanzenschutzmitteln dürfen nur hierfür hergestellte, den geltenden Bestimmungen entsprechende und von der Biologischen Zentralanstalt anerkannte Maschinen und Geräte verwendet werden. Sie sind vor jedem

Einsatz auf ihre Funktionstüchtigkeit zu prüfen. Selbständige Veränderungen an solchen Maschinen und Geräten, die den Forderungen dieser Anordnung widersprechen, sind unzulässig.

§ 18

(1) Bei Wind ist darauf zu achten, daß abtreibende Pflanzenschutzmittel von den Beschäftigten nicht inhaliert oder ungeschützte Körperteile und Bekleidungsstücke nicht stark verunreinigt werden können.

(2) Läßt sich das Abtreiben von Pflanzenschutzmitteln auf angrenzende Kulturen nicht vermeiden, so ist der Nutzungsberechtigte solcher Kulturen unverzüglich vom verantwortlichen Leiter darüber zu informieren. Der Nutzungsberechtigte hat zu sichern, daß keine Werktätigen gesundheitlichen Schaden erleiden (Aufstellen von Warnschildern) und die Karenzzeit eingehalten wird.

§ 19

(1) Beim Ausbringen von Pflanzenschutzmitteln mit mehreren Maschinen oder Geräten auf einem Schlag ist darauf zu achten, daß die Bedienungspersonen nicht durch die Pflanzenschutzmittel belästigt oder gesundheitlich geschädigt werden und daß die behandelte Kultur im Windschatten des Zuges liegt.

(2) Flächen dürfen unmittelbar nach der Behandlung nicht befahren oder begangen werden.

(3) Können die vorgenannten Bedingungen bei starkem Wind nicht eingehalten werden, so sind die Arbeiten einzustellen bzw. nicht zu beginnen.

§ 20

In der Zeit von Mai bis August sind zum Ausbringen von Pflanzenschutzmitteln vorwiegend die frühen Morgenstunden, die späten Abendstunden oder Tage mit einer starken Eintrübung zu wählen. Bei Temperaturen von mehr als plus 25 °C dürfen Pflanzenschutzmittel nicht ausgebracht werden.

§ 21

Chlorathaltige Pflanzenschutzmittel dürfen wegen ihrer brandverursachenden Wirkung auf Lagerplätzen für Holz, Treibstoff oder anderen leicht brennbaren Stoffen nicht verwendet und in der Nähe solcher Stoffe nicht gelagert werden. Mit chlorathaltigen Präparaten verschmutzte Arbeitsschutz- und Arbeitskleidung ist unverzüglich mit viel Wasser zu reinigen. Chlorathaltige Präparate dürfen nicht in Behälter aus brennbarem Material umgefüllt werden.

§ 22

(1) Es ist nur soviel Spritzbrühe vorzubereiten bzw. sind nur soviel Pakkungen von Pflanzenschutzmitteln zu öffnen, wie zur Durchführung der Arbeit benötigt werden.

(2) Ist es nicht möglich, die in den Behältern vorhandenen Pflanzenschutzmittel bis zum Ende des Arbeitstages zu verarbeiten, müssen die Maschinen und Geräte in einem verschließbaren Raum so abgestellt werden, daß sie für Unbefugte nicht zugänglich sind.

(3) Nach Beendigung des Arbeitstages sind die nicht gebrauchten Pflanzenschutzmittel an das Lager zurückzugeben bzw. unter Verschluß zu nehmen.

§ 23

Beseitigung von Lösungen, Beständen und Verpackungsmaterialien

Pflanzenschutzmittel und deren Zubereitung sowie zum Reinigen von Pflanzenschutzmaschinen und -geräten verwendetes Wasser dürfen nicht in offene Gewässer, in Wasserschutzgebieten oder in Wassereinzugsgebieten ins Erdreich gebracht oder so beseitigt werden, daß sie eine Gefahr für Mensch und Tier werden können. Das Reinigen von Pflanzenschutzmaschinen und -geräten und ihren Zubehörteilen in Gewässern ist nicht gestattet. Die Beseitigung von Reinigungswässern, Lösungen und Rückständen bis zu 5 kg hat mindestens 50 m entfernt von Trinkwasserschutzzonen und offenen Tränken stark verdünnt in üblicher Ausbringungsform zu erfolgen. Darüber hinaus sind der § 20 des Gesetzes vom 17. April 1963 über den Schutz, die Nutzung und die Instandhaltung der Gewässer und den Schutz vor Hochwassergefahren — Wassergesetz (GBl. I S. 77) und der § 28 der Ersten Durchführungsverordnung vom 17. April 1963 zum Wassergesetz (GBl. II S. 281) zu beachten.

§ 24

(1) Mengen von über 5 kg von Pflanzenschutzmitteln und Stoffen mit hoher Toxizität, deren Wirkung durch Überlagerung fraglich geworden ist, sind vom Betrieb (LPG, VEG, GPG, VEB Schädlingsbekämpfung u. a.) mit Angabe der Menge und der genauen Bezeichnung des Stoffes dem Leiter des übergeordneten staatlichen bzw. wirtschaftsleitenden Organs zu melden.

(2) Der Leiter des für den Betrieb zuständigen staatlichen bzw. wirtschaftsleitenden Organs hat eine Untersuchung der gemeldeten Mittel zu veranlassen und die Möglichkeit einer Umsetzung bzw. einer industriellen Weiterverarbeitung dieser Mittel prüfen zu lassen.

(3) Sind die Möglichkeiten nach Abs. 2 nicht vorhanden, so obliegt die Entscheidung über die Vernichtung bzw. Ablagerung ohne Gefährdung der Ordnung und Sicherheit dem Leiter des Betriebes übergeordneten staatlichen bzw. wirtschaftsleitenden Organs. Zur kollektiven Beratung hat er eine Kommission zu bilden, der ein Vertreter des örtlich zuständigen Rates der Gemeinde bzw. Stadt und je ein Vertreter der Organe des Gesundheitswesens, des Veterinär-

wesens, des Pflanzenschutzes, der Wasserwirtschaft und des Volkspolizeikreisamtes angehört. Falls erforderlich, sind Fachkräfte aus Betrieben, Instituten, geologischen Kommissionen und dergleichen hinzuzuziehen bzw. zu konsultieren. Den Vorsitz der Kommission hat ein Vertreter des dem Betrieb übergeordneten staatlichen bzw. wirtschaftsleitenden Organs.

(4) Alle bei der Vernichtung von unbrauchbar gewordenen Pflanzenschutzmitteln Beschäftigten müssen bei der Ausübung dieser Tätigkeit die für den Umgang mit diesen Stoffen festgelegte Arbeitsschutzkleidung tragen und Arbeitsschutzmittel entsprechend dem gültigen Katalog verwenden.

(5) Die Vernichtung bzw. Ablagerung von unbrauchbar gewordenen Pflanzenschutzmittel hat unter Anleitung und Aufsicht eines oder mehrerer Mitglieder der im Abs. 3 genannten Kommission zu erfolgen. Vor Beginn der Arbeit sind die damit Beschäftigten über ihr Verhalten zur Vermeidung gesundheitlicher Schäden durch den Vorsitzenden dieser Kommission zu belehren.

(6) Über die Vernichtung ist von der im Abs. 3 genannten Kommission ein Protokoll anzufertigen, in dem das Datum, der Ort, die Art der Vernichtung, die Menge und genaue Bezeichnung des Präparates enthalten sein müssen.

§ 25

(1) Es ist verboten, leere Verpackungsmaterialien von Pflanzenschutzmitteln für andere Zwecke zu verwenden.

(2) Beim Verbrennen von leeren Verpackungsmaterialien aus Papier, Holz, Textilien oder anderen brennbaren Stoffen hat der mit dieser Arbeit Beauftragte den Standplatz so zu wählen, daß die Rauch- und Gasentwicklung weder ihn noch andere Personen gefährdet. Der § 11 Der Brandschutzanordnung Nr. 10 vom 12. Juli 1963 — Brandschutz in landwirtschaftlichen Betrieben — (GBl. II S. 552) ist einzuhalten. Die Asche ist zu vergraben.

(3) Leere Verpackungsmaterialien aus Glas, Metall, Keramik sowie anderem nicht brennbaren Material sind — soweit es sich nicht um Leihbehälter handelt, die zurückgeliefert werden müssen — zu sammeln, unbrauchbar zu machen und an einem eigens dafür bestimmten Ort mindestens 1 m tief zu vergraben. Der Ort ist unter Mitwirkung des Rates der Gemeinde bzw. der Stadt auszuwählen. Dabei ist zu sichern, daß dieser Ort weder in landwirtschaftliche Nutzung genommen wird noch als Bauplatz vorgesehen ist.

(4) Alle Verpackungsmaterialien von Pflanzenschutzmitteln dürfen erst dann vernichtet werden, wenn sie völlig leer sind.

§ 26

Für das Verhalten der mit der Beseitigung von Beständen an Pflanzenschutzmitteln und Verpackungsmaterialien sowie ihrer Zubereitungen und Verpackungsmaterialien Beschäftigten gelten die in den §§ 9 und 12 bis 15 dieser Anordnung enthaltenen Festlegungen.

§ 27

Zuständigkeit der Organe des Brandschutzes

Die §§ 7, 10 Buchst. g, 21 und 25 Abs. 2 sind Bestimmungen des Brandschutzes.

§ 28

Schlußbestimmung

Berlin, den 5. Juni 1969

Der Vorsitzende des Rates
für landwirtschaftliche Produktion
und Nahrungsgüterwirtschaft
der Deutschen Demokratischen Republik

Ewald
Minister

Anordnung über den Postdienst —Postordnung— vom 21. November 1974 (Auszug)

§ 5, Abs. 2

Verpackung

An die Verpackung werden insbesondere folgende Anforderungen gestellt:

bei zerbrechlichen Behältern mit Flüssigkeiten:

Kisten, Körbe oder Kartons aus starker Pappe mit federnden und aufsaugenden Stoffen.

bei lebenden Tieren:

feste Käfige, Körbe oder Kartons; sie dürfen kein Herauszwängen von Körperteilen zulassen. Der Boden muß undurchlässig und mit aufsaugenden Stoffen bedeckt sein.

bei Postsendungen mit gefahrbringendem Inhalt:

Einhaltung der gleichen Bedingungen wie sie für die Beförderung als Expreßgut mit der Eisenbahn in der Transportordnung für gefährliche Güter festgelegt sind.

bei Postsendungen mit Giften, Suchtmitteln, Untersuchungsstoffen, Krankheitserregern und radioaktiven Stoffen:

Einhaltung der in den Anlagen 1 und 2 festgelegten Bedingungen.

Anlage 1 zu § 5, Abs. 2

Allgemeines

1. Das Material muß in einem widerstandsfähigen äußeren Behältnis verpackt sein, das unter normalen Beförderungsbedingungen kein Entweichen des Inhalts zuläßt.
2. Ist das Material flüssig, so muß es in einem inneren, undurchlässigen, gegen Bruch gesicherten Behälter enthalten und mit soviel aufsaugendem Füllstoff umgeben sein, daß bei Schädigung des inneren Behältnisses die gesamte Flüssigkeit aufgesaugt wird. Es sind solche aufsaugenden Stoffe zu verwenden, die bei chemischer Verbindung mit der Flüssigkeit keine schädigende Wirkung

haben. Die innere Verpackung ist mit einer rot umrandeten Aufschrift, die auf den Inhalt hinweist, zu versehen (z. B. „Vorsicht! Infektiöses Material").

Gifte und Suchtmittel

3. Postsendungen mit Giften der Abteilungen 1 und 2 des Giftgesetzes dürfen nur mit der Zusatzleistung Wertangabe gemäß § 33 mit einem Wertbetrag von mehr als 1000 M versandt werden.
4. Briefe mit Giften der Abteilungen 1 und 2 des Giftgesetzes sind neben der Anschrift durch einen schwarzen Stempelabdruck von der Größe 20 × 60 mm mit der Inschrift „Gift Abt. . . ." zu kennzeichnen. Pakete und Wirtschaftspakete müssen mit einem Gefahrzettel Nr. 4 gemäß der Transportordnung für gefährliche Güter gekennzeichnet sein. Der Stempel (20 × 60 mm) „GIFT Abt. . . ." ist im unteren Teil dieses Gefahrzettels abzudrucken. Ein gleicher Stempelabdruck in der Größe 10 × 40 mm ist auf der Paketkarte im Raum unter „Besondere Vermerke des Absenders" anzubringen.
5. Für die Behandlung von Postsendungen mit Giften der Abteilungen 1 und 2 des Giftgesetzes gilt außerdem die den Transport von Giften betreffenden Durchführungsbestimmungen (z. Z. gilt die Siebente Durchführungsbestimmung) zum Giftgesetz.
6. Suchtmittel dürfen nur gesondert und nicht mit anderen Liefergegenständen zusammen versandt werden. Postsendungen mit Suchtmitteln dürfen nur mit der Zusatzleistung Wertangabe gemäß § 33 mit einem Wertbetrag von mehr als 1000 M versandt werden.
7. Die Bestimmungen der Ziffern 3 bis 5 gelten nicht für die Beförderung von Arzneimitteln mit Ausnahme der Substanzen und Zubereitungen, die den Rechtsvorschriften über den Suchtmittelverkehr unterliegen.

Verordnung über den Umgang mit Wasserschadstoffen —Wasserschadstoffverordnung— vom 15. Dezember 1977

Zur Vermeidung schädigender Auswirkungen beim Umgang mit Wasserschadstoffen wird folgendes verordnet:

§ 1

Begriffsbestimmungen

(1) Wasserschadstoffe im Sinne dieser Verordnung sind feste, flüssige oder gasförmige Stoffe bzw. deren Mischungen, die das Gewässer oder seine Nutzung nachteilig beeinflussen können. Hierzu gehören Gifte[1] und die in der Liste der Schadstoffe[2] enthaltenen Stoffe.

(2) Wasserschadstoffhavarien im Sinne dieser Verordnung sind Ereignisse, bei denen Wasserschadstoffe in Gewässer (Grund- und Oberflächenwasser), in den Boden oder in öffentliche Abwasseranlagen gelangen und zu Gefahren für die Gesundheit und das Leben der Bevölkerung, zur Beeinträchtigung der Trink- und Brauchwasserversorgung, zu Schäden der Pflanzen- und Tierwelt oder zu anderen volkswirtschaftlichen Schäden führen können.

(3) Umgang mit Wasserschadstoffen im Sinne dieser Verordnung ist die Erkundung, Förderung, Verarbeitung, Herstellung, Lagerung, Anwendung, Ausbringung der Umschlag, der Transport und die schadlose Beseitigung von Wasserschadstoffen und deren Verpackungsmaterial.

§ 2

Geltungsbereich

Diese Verordnung gilt für staatliche und wirtschaftsleitende Organe, Betriebe, Kombinate, sozialistische Genossenschaften und Einrichtungen (nachfolgend Betreiber genannt).

---

[1] Zweite Durchführungsbestimmung vom 31. Mai 1977 zum Giftgesetz — Verzeichnis eingestufter Gifte — (GBl. I Nr. 21 S. 279).

[2] Veröffentlicht im Sonderdruck Nr. 945 des Gesetzblattes.

§ 3

Aufgaben beim Umgang mit Wasserschadstoffen

(1) Die Betreiber haben zu gewährleisten, daß beim Umgang mit Wasserschadstoffen Gefahren für das Leben und die Gesundheit der Bevölkerung, Beeinträchtigungen der Trink- und Brauchwasserversorgung, Schäden in der Pflanzen- und Tierwelt oder andere nachteilige Folgen für die Volkswirtschaft vermieden werden. Wasserschadstoffe dürfen insbesondere nicht unkontrolliert in die Gewässer, den Boden oder in öffentliche Abwasseranlagen gelangen. Dazu sind die erforderlichen Sicherheitsvorkehrungen entsprechend der Schädlichkeit der Stoffe zu treffen, die in staatlichen Standards oder in spezifischen Werkstandards vorzugeben sind.

(2) Die Betreiber haben

a) Anlagen für den Umgang mit Wasserschadstoffen auf ihren zweckmäßigen Einsatz, die Funktionstüchtigkeit und Betriebssicherheit regelmäßig zu überwachen;
b) zur Verhütung und Bekämpfung von Wasserschadstoffhavarien und ihren Folgen Havariedokumente auszuarbeiten und mit der Staatlichen Gewässeraufsicht abzustimmen;
c) Spezialgeräte und -mittel bereitzustellen und ständig einsatzbereit zu halten sowie die Voraussetzungen für einen sofortigen Einsatz von Kräften bei der Bekämpfung von Wasserschadstoffhavarien zu schaffen und regelmäßig Antihavarietraining durchzuführen. Über das Antihavarietraining ist ein Nachweis zu führen;
d) Werktätige, die mit Wasserschadstoffen umgehen, regelmäßig über den ordnungsgemäßen Umgang mit Wasserschadstoffen und deren Auswirkungen auf die Gewässer und dadurch auf die Bevölkerung und die Tier- und Pflanzenwelt zu belehren. Über die Belehrungen ist ein Nachweis zu führen;
e) alle erforderlichen Maßnahmen zur Verhütung und sofortigen Bekämpfung von Wasserschadstoffhavarien sowie zur Beseitigung eingetretener Schäden zu treffen;
f) den Weisungen der Staatlichen Gewässeraufsicht Folge zu leisten und erteilte Auflagen zu erfüllen.

§ 4

Schutzgüte, Betriebsvorschriften, Hinweise

(1) Die Leiter von Projektierungseinrichtungen, Hersteller- und Lieferbetrieben für Anlagen, Spezialgeräte und -mittel zum Umgang mit Wasserschadstoffen oder für die Bekämpfung von Wasserschadstoffhavarien oder die schadlose Beseitigung von Wasserschadstoffen und deren Verpackungsmaterialien haben im Doku-

ment der Schutzgüte nachzuweisen, daß die Forderungen des § 3 Abs. 1 eingehalten werden können. Im Rahmen der Lieferungen und Leistungen sind den Betreibern für die Inbetriebnahme, Bedienung, Wartung und Instandhaltung ausführliche Betriebsvorschriften und Hinweise für die Nutzbarmachung oder schadlose Beseitigung von Waasserschadstoffen und Rückführung oder Weiterverwendung von Verpackungsmaterial sowie für das Verhalten bei Havarien und Störungen zu übergeben, die von den Betreibern einzuhalten sind.

(2) Die Hersteller und Lieferer von Wasserschadstoffen und Anlagen, in denen mit Wasserschadstoffen umgegangen wird, haben in Anwendungsvorschriften Angaben über die Schädlichkeit der Stoffe und deren Umsetzung in eine unschädliche Phase zu machen.

§ 5

Aufgaben der zentralen Staatsorgane und der wirtschaftsleitenden Organe

Die zentralen Staatsorgane und die wirtschaftsleitenden Organe haben in ihrem Verantwortungsbereich den wissenschaftlich-technischen Vorlauf für den sicheren Umgang mit Wasserschadstoffen und die Bekämpfung von Wasserschadstoffhavarien zu schaffen.

§ 6

Informationspflicht

(1) Die Betreiber sind verpflichtet, Wasserschadstoffhavarien oder auftretende Gefahrensituationen unverzüglich den örtlichen Räten, der zuständigen Kreis-Hygieneinspektion und der Staatlichen Gewässeraufsicht zu melden.

(2) Wahrnehmungen und Feststellungen der Bürger über Wasserschadstoffhavarien und ihre Folgen bzw. Gefahrensituationen sind unverzüglich entweder der nächst erreichbaren Dienststelle der Deutschen Volkspolizei, der Wasserwirtschaft oder dem nächst gelegenen örtlichen Rat zu melden.

§ 7

Bekämpfung von Wasserschadstoffhavarien

(1) Ist der Verursacher einer Wasserschadstoffhavarie unbekannt, sind die vom Betreiber durchgeführten Maßnahmen zur Havariebekämpfung unzureichend oder kann er sie nicht mit eigenen Kräften und Mitteln bewältigen, ist im Interesse einer schnellen Abwendung von Gefahren für Gesundheit und Leben der Bevölkerung und zur Verhinderung von größeren Schäden für die Volkswirt-

schaft erforderlichenfalls in Abstimmung mit den Organen der Zivilverteidigung die Bekämpfung der Wasserschadstoffhavarie durchzuführen von:

a) den Feuerwehren
als operative Sofortmaßnahme im jeweiligen Einsatzbereich,
b) den Organen des Ministeriums für Umweltschutz und Wasserwirtschaft
auf Oberflächengewässern einschließlich der Küstengewässer und des Strandes, im Grundwasser sowie in öffentlichen Abwasseranlagen,
c) den Betrieben des Ministeriums für Verkehrswesen
auf Autobahnen, Fernverkehrsstraßen und auf dem Gelände der Deutschen Reichsbahn sowie auf Wasserstraßen gemäß gesonderter Rechtsvorschriften[1].
d) den örtlichgeleiteten Betrieben und Einrichtungen des Straßenwesens
auf den Straßen ihres Zuständigkeitsbereiches.

(2) Zur Erhöhung der Einsatzbereitschaft für die Bekämpfung von Wasserschadstoffhavarien haben die im Abs. 1 Buchstaben a bis d Genannten Stützpunkte einzurichten, die erforderlichen Geräte und Mittel zu stationieren und Einsatzkräfte auszubilden. Der Aufbau der Stützpunkte ist durch die Räte der Bezirke zu koordinieren.

(3) Die Verantwortung der Betreiber für die Bekämpfung von Wasserschadstoffhavarien bleibt unberührt.

(4) Die schadlose Beseitigung der bei der Bekämpfung von Wasserschadstoffhavarien anfallenden Wasserschadstoffe oder Rückstände obliegt den Verursachern nach Abstimmung mit dem zuständigen Rat des Bezirkes.

Aufgaben der Staatlichen Gewässeraufsicht

§ 8

(1) Die Staatliche Gewässeraufsicht kontrolliert die Durchsetzung dieser Verordnung. Sie ist berechtigt, den Betreibern, Projektierungseinrichtungen, Herstellern und Lieferern von Anlagen die erforderlichen Auflagen zur Verhütung und Bekämpfung von Wasserschadstoffhavarien zu erteilen. Sie haben schriftlich zu ergehen und eine Rechtsmittelbelehrung zu enthalten. Ist eine Auflage dringend geboten, kann sie zunächst mündlich bekanntgegeben werden. Sie ist innerhalb einer Woche durch die zuständige Staatliche Gewässeraufsicht schriftlich auszufertigen. Die Aufsichts- und Kontrollbefugnisse anderer Organe werden hierdurch nicht berührt.

(2) Gegen die im Abs. 1 genannten Auflagen kann Beschwerde eingelegt werden. Die Beschwerde ist innerhalb einer Frist von 2 Wochen nach Bekannt-

---

[1] Z. Z. gilt § 6 des Gesetzes vom 17. April 1963 üer den Schutz, die Nutzung und die Instandhaltung der Gewässer und den Schutz vor Hochwassergefahren — Wassergesetz — (GBl. I Nr. 5 S. 77).

machung der Auflage schriftlich unter Angabe der Gründe bei der Staatlichen Gewässeraufsicht einzulegen, die die Entscheidung getroffen hat. Über die Beschwerde ist innerhalb von 2 Wochen nach ihrem Eingang zu entscheiden. Wird der Beschwerde nicht oder nicht in vollem Umfang stattgegeben, ist sie innerhalb dieser Frist der übergeordneten Staatlichen Gewässeraufsicht zuzuleiten. Der Einreicher der Beschwerde ist davon zu informieren. Der Leiter der übergeordneten Staatlichen Gewässeraufsicht hat innerhalb weiterer 2 Wochen endgültig zu entscheiden.

(3) Die Beschwerde hat keine aufschiebende Wirkung. Die für die Entscheidung jeweils zuständige Staatliche Gewässeraufsicht kann die Durchführung der ausgesprochenen Maßnahmen bis zur endgültigen Entscheidung aussetzen.

(4) Kann in Ausnahmefällen eine Entscheidung innerhalb der Frist nicht getroffen werden, ist rechtzeitig ein Zwischenbescheid unter Angabe der Gründe sowie des voraussichtlichen Abschlußtermins zu geben.

(5) Entscheidungen über Beschwerden haben schriftlich zu ergehen, sind zu begründen und den Einreichern der Beschwerden auszuhändigen oder zuzusenden.

§ 9

(1) Der Minister für Umweltschutz und Wasserwirtschaft legt in Rechtsvorschriften fest, inwieweit der Umgang mit Wasserschadstoffen der Zustimmung der Staatlichen Gewässeraufsicht bedarf.

(2) Im Bereich der bewaffneten Organe wird die Zustimmung für den Umgang mit Wasserschadstoffen durch eigene Organe erteilt.

§ 10

Erstattung von Schadenersatz und Aufwendungen

(1) Betreiber, die Wasserstoffhavarien verursachen, haben den sich aus Wasserschadstoffhavarien und ihrer Bekämpfung ergebenden Schaden einschließlich der Aufwendungen durch Dritte zu ersetzen.

(2) Die Verpflichtung zum Schadenersatz entfällt nur, soweit der Schaden auf ein unabwendbares Ereignis zurückzuführen ist.

(3) Die speziellen Regelungen des § 109 des Seehandelsschiffahrtsgesetzes der Deutschen Demokratischen Republik — SHSG — vom 5. Februar 1976 (GBl. I Nr. 7 S. 109) bleiben unberührt.

§ 11

Ordnungsstrafbestimmungen

(1) Wer vorsätzlich oder fahrlässig entgegen den Bestimmungen der §§ 3 und 6 Abs. 1 dieser Verordnung handelt, kann mit Verweis oder Ordnungsstrafe von 10 M bis 300 M belegt werden.

(2) Ist eine vorsätzliche Handlung aus Vorteilsstreben oder anderen, die gesellschaftlichen Interessen mißachtenden Beweggründen oder wiederholt innerhalb von 2 Jahren begangen und mit Ordnungsstrafe geahndet worden, oder ist ein größerer Schaden verursacht worden oder hätte verursacht werden können, kann eine Ordnungsstrafe bis zu 1000 M ausgesprochen werden.

(3) Die Durchführung des Ordnungsstrafverfahrens obliegt den Leitern der zuständigen Staatlichen Gewässeraufsicht.

(4) Bei geringfügigen Ordnungswidrigkeiten gemäß Abs. 1 sind die berechtigten Mitarbeiter der Staatlichen Gewässeraufsicht befugt eine Verwarnung mit Ordnungsgeld von 1, 3, 5 oder 10 M auszusprechen.

(5) Für die Durchführung des Ordnungsstrafverfahrens und den Ausspruch von Ordnungsstrafmaßnahmen gilt das Gesetz vom 12. Januar 1968 zur Bekämpfung von Ordnungswidrigkeiten — OWG — (GBl. I Nr. 3 S. 101).

(6) Die strafrechtliche Verantwortlichkeit bei der Verursachung einer Umweltgefahr gemäß den §§ 191 a und 191 b Strafgesetzbuch bleibt unberührt.

Schlußbestimmungen

§ 12

Durchführungsbestimmungen erläßt der Minister für Umweltschutz und Wasserwirtschaft.

§ 13

(1) Diese Verordnung tritt mit ihrer Veröffentlichung in Kraft.

(2) Gleichzeitig treten außer Kraft:

— die Verordnung vom 19. Februar 1969 über die Verhütung und Bekämpfung von Ölhavarien (GBl. II Nr. 21 S. 145),
— die Zweite Verordnung vom 7. Februar 1973 über die Verhütung und Bekämpfung von Ölhavarien (GBl. I Nr. 11 S. 101).

Berlin, den 15. Dezember 1977

Der Ministerrat
der Deutschen Demokratischen Republik
W. Stoph
Vorsitzender

Anordnung
über die Inkraftsetzung der Liste der Schadstoffe vom 12. Dezember 1977

(erschienen im GBl. I 1978 Nr. 3 S. 53)

Im Einvernehmen mit den Leitern der zuständigen zentralen Staatsorgane wird folgendes angeordnet:

§ 1

Gemäß § 8 Abs. 2 der Zweiten Durchführungsbestimmung vom 21. April 1977 zur Sechsten Durchführungsverordnung zum Landeskulturgesetz — Schadlose Beseitigung toxischer Abprodukte und anderer Schadstoffe — (GBl. I Nr. 15 S. 161) wird die Liste der Schadstoffe (Anlage)[1] in Kraft gesetzt.

§ 2

(1) Diese Anordnung tritt am 1. Januar 1978 in Kraft.

(2) Erforderliche Aktualisierungen werden im Sonderdruck des Gesetzblattes veröffentlicht.

Berlin, den 12. Dezember 1977

Der Minister
für Umweltschutz und Wasserwirtschaft
Dr. Reichelt

Anlage zu vorstehender Anordnung

Liste der Schadstoffe

In der nachfolgenden Liste werden Wirkstoffe von Pflanzenschutzmitteln, Vorratsschutzmitteln, Mitteln zur Steuerung biologischer Prozesse, Holzschutzmitteln und Mitteln zur Bekämpfung von Gesundheitsschädlingen, soweit sie

---

[1] Die Anlage wird im Sonderdruck Nr. 945 des Gesetzblattes veröffentlicht.

nicht im Verzeichnis der eingestuften Gifte enthalten sind, mit der chemischen Bezeichnung sowie der ISO-Kurzbezeichnung angegeben. Die Bezeichnungen der Handelsprodukte sind dem jeweils gültigen Pflanzenschutzmittelverzeichnis[1] zu entnehmen. Als weiteres Hilfsmittel zur Einschätzung der Schadstoffe kann der Wasserschadstoffkatalog[2] herangezogen werden.

Die Bestimmungen der zweiten Durchführungsbestimmung vom 21. April 1977 zur Sechsten Durchführungsverordnung zum Landeskulturgesetz sind auf die Schadstoffe selbst sowie auf Abprodukte, die diese Schadstoffe enthalten, anzuwenden.

Alle Stoffe, die gemäß der Zweiten Durchführungsbestimmung vom 31. Mai 1977 zum Giftgesetz — Verzeichnis eingestufter Gifte — (GBl. Nr. 21 S. 279) als hochgiftig (Gifte der Abteilung 1) oder giftig (Gifte der Abteilung 2) in das Verzeichnis eingestufter Gifte aufgenommen wurden, sind nicht in der Liste der Schadstoffe aufgeführt. Für sie ist das Verzeichnis der eingestuften Gifte anzuwenden.

Acetamid
Acetonoxim
Acetonzyannitril
Acetophenon
Adipinsäuredinitril
Aldol
Alipathische Aldehyde
Aliphatische Monokarbonsäuren
Aliphatische Nitroverbindungen
Allylaldehyd
o-Aminobenzoesäure (Anthranilsäure)
4-Amino-6-tert.-butyl-3-methyltio-4,5-dihydro-1,2-triazin-5-on (Metribuzin)
2-Amino-4,6-dinitrophenol (Pikraminsäure)
Aminonaphthaline
2-Amino-4-nitrophenol
Aminophen-0,0-Dibutyl-1-butylamino-cyolohexan-phosphonat
3-Amino-1,2,4-triazol (Amitrol)
Amitrol = 3-Amino-1,2,4-triazol
Ammoniaklösung
Amylalkohol, tertiärer
Anthracen
Anthrachinon
Anthranilsäure
Äthandiol-(1,2) (Glykol)
Äthylacetat
4-Äthylamino-2-tert.-butylamino-6-methyl-thio-s-triazin (Terbutryn)
Äthylbenzol
Äthylendiamin
Äthylendiamintetraessigsäure
Äthylenglykoläther
Äthylenimin

---

[1] Pflanzenschutzmittelverzeichnis, herausgegeben von der Akademie der Landwirtschaftswissenschaften der DDR, Institut für Pflanzenschutzforschung Kleinmachnow — Biologische Zentralanstalt Berlin, 1532 Kleinmachnow, Stahnsdorfer Damm 81

[2] Wasserstoffkatalog, herausgegeben vom Institut für Wasserwirtschaft, 1190 Berlin, Schnellerstr. 140

Äthylenthioharnstoff
Atrazin = 2-Chlor-4-äthylamino-6-isopropylamino-1,3,5-triazin

Benzaldehyd (Bittermandelöl)
Benzanthracene
Bezin
Benzoesäure
Benzonitril
2,3-Benzopyrrol
Benzpyrene
Benzylalkohol
Bernsteinsäure
Bittermandelöl
Brenzkatechin
0-(4-Brom-2,5-dichlor-phenyl)-0,0-dimethyl-monothiophosphat
Bromofenoxim = 3,5-Dibrom-4-hydroxybenzaldoxim-,0,2′,4′-dinitrophenyläther
Bromophos = 0-(4-Brom-2,5-dichlorphenyl)-0,0-dimethylmonothiophosphat
Butanol, tertiäres
Butylacetat
Butylchlorid

Captan = N-(Trichlormethylthio)-4-cyclohexan-1,2-dicarboximid
Chinolin
Chinomethionat = 6-Methyl-2,3-chinoxalin-dithiolcyclocarbonat
Chinon
Chloramine
Chloraniline
1-Chlorbutan (Butylchlorid)
2-Chlor-4-äthylamino-6-isopropylamino-1,3,5-triazin (Atrazin)
2-Chlor-4,6-di-(äthylamino)-1,3,5-triazin (Simezin)
2-Chlor-4,6-di-(isopropylamino)-1,3,5-triazin (Propazin)
Chlorierte Biphenyle
N-(3-Chlor-4-methylphenyl)-2-methylpentanamid (Pentanochlor)
p-Chlor-o-kresol
Chloroxuron = 3-(4-(4-Chlorphenoxy)-phenyl) 1,1-dimethylharnstoff
3-(4-(4-Chlorphenoxy)-phenyl1,1-dimethylharnstoff (Chloroxuron)
N-(3-Chlorphenyl)-carbaminsäure-1-isopropylester (Chlorpropham)
N-(4-Chlorphenyl)-N,N-dimethylharnstoff (Monuron)
Chlorpropham = N(3-Chlorphenyl)-carbaminsäure-1-isopropylester
Chlorzyan
Cyclohexanol
Cyclohexanonoxim
3-Cyclohexyl-5,6-trimethylenuracil (Lenacil)

Delapon = 2,2-Dichlorpropionsäure
Defenuron = N-Methyl-N-phenylharnstoff
Desmetryn = 2-Methylthio-4-methylamino-6-isopropylamino-1,3,5-triazin
Diaminochlorbenzol
Diäthylamin
0,2-Diäthylamino-6-methylpyrimidin-4-yl-0,0-dimethylthiophosphat (Pirimiphos-methyl)
Diäthyläther
Diäthylenglykol
Diäthylentriamin
3,5-Dibrom-4-hydroxybenzaldoxim-0,2′,4′-dinitrophenyläther (Bromofenoxim)
0,0 Dibutyl-1-butylaminocychlohexonphosphonat (Aminophon)

Dichloraniline
Dichlobenil = 2,6-Dichlorbenzonitril
Dichlorbenzole
2,6-Dichlorbenzonitril (Dichlobenil)
Dichlordiäthyläther
Dichlormethan (Methylenchlorid)
2,4-Dichlor-4-nitro-diphenyläther (Nitrofen)
Dichlorphenole
3-(3,4Dichlorphenyl-1,1-dimenthylharnstoff (Diuron)
2,2-Dichlorpropionsäure (Dalapon)
Diisopropylbenzole
Dimethylamin
Dimethylaminoäthanol
4,4'-bis-Dimethylamino-triphenylcarbinol (Malachitgrün)
(N,N)-Dimethylanilin
0,0-Dimethyl-4-brom-2,5-dichlorphenyl-thiophosphat (Bromophos)
Dimenthyldioxan
N,N-Dimethylformamid
N,N-Dimethyl-N'-phenylharnstoff (Fenuron)
Dinitrobenzole
2,4-Dinitrophenol
Dinitrotoluole
Dinobuton = Isopropyl-(2-(1-methyl-n-propyl)-4,6-dinitrophenyl)-carbonat
2,4-Dioxan
Dipropylenglykol
Divinylbenzol

Essigsäureäthylester (Äthylacetat)
Essigsäure-n-butylester (Butylacetat)

Farbstoffe mit Ausnahme von zugelassenen Lebensmittelfarbstoffen
Fenuron = N,N'-Dimethyl-N-phenylharnstoff
Formamid
Fumarsäure
Furfural
Furfurylalkohol

Glykol
Guajacol

Halogenkohlenwasserstoffe
HCH, techn. = 1,2,3,4,5,6-Hexachlorcyclohexan (Isomerengemisch)
Heptan
Heptanole
Hexachlorbenzol
1,2,3,4,5,6-Hexachlorcyclohexan (Isomerengemisch (HCH, techn.)
Hexamethylendiamin
Hexamethylentetramin
Hexanitrodiphenylamin
Hydrochinon
Hydroxybutyraldehyd (Aldol)
8-Hydroxychinolin
α-Hydroxyisobuttersäurenitril (Acetonzyannitril)
Hydroxynaphthaline

Indol = 2,3-Benzopyrrol
Isoamylalkohol
Isopropyl-(2-(1-methyl-n-propyl)4,6-dinitrophenyl)-carbonat (Dinobuton)
Isozyanate

Jod

Kaliumpermanganat

Lenacil = 3-Cyclohexyl-5,6-trimethylenuracil

Malachitgrün
Maleinsäure

N-Phenyl-carbaminsäure-isopropylester (Propham)
Phenylendiamine
Phenylmercaptan
Phleroglycin
Pikraminsäure
Pikrinsäure
Pirimiphos-methyl = 0,2-Diäthylamino-6-methylpyrimidin-4-yl-0,0-dimethylthiophosphat
Polyäthylenglykol
Polycarbazin = Komplex des Zinksalzes der Äthylen-bis-dithiocarbaminsäure mit Äthylen-bis-thiuramidsulfid
Primäre aliphatische Amine
Prometryn = 2-Methylthio-4,6-bis-(isopropylamino)-1,3,5-triazin
Propazin = 2-Chlor-4,6-di-(isopropylamino)-1,3,5-triazin
Propham = N-Phenyl-carbaminsäure-isopropylester
Propineb = Zink-N,N'-propylen-1,2-bis-(dithiocarbamat)
Propylbenzol
1,2-Propylenoxid
Pyrazon = 1-Phenyl-4-amino-5-chlorpyridazon-(6)
Pyridinbasen
Pyrogallol

Quintozen = Pentachlornitrobenzol

Resorcin

Schwefelwasserstofflösung
Schweflige Säure und ihre Salze
Silosickersaft
Simazin = 2-Chlor-4,6-di-(äthylamino)-1,3,5-triazin
Stoffe, die zur Eutrophierung führen, wie stickstoff-phosphor- und kalihaltige anorganische und organische Düngemittel
Stoffe, die zum Versalzen bzw. zur Aufhärtung führen, wie salzhaltige Abwässer, z. B. aus dem Bergbau, Aufbereitung und sonstiger Verarbeitung, insbesondere der Kaliindustrie, Beizereien und Galvanikbetrieben

Terbutryn = 4-Äthylamino-2-tert.-butylamino-6-methylthio-s-triazin
Tetraäthylen-pyrophosphat
Tetrachlorbenzol
2,4,4,5,-Tetrachlordiphenylsulfon (Tetradifon)
Tetrachlorheptan
Tetrachlorpentan
Tetradifon = 2,4,4',5-Tetrachlordiphenylsulfon
1,2,3,6-Tetrahydro-3,6-dioxo-pyridazin
Tetrahydronaphthalin
Thioharnstoff
Thiophenol (Phenylmercaptan)
Thiophen
Toluol (Methylbenzol)
Tolylmercaptan
Triäthylamin
1,1,1-Trichloräthan
N-(Trichlormethylthio)-4-cyclohexan-1,2-dicarboximid (Captan)
Trichlorphenole
1,4-bis-(2,2,2-trichlor-1-formamidoäthyl)-piperazin (Triforine)
Triforine = 1,4-bis-(2,2,2-trichlor-1-formamidoäthyl)-piperazin
2,4,6-Trintrophenol (Pikrinsäure)
Trinitrotuluol

Verbindungen von
Kobalt
Mangan
Molybdän
Nickel
Titan
Vanadium
Wolfram

Xylenole
Xylole

Zineb = Zink-äthylen-bis-(dithiocarbamat)
Zink-äthylen-bis-dithiocarbamat (Zineb)
Zink-(N,N'-propylen-1,2-bis-(dithocarbamat) (Propineb)

Giftordnung für dem Ministerium für Chemische Industrie nachgeordnete Einrichtungen

„Institution X"
Minister für Chemische Industrie

Ordnung

für den Verkehr mit Giften im Bereich der „Institution X" (Giftordnung)
vom ....

Auf Grund des § 9 des Giftgesetzes wird in Abstimmung mit dem Minister für Gesundheitswesen und dem Minister des Innern und Chef der Deutschen Volkspolizei folgende Ordnung erlassen:

1. Geltungsbereich

Diese Ordnung gilt für alle Strukturbereiche der „Institution X", in denen Gifte für präparative, analytische, labordiagnostische und andere Untersuchungsverfahren angewendet werden.

2. Verantwortlichkeit

2.1. Der Leiter der „Institution X" ist dafür verantwortlich, daß in den Struktureinheiten, in denen mit Giften umgegangen wird, die für den Verkehr mit Giften geltenden Rechtsvorschriften (Anlage) sowie diese Giftordnung eingehalten werden.

2.2. Der Leiter der „Institution X" hat alle Voraussetzungen für einen ordnungsgemäßen Verkehr mit Giften zu schaffen. Er hat durch eine straffe Kontrolle die Einhaltung der Rechtsvorschriften über den Verkehr mit Giften sowie dieser Ordnung zu gewährleisten.
Die Verwendung von Giften ist auf das zur Erfüllung der Aufgaben notwendige Maß zu beschränken.

2.3. Der Leiter setzt für die Durchführung dieser Aufgaben Giftbeauftragte entsprechend den Festlegungen des § 4 (3) des Giftgesetzes ein.

2.4. Der Leiter ist verpflichtet, für den Umgang mit chemischen Stoffen, von denen auf Grund ihrer Eigenschaften anzunehmen ist, daß es sich um Gifte handelt, und die für analytische, präparative, labordiagnostische und andere Untersuchungen verwendet oder selbst untersucht werden, Arbeitsschutzinstruktionen zu erlassen.

2.5. Der Leiter hat zu gewährleisten, daß Pläne für die Bekämpfung von Havarien, Bränden und Explosionen auch Festlegungen enthalten, die den gefahrlosen Verkehr mit Giften beinhalten.
Er hat diese Pläne jährlich zu überprüfen und zu aktualisieren.

2.6. Der Leiter hat die für die ordnungsgemäße Beseitigung nicht mehr nutzbarer Gifte erforderlichen Maßnahmen entsprechend den dafür geltenden Rechtsvorschriften festzulegen.

2.7. Der Leiter hat den Empfang von Giften, die Abgabe an Giftbeauftragte und Berechtigte gem. Ziffer 3.4, die monatliche Bestandskontrolle sowie den Verbleib von Schlüsseln auf der Grundlage der gesetzlichen Bestimmungen selbständig zu regeln.

3. Erlaubnis zum Verkehr mit Giften

3.1. Die „Institution X" erhält die Erlaubnis zum Verkehr mit Giften auf Grund der Aufgabengebiete der Institution durch den Minister für Chemische Industrie.

3.2. Giftbeauftragte sind dem Leiter der „Institution X" rechenschaftspflichtig.
Die persönliche Erlaubnis für Giftbeauftragte, die Verkehr mit Giften der Abt. 1 haben, erteilt der Leiter der „Institution X".

3.3. Die fachliche Befähigung für die Tätigkeit des Giftbeauftragten ist durch eine Prüfung entsprechend den Festlegungen der 1. DB nachzuweisen, die vor dem Leiter der „Institution X", einem weiteren fachlich geeigneten Mitarbeiter sowie dem Arbeitsschutzbeauftragten (Sicherheitsinspektor o. ä.) abzulegen ist. Der Leiter der „Institution X" stellt den Befähigungsnachweis — zu beziehen vom Vordruckverlag Freiberg, Absatzaußenstelle Dresden, 8023 Dresden, Leipziger Str. 112 — aus, der gem. § 19 (2) der 1. DB zu befristen ist. Die Verlängerung des Befähigungsnachweises ist von der erfolgreichen Ablegung der Wiederholungsprüfung abhängig zu machen. Wiederholungsprüfungen sind nach § 19, Abs. 3 der 1. Durchführungsbestimmung zum Giftgesetz durchzuführen.

3.4. Werktätige, die nicht Giftbeauftragte sind und im Rahmen ihrer Arbeitsaufgaben mit Giften der Abteilung 1 umgehen sollen, sind durch den Leiter der „Institution X" zu bestätigen. Ihre Eignung für diese Arbeiten ist vom Leiter und dem Giftbeauftragten festzustellen. Über die Bestätigung ist ein Protokoll zu fertigen, das beim Giftbeauftragten zu hinterlegen ist.

4. Meldepflicht

4.1. Der Verkehr mit Giften der Abteilungen 1 und 2 ist dem örtlich zuständigen Volkspolizeikreisamt zur Registrierung zu melden.

4.2. Der Leiter der „Institution X" übergibt eine Aufstellung der Lagerbestände an Giften der Abteilung 1 mit Stand vom 31. 3. bis zum 20. 4. eines jeden Jahres an das örtlich zuständige Volkspolizeikreisamt.

4.3. Verluste und Fehlbestände an Giften der Abteilung 1 sind unverzüglich dem Leiter der „Institution X" mitzuteilen. Zusätzlich zu den Festlegungen über die Meldepflicht des § 9 der 1. DB zum Giftgesetz sind Verluste und Fehlbestände sowie besondere Vorkommnisse beim Verkehr mit Giften der Abteilung 1 dem Diensthabenden/Dispatcher des Ministeriums für Chemische Industrie (Tel. 232 1467) zu melden.

4.4. Ergebnisse von Untersuchungen chemischer Stoffe, die eine Einstufung als Gift nach sich ziehen können, sind der vom Ministerium für Chemische Industrie festgelegten Institution mitzuteilen.

5. Belehrungen

Alle Werktätigen der „Institution X" sind im Rahmen der Arbeitsschutzbelehrungen vierteljährlich über die Rechtsvorschriften über den Verkehr mit Giften sowie über die Festlegungen dieser Ordnung aktenkundig zu belehren. Die Belehrung hat weiterhin bei Neueinstellung vor der Arbeitsaufnahme sowie vor der Aufnahme neuer Arbeiten praxisbezogen im Hinblick auf die durchzuführenden Aufgaben durch einen leitenden Mitarbeiter und einen Giftbeauftragten zu erfolgen.

6. Inkraftsetzung

Diese Ordnung tritt am . . . in Kraft.

Anlage

Zur Gewährleistung einer hohen Sicherheit, zum Schutze der Mitarbeiter vor gesundheitlichen Gefährdungen und Schädigungen, zum Schutz gegen den Zugriff Unbefugter sowie zum Schutze der Umwelt sind für den Verkehr mit Giften z. T. insbesondere folgende Rechtsvorschriften zu beachten:

— Gesetz über den Verkehr mit Giften — Giftgesetz vom 7. April 1977 (GBl. I Nr. 10 S. 103)

- Erste Durchführungsbestimmung zum Giftgesetz vom 31. Mai 1977 (GBl. I Nr. 21 S. 275)
- Zweite Durchführung zum Giftgesetz — Verzeichnis eingestufter Gifte — vom 31. Mai 1977 (GBl. I Nr. 21 S. 279)
- Dritte Durchführungsbestimmung zum Giftgesetz — Transport von Giften — vom 31. Mai 1977 GBl. I Nr. 21 S. 282
- Zweite Durchführungsbestimmung zur Sechsten Durchführungsverordnung zum Landeskulturgesetz — Schadlose Beseitigung toxischer Abprodukte und anderer Schadstoffe — vom 21. April 1977 (GBl. I Nr. 15 S. 161)

sowie weiterhin

- TGL 30817 Sicherheitsfarben und Sicherheitszeichen
- TGL 30582 Chemische Arbeiten in Laboratorien

Anordnung über die allgemeinen Bedingungen für den Anschluß von Grundstücken an und für die Einleitung von Abwasser in die öffentlichen Abwasseranlagen —Abwassereinleitungsbedingungen— vom 20. Juli 1978 (Auszug)

Im Einvernehmen mit den Leitern der zuständigen zentralen staatlichen Organe wird auf der Grundlage des § 33 des Vertragsgesetzes vom 25. Februar 1965 (GBl. I Nr. 7 S. 107) und der §§ 46 und 161 des Zivilgesetzbuches der Deutschen Demokratischen Republik vom 19. Juni 1975 (GBl. I Nr. 27 S. 465) folgendes angeordnet:

§ 10

Grundsätze für die Einleitung von Abwasser Geltungsbereich

(1) Bei der Einleitung von Abwasser in die öffentlichen Abwasseranlagen sind die Erfordernisse der wirtschaftlichen Wassernutzung[1] durchzusetzen. Die Einleitung darf nicht erfolgen, wenn durch das Abwasser trotz ordnungsgemäßer Behandlung durch den Versorgungsträger

- unmittelbare Gefahren für die in den Abwasseranlagen Beschäftigten,
- Schäden und Funktionsstörungen an den Abwasseranlagen,
- Schäden in den Gewässern oder auf landwirtschaftlichen Nutzflächen auftreten können bzw.
- die dem Versorgungsträger durch die Staatliche Gewässeraufsicht erteilten Grenzwerte nicht eingehalten werden können.

(2) Das Abwasser muß entsprechend den geltenden Standards grundsätzlich frei sein insbesondere von giftigen, explosiblen, quellenden, klebenden, sperrigen und faserigen Stoffen, von Einstreu und Emulsionen sowie von Erzeugnissen aus Plaste und Folie. Das Einbringen von landwirtschaftlichen Abprodukten und Wasserschadstoffen ist untersagt.

---

[1] Vgl. Anordnung vom 1. Dezember 1976 zur Gewährleistung der wirtschaftlichen Wassernutzung und zur Auszeichnung wasserwirtschaftlich vorbildlich arbeitender Betriebe (GBl. I 1977 Nr. 4 S. 22).

(3) In die öffentlichen Abwasseranlagen, dürfen Rückstände bzw. Ablagerungen aus Kleinkläranlagen, Trockenabortanlagen, Vorbehandlungsanlagen und Abwasserbehandlungsanlagen anderer Rechtsträger nur mit schriftlicher Einwilligung des Versorgungsträgers eingebracht werden.

(4) Der Versorgungsträger legt für das Abwasser jedes Bedarfsträgers, mit dem ein Vertrag gemäß § 7 Abs. 2 abzuschließen ist, auf der Grundlage der unter Abs. 6 genannten Richtwerte an jeder Einleitungsstelle bzw. an der vereinbarten Probeentnahmestelle des Bedarfsträgers differenzierte Maximalwerte fest. Bei der Festlegung der Maximalwerte ist zu berücksichtigen:

— Werkstoff, Länge und Gefälle der Abwasserkanäle,
— Verdünnungsverhältnis,
— Belastung des Abwassers oberhalb der Einleitungsstelle,
— zu erwartende Gesamtbelastung des Abwassers,
— Technologie der Abwasserbehandlungsanlagen,
— die von der Staatlichen Gewässeraufsicht festgelegten Grenzwerte für die Einleitung von Abwasser in ein Gewässer,
— die maximalen Arbeitsplatzkonzentrationswerte (MAK-Werte).

(5) Durch die Maximalwerte wird die jeweils zulässige Abwasserlast für die Abwassereinleitung festgelegt. Die Abwasserlast ist das Produkt aus Konzentration von Abwasserinhaltsstoffen und Abwassermenge je Zeiteinheit. Der Berechnung der Abwasserlast wird die mittlere Abwassermenge pro Tag zugrunde gelegt.

(6) Für die Abwasserinhaltsstoffe gelten folgende Richtwerte:

abfiltrierbare (ungelöste) Stoffe	500 mg/l
absetzbare Stoffe (nach 15 Min.)	2 ml/l
BSB_5	500 mg/l
CSV_{Cr}	1200 mg/l
CSV_{Mn}	500 mg/l
Gesamtsalz außer Härtebildner und Sulfat	500 mg/l
Sulfat	300 mg/l
pH-Wert	6,0 bis 9,0
Eisen, gelöst	5 mg/l
Chrom VI	0,2 mg/l
Chrom III	1 mg/l
Zink	5 mg/l
Kupfer	1 mg/l
Kadmium	0,5 mg/l
Blei	1 mg/l
Quecksilber	0,1 mg/l
Nickel	5 mg/l
Mineralöle, tierische und pflanzliche Fette, extrahierbare Stoffe	100 mg/l

Sulfid, Schwefelwasserstoff (als S berechnet)	5 mg/l
Stickstoff (als N berechnet)	75 mg/l
Phosphor (als P berechnet)	10 mg/l
freies Chlor	5 mg/l
wasserdampfflüchtige Phenole (berechnet als C_6H_5OH)	50 mg/l
Detergentien	20 mg/l
freies Zyanid	0,1 mg/l
komplex gebundenes Zyanid	50 mg/l
Temperatur	35 °C
radioaktive Stoffe	nach den Rechtsvorschriften[1]
maximale Arbeitsplatzkonzentration (MAK-Werte)	nach den Rechtsvorschriften[2]

(7) Für Abwasserinhaltsstoffe, die im Abs. 6 nicht genannt sind, sich aber schädlich auswirken, müssen vom Versorgungsträger entsprechende Maximalwerte festgelegt werden, für deren Überschreitung Preissanktionen zu vereinbaren sind.

(8) Für planmäßige Reparaturen und technologisch bedingte Stillstandszeiten von Anlagen der Bedarfsträger, die Einfluß auf die Abwasserbeschaffenheit oder die Abwassermengen haben, legt der Versorgungsträger in Abstimmung mit der Staatlichen Gewässeraufsicht und dem Bedarfsträger planmäßige Reparatur- bzw. Stillstandszeiten und besondere Bedingungen (z. B. stufenweise Wiederinbetriebnahme, Stapelung bestimmter Abwasserarten, Entgiftung an Ort und Stelle) fest. Für diese Zeiten werden besondere Maximalwerte festgelegt.

(9) Der Bedarfsträger ist zur Eigenkontrolle der Abwassermenge und der Abwasserinhaltsstoffe verpflichtet. Dem Versorgungsträger ist auf Verlangen darüber der Nachweis zu führen. Überschreitungen der Abwassermenge und der Maximalwerte, die Einleitung nicht vereinbarter Inhaltsstoffe bzw. Veränderungen der Konzentration der Inhaltsstoffe sowie Verstöße gegen die Einleitungsverbote der Absätze 1 bis 3 sind dem Versorgungsträger unverzüglich zu melden.

---

[1] Z. Z. gilt die Strahlenschutzverordnung vom 26. November 1969 (GBl. II Nr. 99 S. 627).

[2] Z. Z. gilt der Standard TGL 22 310 „Arbeitshygiene, zulässige Konzentration toxischer Stoffe in der Luft am Arbeitsplatz".

Anordnung über die Mitnahme gefährlicher Güter in öffentliche Beförderungsmittel vom 27. Februar 1979

Im Einvernehmen mit den Leitern der zuständigen zentralen Staatsorgane und in Übereinstimmung mit dem Bundesvorstand des Freien Deutschen Gewerkschaftsbundes wird folgendes angeordnet:

§ 1

(1) Diese Anordnung gilt für die Mitnahme gefährlicher Güter als Handgepäck[1] durch Personen

[1] Z. Z. gelten für den Transport gefährlicher Güter:

a) bei der Aufgabe als Expreßgut und Stückgut die Bestimmungen der Ordnung vom 30. Januar 1979 über den Transport gefährlicher Güter mit Eisenbahnfahrzeugen, Kraftfahrzeugen und Binnenschiffen — Transportordnung für gefährliche Güter (TOG) — zu beziehen

bei Bestellungen	Deutsche Reichsahn Drucksachenverlag Außenstelle Dresden **8027 Dresden** Tharandter Str. 105
bei Selbstabholung gegen Barzahlung	Ministerium für Verkehrswesen der Deutschen Demokratischen Republik Tarifamt **1020 Berlin** Alexanderplatz 5 (Haus des Reisens);

b) bei der Aufgabe als Stückgut auf Handelsschiffen die Bestimmungen der Seefrachtordnung (SFO) vom 20. Juli 1970

zu beziehen beim	Seefahrtsamt der Deutschen Demokratischen Republik **2500 Rostock** Patriotischer Weg 120;

a) in öffentliche Beförderungsmittel, wie
   1. schienengebundene Personenbeförderungsmittel (Eisenbahn, S-Bahn, U-Bahn, Straßenbahn, Pioniereisenbahn),
   2. Kraftfahrzeuge und deren Anhänger einschließlich Obusse,
   3. Fahrgastschiffe, Fähren und andere zur Personenbeförderung zugelassene Wasserfahrzeuge,
   4. Luftfahrzeuge für die Personenbeförderung,
   5. Seilbahnen,
   6. Aufzüge der Verkehrsbetriebe für die Personenbeförderung,
   7. Fahrzeuge mit Zugtieren, die dem Geltungsbereich der Anordnung vom 11. April 1973 über den Betrieb von Fahrzeugen mit Zugtieren im öffentchen Personenverkehr (BO-T) (GBl. I Nr. 26 S. 261) unterliegen;

b) in Gebäude und auf Anlagen des Verkehrswesens, die der Öffentlichkeit zugänglich sind (z. B. Empfangs- und Abfertigungshallen, Bahnhofsgaststätten und andere Versorgungseinrichtungen, Warteräume, Schalterräume des Reisebüros und Bildungseinrichtungen des Verkehrswesens).

(2) Diese Anordnung gilt auch für die Beförderung gefährlicher Güter als Reisegepäck und für deren Aufbewahrung in öffentlichen Aufbewahrungsstellen einschließlich Gepäckschließfächern des Verkehrswesens.

(3) Diese Anordnung gilt auch für die Mitnahme gefährlicher Güter in unmittelbarer Erfüllung dienstlicher oder beruflicher Aufgaben durch Werktätige von Betrieben, Dienststellen und Einrichtungen.

(4) Die Mitnahme von Arzneimitteln unterliegt nicht dieser Anordnung.

(5) Diese Anordnung gilt nicht, sofern in anderen Rechtsvorschriften (z. B. über den Verkehr mit Giften, Sprengmitteln, pyrotechnischen Erzeugnissen, Schußwaffen und patronierter Munition sowie über den Brandschutz) Bestimmungen für die Mitnahme gefährlicher Güter, ihre Aufgabe als Reisegepäck oder zur Aufbewahrung enthalten sind.

(6) Diese Anordnung gilt nicht für den grenzüberschreitenden Verkehr.

---

c) bei der Aufgabe als Luftfracht die Bestimmungen der Lufttransportordnung für gefährliche Güter (OLTG) vom 13. Februar 1979
zu beziehen bei der INTERFLUG
Abt. Tarife und Vorschriften
1189 Berlin-Schönefeld
Flughafen;

d) beim Versand mit der Deutschen Post die Bestimmungen der Postordnung vom 21. November 1974 (GBl. I 1975 Nr. 13 S. 236).

§ 2

Begriffsbestimmungen

Im Sinne dieser Anordnung gelten als

1. gefährliche Güter

a) verdichtete, verflüssigte oder unter Druck gelöste Gase,
b) brennbare flüssige und feste Stoffe,
c) entzündend (oxydierend) wirkende Stoffe,
d) giftige Stoffe,
e) ätzende Stoffe,

die auf Grund ihrer chemischen Zusammensetzung und ihrer biologischen oder physikalischen Eigenschaften die Gefahr der Explosion, des Zerknalls, der Brandentstehung sowie die Gefahr für die Gesundheit und das Leben von Menschen und Tieren durch Vergiftung oder Verätzung in sich bergen und als solche gekennzeichnet sind;

2. Handgepäck

Sachen, die in Beförderungsmittel sowie in Gebäude und auf Anlagen des Verkehrswesens mitgenommen werden und grundsätzlich unter Aufsicht der der diese Sachen mitnehmenden Person verbleiben;

3. Reisegepäck

Sachen des persönlichen Bedarfs, die in Reisekoffern, Reisetaschen, Reisesäcken, Reisekörben u. dgl. an Abfertigungsstellen den Verkehrsbetrieben gegen Vorlage eines Fahrausweises zur Beförderung übergeben werden;

4. Verpackung

Kleinverbraucherverpackungen (Verpackungsmittel und Verpackungshilfsmittel), die zum Schutz des Gutes vor Gebrauchswertminderung, zur Erleichterung der Handhabung des Gutes sowie zum Schutz der Umwelt dienen und für Personen und Haushalte bedarfsgerechte Einheiten enthalten;

5. Packung

die Einheit von Gut und Verpackung;

6. tragbares Behältnis

die zusätzlichen Verpackungen, die mit Vorrichtungen zum Tragen (Henkel oder Tragegriffe) versehen sind, wie Taschen, Koffer, Eimer;

7. Verkehrswesen

die Verkehrsbetriebe und -kombinate, Genossenschaften und Einrichtungen, die Personen- und Reisegepäckbeförderungsleistungen oder damit verbundene verkehrstypische Dienstleistungen erbringen sowie sonstige Einrichtungen des Verkehrswesens.

§ 3

Zulassung, Ausschluß

(1) Zur Mitnahme in Beförderungsmittel, in Gebäude und auf Anlagen des Verkehrswesens sowie zur Beförderung als Reisegepäck und zur Aufbewahrung sind nur die gefährlichen Güter zugelassen, die im Einzelhandel für die individuelle Verwendung als Kleinverbraucherpackungen abgegeben werden. Gefährliche Güter, die dieser Anordnung unterliegen und in unmittelbarer Erfüllung dienstlicher oder beruflicher Aufgaben mitgenommen werden, können auch entsprechend den Rechtsvorschriften für den Transport gefährlicher Güter verpackt und gekennzeichnet sein.

(2) Für Verpackungen, in denen sich Reste oder Rückstände gefährlicher Güter befinden, gelten die gleichen Bestimmungen wie für Packungen.

(3) Alle gefährlichen Güter, die den Bestimmungen der Absätze 1 und 2 nicht entsprechen, sind für die Mitnahme, Beförderung und Aufbewahrung nicht zugelassen.

(4) Personen unter 14 Jahren dürfen keine gefährlichen Güter mitnehmen (ausgenommen Druckgaspackungen mit kosmetischen oder pharmazeutischen Erzeugnissen). Giftige Stoffe gemäß Giftgesetz vom 7. April 1977 (GBl. I Nr. 10 S. 103) dürfen nur von Personen ab 16 Jahren mitgenommen werden.

(5) Gefährliche Güter in ungeeigneter oder beschädigter Verpackung sind für die Mitnahme, Beförderung und Aufbewahrung nicht zugelassen.

(6) Die Werktätigen des Verkehrswesens sind berechtigt, die Mitnahme gefährlicher Güter als Handgepäck sowie die Entgegennahme zur Beförderung als Reisegepäck und zur Aufbewahrung zu verweigern, wenn die Bestimmungen dieser Anordnung nicht eingehalten sind.

§ 4

Allgemeine Verpackungsbestimmungen

(1) Kleinverbraucherpackungen mit gefährlichen Gütern gemäß § 2 Ziff. 1 müssen entsprechend ihrem Inhalt gekennzeichnet sein.

(2) Gebrauchte Verpackungen sind für die Aufnahme gefährlicher Güter zugelassen, wenn

a) die gleichen Güter aufgenommen werden sollen, die vorher darin enthalten waren (z. B. zweckentsprechende Verwendung von Reservekraftstoffkanistern),
oder

b) sie völlig frei von Resten oder Rückständen anderer (gefährlicher oder ungefährlicher) Güter sind und sie den Anforderungen einer Mitnahme, Beförderung und Aufbewahrung entsprechen, der chemischen Zusammensetzung und den biologischen und physikalischen Eigenschaften der aufzunehmenden Güter angepaßt und dicht verschließbar sind sowie das Ausströmen, Auslaufen oder Durchsickern des Inhalts sicher verhindern.

(3) In Verpackungsmitteln für Flüssigkeiten muß ein flüssigkeitsfreier Raum verbleiben, der eine Volumenveränderung der Flüssigkeiten zuläßt, ohne daß die Flüssigkeit austreten kann.

(4) Schraubverschlüsse sind mit elastischen Dichtungen zu versehen, die gegenüber dem Inhalt beständig sind.

(5) Klemmdeckel müssen fest sitzen und gegen Aufspringen gesichert sein.

(6) Tragbare Behältnisse müssen so widerstandsfähig sein, daß sie der Belastung durch die eingestellte Packung widerstehen.

(7) Die Verpackung muß außen völlig frei von gefährlichen Gütern sein.

§ 5

Mengenbegrenzung

(1) Soweit in den Anlagen zu dieser Anordnung keine weiteren Beschränkungen festgelegt sind,

a) darf Handgepäck je Person über 14 Jahre,

b) darf Reisegepäck je Sendung,

c) dürfen zur Aufbewahrung übergebene Sachen je Person über 14 Jahre insgesamt höchstens 15 kg gefährlicher Güter einschließlich Verpackung enthalten.

(2) Verpackungen, in denen sich Reste oder Rückstände gefährlicher Güter befinden, sowie nicht vollständig gefüllte Packungen gelten zur Ermittlung der Mengenbegrenzung als vollständig gefüllt.

(3) Die Werktätigen des Verkehrswesens können Personen, die gefährliche Güter mit sich führen, von der Beförderung in den Beförderungsmitteln und vom Betreten der Gebäude und Anlagen des Verkehrswesens ausschließen, wenn durch die Mitnahme eine gefahrbringende Konzentration gefährlicher Güter eintritt.

§ 6

Umgang mit Packungen

(1) Alle zur Mitnahme in öffentliche Beförderungsmittel zugelassenen gefährlichen Güter sind in den Beförderungsmitteln so sicher abzustellen, abzulegen, zu halten bzw. zu tragen, daß sie auch bei unvorhergesehener, plötzlicher Bewegungsänderung des Beförderungsmittels nicht herabfallen, umkippen oder ver-

rutschen und daß dadurch sowie durch dabei austretende gefährliche Güter Personen, Tiere und Sachen nicht geschädigt werden können.

(2) Gefährliche Güter sind in Personenkraftwagen im Kofferraum bzw. auf den Hintersitzen oder zwischen diesen und den Vordersitzen unterzubringen. Packungen mit flüssigen oder gasförmigen Gütern sind grundsätzlich im Kofferraum oder am Fahrzeugboden abzustellen und gegen Lageveränderung zu sichern.

(3) Die zuständigen Werktätigen des Verkehrswesens können zur Aufrechterhaltung von Ordnung und Sicherheit bestimmen, wo und wie das Handgepäck mit gefährlichen Gütern in den Beförderungsmitteln unterzubringen ist.

§ 7

Festlegungen für bestimmte gefährliche Güter

Für

a) brennbare flüssige Stoffe,
b) Gase in Druckgefäßen,
c) giftige Stoffe,
d) Säuren und Laugen,
e) Fahrzeuge mit Verbrennungsmotor

gelten zusätzlich die Festlegungen in den Anlagen 1 bis 5.

§ 8

Kontrollrecht

Die ermächtigten Werktätigen des Verkehrswesens sind berechtigt, im Falle eines begründeten Verdachtes, daß gegen diese Anordnung verstoßen wird, Hand- oder Reisegepäck sowie zur Aufbewahrung übergebene Sachen zu kontrollieren und geeignete Maßnahmen zur Wiederherstellung von Ordnung und Sicherheit einschließlich des Ausschlusses von der Beförderung oder des Verweises aus dem Gebäude zu treffen. Die Kontrolle ist möglichst im Beisein des Fahrgastes vorzunehmen.

§ 9

Ordnungsstrafbestimmungen

(1) Wer vorsätzlich oder fahrlässig gefährliche Güter

a) entgegen § 3 Absätze 1 und 3 und § 7 mitnimmt, als Reisegepäck oder zur Aufbewahrung aufgibt,
b) entgegen § 5 Absätze 1 und 2 und § 7 über die zugelassene Menge hinaus mitnimmt, als Reisegepäck oder zur Aufbewahrung aufgibt,

c) entgegen § 3 Abs. 5 in ungeeigneter oder beschädigter Verpackung mitnimmt, als Reisegepäck oder zur Aufbewahrung aufgibt,

kann mit Verweis oder Ordnungsstrafe von 10 M bis 300 M belegt werden.

(2) Ist die vorsätzliche Ordnungswidrigkeit gemäß Abs. 1 wiederholt innerhalb von 2 Jahren begangen und mit Ordnungsstrafe geahndet worden oder ist ein größerer Schaden verursacht worden oder hätte er verursacht werden können, kann eine Ordnungsstrafe bis zu 1000 M ausgesprochen werden.

(3) Die Durchführung des Ordnungsstrafverfahrens obliegt im Rahmen ihrer Zuständigkeit

a) den Leitern der Organe der Deutschen Reichsbahn,
b) dem Leiter der Hauptverwaltung der Zivilen Luftfahrt,
c) dem Leiter des Seefahrtsamtes der Deutschen Demokratischen Republik,
d) den Vorständen der Wasserstraßenämter,
e) dem Leiter der zuständigen staatlichen Gewässeraufsicht,
f) dem Leiter des Fachorgans für Verkehr des für den Verkehrsbetrieb zuständigen Rates des Bezirkes,
g) dem Vorsitzenden des für den Verkehrsbetrieb zuständigen Rates des Kreises, der Stadt oder der Gemeinde,
h) den Leitern der Dienststellen der Deutschen Volkspolizei.

(4) Bei geringfügigen Ordnungswidrigkeiten entsprechend Abs. 1 sind die dazu ermächtigten Mitarbeiter der zuständigen Staatsorgane befugt, eine Verwarnung mit Ordnungsgeld in Höhe von 1 M, 3 M, 5 M oder 10 M auszusprechen.

(5) Für die Durchführung des Ordnungsstrafverfahrens und den Ausspruch der Ordnungsstrafmaßnahme gilt das Gesetz vom 12. Januar 1968 zur Bekämpfung von Ordnungswidrigkeiten — OWG — (GBl. I Nr. 3 S. 101).

§ 10

Schlußbestimmung

Diese Anordnung tritt am 1. September 1979 in Kraft.

Berlin, den 27. Februar 1979

Der Minister für Verkehrswesen
Arndt

Anlage 1

zu § 7 vorstehender Anordnung

Bestimmungen für die Mitnahme von brennbaren flüssigen Stoffen

1. Hierunter fallen:

alle brennbaren flüssigen Stoffe, wie Löse- oder Verdünnungsmittel, Kraftstoffe, Spiritus oder Erzeugnisse, in denen derartige Stoffe enthalten sind, deren Verpackung mit der Aufschrift „Feuergefährlich", „Gefahrklasse A I", „Gefahrklasse A II", „Gefahrklasse B I" oder „Gefahrklasse B II", „Gefährdungsgruppe I" oder „Gefährdungsgruppe II" gekennzeichnet ist.

2. Charakteristik des Gutes

— flüssig
— leicht brennbar
— z. T. mit Wasser nicht mischbar
— z. T. wirken Dämpfe betäubend und sind giftig.

3. Mitnahme-, Beförderungs- und Aufbewahrungsverbote bzw. -beschränkungen

— Die Mitnahme brennbarer flüssiger Stoffe als Handgepäck in öffentliche Beförderungsmittel (ausgenommen Luftfahrzeuge) ist nur bis zu einer Menge von 5 l zugelassen.
— Die Mitnahme brennbarer flüssiger Stoffe als Handgepäck in Luftfahrzeuge ist nur für Benzin in einer Menge bis zu 50 ml zugelassen.
— Die Aufbewahrung brennbarer flüssiger Stoffe (ausgenommen in Gepäckschließfächern) ist zugelassen.
— Die Beförderung brennbarer flüssiger Stoffe als Reisegepäck und ihre Aufbewahrung in Gepäckschließfächern sind nicht zugelassen.

4. Verpackungen

— Die Kleinverbraucherpackungen (ausgenommen Reservekraftstoffkanister) sind in tragbaren Behältnissen mitzunehmen, zu befördern oder aufzubewahren.
— Die Mitnahme und Aufbewahrung von Kraftstoffen ist nur in Reservekraftstoffkanistern zugelassen.

5. Mitnahme-, Beförderungs- und Aufbewahrungsbedingungen

— Rauchen, Umgang mit Feuer oder offenem Licht in unmittelbarer Umgebung verboten.
— Nicht in der Nähe von Heizkörpern abstellen.
— Verpackungsmittel gegen Auslaufen sicher verschließen.
— Mitnahme in Beförderungsmittel nur in Nichtraucherabteile zugelassen.

6. Allgemeine Hinweise zum Verhalten bei Störungen

— Brand mit Schaum-, Kohlendioxid-, Pulver- oder Halonlöscher bekämpfen.
— Direkten Kontakt mit ausgelaufenen Stoffen vermeiden.

Anlage 2

zu § 7 vorstehender Anordnung

Bestimmungen für die Mitnahme von Gasen in Druckgefäßen

1. Hierunter fallen:

— Flüssiggase: Propan, Butan, Propan-Butan-Gemische, Dimethyläther (Heizäther)
— Druckluft
— von diesen Gasen entleerte Gefäße
— Druckgaspackungen (Aerosolpackungen).

2. Charakteristik des Gutes

— z. T. brennbares Gas, mit Luft explosible Gemische bildend
— z. T. schwerer als Luft (Ausbreitung am Boden).

3. Mitnahme-, Beförderungs- und Aufbewahrungsverbote bzw. -beschränkungen

— Die Mitnahme von Gasen in Druckgefäßen als Handgepäck in öffentliche Beförderungsmittel (ausgenommen Luftfahrzeuge und U-Bahnen) ist zugelassen.
— Die Mitnahme von Gasen in Druckgefäßen als Handgepäck in Luftfahrzeuge ist nur für Druckgaspackungen mit Erzeugnissen des unmittelbaren persönlichen Bedarfs, die in Taschen der Bekleidung oder in kleinen Handtaschen mitgeführt werden, zugelassen.
— Die Mitnahme von Gasen in Druckgefäßen als Handgepäck in U-Bahnen ist nur für Druckgaspackungen zugelassen.
— Die Beförderung von Gasen in Druckgefäßen als Reisegepäck in öffentlichen Beförderungsmitteln (ausgenommen Luftfahrzeuge) ist zugelassen.
— Die Beförderung von Gasen in Druckgefäßen als Reisegepäck in Luftfahrzeugen ist nur für Druckgaspackungen mit Erzeugnissen des unmittelbaren persönlichen Bedarfs zugelassen.
— Die Aufbewahrung von Gasen in Druckgefäßen ist zugelassen.

4. Verpackungen

— Flüssiggase und Druckluft dürfen in Stahlflaschen mitgenommen und aufbewahrt werden.

- Flüssiggase und Druckluft dürfen in Stahlflaschen, auch verpackt, mit einem Gewicht bis zu 15 kg oder mit einer Füllmenge bis zu 5 kg als Reisegepäck befördert werden.
- Die Druckgaspackungen (Aerosolpackungen) sind in tragbaren Behältnissen mitzunehmen, zu befördern oder aufzubewahren.

5. Mitnahme-, Beförderungs- und Aufbewahrungsbedingungen

- Stahlflaschen müssen ordnungsgemäß verschlossen, der Gewindeanschluß für das Druckminderungsventil durch eine Verschlußmutter und der Flaschenkopf durch eine Ventilschutzkappe gesichert sein.
- Stahlflaschen weder werfen, noch Stößen oder Wärmequellen aussetzen, nicht in der Nähe von Türen abstellen.
- Stahlflaschen stehend befördern und gegen Umkippen sichern.
- Mitnahme der Flüssiggase in Beförderungsmittel nur in Nichtraucherabteile zugelassen.
- Druckgaspackungen weder werfen, noch Stößen oder Wärmequellen aussetzen.

6. Allgemeine Hinweise zum Verhalten bei Störungen

- Brand mit Pulver- oder Kohlendioxidlöscher bekämpfen.
- Undicht gewordene Flaschen sofort ins Freie tragen, vorher Zündmittel und Zündungsmöglichkeiten beseitigen.

7. Kennzeichnung des Reisegepäcks

Flüssiggase: Stahlflaschen müssen vollständig rot angestrichen sein.
Bei verpackten Stahlflaschen sind die Verpackungen vollständig rot zu kennzeichnen.

Anlage 3

zu § 7 vorstehender Anordnung

Bestimmungen für die Mitnahme von giftigen Stoffen, die Gifte gemäß Giftgesetz sind

1. Hierunter fallen:

alle Pflanzenschutz- und Schädlingsbekämpfungsmittel, Mittel zur Steuerung biologischer Prozesse, Holz- und Vorratsschutzmittel sowie andere chemische Stoffe, die Gifte der Abteilung 2 gemäß Giftgesetz sind, und deren Verpackungen durch das Totenkopfzeichen und die Aufschrift „Gift“ (beides in rot auf weißem Grund) gekennzeichnet sind.
Als Gifte eingestufte Säuren und Laugen unterliegen den Bestimmungen der Anlage 4.

2. Charakteristik des Gutes

— flüssig, pasten- oder pulverförmig
— giftig
— Flüssigkeiten z. T. leicht brennbar.

3. Mitnahme-, Beförderungs- und Aufbewahrungsverbote bzw. -beschränkungen

— Die Mitnahme giftiger Stoffe als Handgepäck in öffentliche Beförderungsmittel (ausgenommen Luftfahrzeuge) ist nur bis zu einer Menge von 2 kg bzw. 2 l zugelassen.
— Die Mitnahme giftiger Stoffe als Handgepäck in Luftfahrzeuge ist nicht zugelassen.
— Die Beförderung giftiger Stoffe als Reisegepäck ist nicht zugelassen.
— Die Aufbewahrung giftiger Stoffe (ausgenommen in Gepäckschließfächern) ist zugelassen.
— Die Aufbewahrung giftiger Stoffe in Gepäckschließfächern ist nicht zugelassen.

4. Verpackungen

Die Kleinverbraucherpackungen sind in tragbaren Behältnissen mitzunehmen, zu befördern oder aufzubewahren.

5. Mitnahme-, Beförderungs- und Aufbewahrungsbedingungen

Mitnahme nur in unversehrten Kleinverbraucherpackungen zugelassen.

6. Allgemeine Hinweise zum Verhalten bei Störungen

— Direkten Kontakt mit ausgetretenen oder ausgelaufenen Stoffen vermeiden.
— Nach Möglichkeit Undichtheit beseitigen.

Anlage 4

zu § 7 vorstehender Anordnung

Bestimmungen für die Mitnahme von Säuren und Laugen

1. Hierunter fallen:

alle Säuren und Laugen, deren Verpackungen mit der Aufschrift „Vorsicht, stark ätzend!“ (Gifte der Abteilung 2 gemäß Giftgesetz) oder „ätzend“ gekennzeichnet sind, und

Akkumulatoren, gefüllt mit Schwefelsäure oder Kalilauge.

Akkumulatoren, gefüllt, bis 0,5 kg unterliegen nicht dieser Anordnung.

2. Charakteristik des Gutes

— flüssig oder fest
— ätzend
— ab den in der Zweiten Durchführungsbestimmung vom 31. Mai 1977 zum Giftgesetz — Verzeichnis eingestufter Gifte — (GBl. I Nr. 21 S. 279) festgelegten Konzentrationen giftig
— Dämpfe greifen Haut, Schleimhäute und Atmungsorgane an
— Gut wirkt zerstörend auf menschliche, tierische und pflanzliche Gewebe, greift Metalle, Pappe, Papier, Textilien usw. an.

3. Mitnahme-, Beförderungs- und Aufbewahrungsverbote bzw. -beschränkungen

— Die Mitnahme von Säuren und Laugen (ausgenommen Säuren und Laugen, die als Gift eingestuft sind) als Handgepäck in öffentliche Beförderungsmittel (ausgenommen Luftfahrzeuge) ist zugelassen.
— Die Mitnahme von Säuren und Laugen, die als Gift eingestuft sind, als Handgepäck in öffentliche Beförderungsmittel (ausgenommen Luftfahrzeuge) ist nur in einer Menge bis zu 0,5 kg bzw. 0,5 l zugelassen.
— Die Mitnahme von Säuren und Laugen als Handgepäck in Luftfahrzeuge ist nicht zugelassen.
— Die Beförderung von Säuren und Laugen als Reisegepäck ist nicht zugelassen.
— Die Aufbewahrung von Säuren und Laugen (ausgenommen in Gepäckschließfächern) ist zugelassen.
— Die Aufbewahrung von Säuren und Laugen in Gepäckschließfächern ist nicht zugelassen.

4. Verpackungen

— Für Säuren und Lagen dürfen nur Verpackungsmittel mit Schraubverschluß verwendet werden.
— Die Kleinverbraucherpackungen sind in tragbaren Behältnissen mitzunehmen, zu befördern oder aufzubewahren.

5. Mitnahme-, Beförderungs- und Aufbewahrungsbedingungen

— Verpackungsmittel gegen Auslaufen sicher verschließen.
— Die Akkumulatoren sind gegen Kurzschluß und gegen das Auslaufen der Schwefelsäure bzw. Kalilauge entsprechend zu sichern.
— Nicht über Sitzplätzen abstellen.

6. Allgemeine Hinweise zum Verhalten bei Störungen

— Direkten Kontakt mit ausgelaufenen oder ausgetretenen Stoffen vermeiden.
— Nach Möglichkeit Undichtheit beseitigen.

— Ausgelaufene Säuren durch Sand, Asche oder Bauschutt aufsaugen lassen bzw. mit viel Wasser abspülen.
— Ausgelaufene Lauge mit viel Wasser abspülen.

Anlage 5

zu § 7 vorstehender Anordnung

Bestimmungen für die Mitnahme von Fahrzeugen mit Verbrennungsmotor

1. Hierunter fallen:

Fahrräder mit Hilfsmotor, Kleinkrafträder (auch Mofas), Krafträder ohne Beiwagen, Krankenfahrstühle mit Motor, wenn der Kraftstoffbehälter der Fahrzeuge Kraftstoff enthält.

2. Charakteristik des Gutes

Der im Kraftstoffbehälter befindliche Kraftstoff ist
— flüssig
— leicht brennbar.

3. Mitnahme-, Beförderungs- und Aufbewahrungsverbote bzw. -beschränkungen

— Die Mitnahme von Fahrzeugen mit Verbrennungsmotor in Eisenbahnen (ausgenommen Personenwagen), S-Bahnen, Fähren, Seilbahnen und Aufzüge ist zugelassen.
— Die Mitnahme von Fahrzeugen mit Verbrennungsmotor in Personenwagen der Eisenbahnen, in Luftfahrzeuge, U-Bahnen, Straßenbahnen, Pioniereisenbahnen, Kraftfahrzeuge, Fahrgastschiffe und Fahrzeuge mit Zugtieren ist nicht zugelassen.
— Die Beförderung von Fahrzeugen mit Verbrennungsmotor als Reisegepäck (ausgenommen Luftfahrzeuge) ist zugelassen.
— Die Beförderung von Fahrzeugen mit Verbrennungsmotor als Reisegepäck in Luftfahrzeugen ist nicht zugelassen.
— Fahrräder mit Hilfsmotor, Kleinkrafträder, Krafträder und Krankenfahrstühle mit Verbrennungsmotor können zur Aufbewahrung angenommen werden, wenn dies örtlich besonders zugelassen ist.

4. Verpackungen

5. Mitnahme-, Beförderungs- und Aufbewahrungsbedingungen

— Der Absperrhahn des Kraftstoffbehälters ist zu schließen.
— Der Vergaser ist zu entleeren.
— Weitere Kraftstoffbehälter dürfen den Fahrzeugen nicht beigegeben werden.
— Bei der Abfertigung als Reisegepäck sind die an den Fahrzeugen befindlichen leicht zu beschädigenden Gegenstände, insbesondere Rückspiegel und Lenkerblinkleuchten, abzubauen.

6. Allgemeine Hinweise zum Verhalten bei Störungen

— Brand mit Schaum-, Kohlendioxid-, Pulver- oder Halonlöscher bekämpfen.
— Direkten Kontakt mit ausgelaufenen Kraftstoffen vermeiden.

Verordnung
über die Leitung, Planung und Organisation des Pflanzenschutzwesens in der Deutschen Demokratischen Republik
— Pflanzenschutzverordnung —
vom 10. August 1978

Der Schutz der Kultur- und Nutzpflanzen ist Bestandteil der Intensivierung der sozialistischen Land- und Forstwirtschaft. Er ist darauf gerichtet, hohe und stabile Erträge in der sozialistischen Land- und Forstwirtschaft zu erreichen und die natürliche Landschaft zu erhalten und zu gestalten. Darüber hinaus dient der Schutz der Kultur- und Nutzpflanzen dazu, die Volkswirtschaft vor Schäden und Verlusten durch Pflanzenkrankheiten, Pflanzenschädlinge und anderen besonderen Gefahren für die Pflanzen- und Waldbestände sowie für pflanzliche Rohprodukte zu bewahren. Der Schutz der Kultur- und Nutzpflanzen ist somit eine gesamtgesellschaftliche Aufgabe.

I.
Geltungsbereich

§ 1

(1) Diese Verordnung regelt die Rechte und Pflichten bei der Durchsetzung der Maßnahmen zum Schutze der Kultur- und Nutzpflanzen, des Waldes und der pflanzlichen Rohprodukte vor Pflanzenkrankheiten, Pflanzenschädlingen, Unkräutern und anderen besonderen Gefahren und die sich daraus ergebenden Aufgaben der

a) LPG, GPG, VEG und deren kooperativen Einrichtungen, der agrochemischen Zentren, der staatlichen Forstwirtschaftsbetriebe, der Betriebe der Bearbeitung und Verarbeitung pflanzlicher Rohprodukte, des Transportwesens, des Handels und der sonstigen Betriebe, Genossenschaften und Einrichtungen sowie der Organisationen (nachfolgend Produktionsgenossenschaften, Betriebe und Einrichtungen genannt) und der Personen, die
   - Kultur- und Nutzpflanzen und sonstige Pflanzen ständig oder zeitweise nutzen, anbauen, züchten oder vermehren,
   - Kultur- und Nutzpflanzen und sonstige Pflanzen, Pflanzenteile und pflanzliche Rohprodukte gewinnen, bearbeiten und verarbeiten, lagern, handeln oder transportieren,

— Kultur- und Nutzpflanzen und sonstige Pflanzen, Pflanzenteile, pflanzliche Rohprodukte, Pflanzenschädlinge, Erreger von Pflanzenkrankheiten oder Unkrautsamen in die Deutsche Demokratische Republik einführen, aus der Deutschen Demokratischen Republik ausführen oder durch die Deutsche Demokratische Republik transportieren,
— Maßnahmen des Pflanzen- und Vorratsschutzes, der Pflanzenquarantäne sowie zur Beseitigung unerwünschten Pflanzenwuchses durchführen oder in deren Durchführung einbezogen werden,
— Pflanzenschutzmittel, Mittel zur Steuerung biologischer Prozesse sowie Maschinen und Geräte zur Ausbringung dieser Mittel produzieren oder in die Deutsche Demokratische Republik einführen;

b) staatlichen und wirtschaftsleitenden Organe bei der Leitung, Planung, Organisation und Kontrolle.

(2) Diese Verordnung gilt nicht für den Holzschutz.

(3) In den Bereichen des Ministeriums des Innern, des Ministeriums für Nationale Verteidigung und des Ministeriums für Staatssicherheit wird die Durchführung dieser Verordnung durch gesonderte Vereinbarungen zwischen dem Minister für Land-, Forst- und Nahrungsgüterwirtschaft und den Ministern der genannten zentralen Staatsorgane geregelt.

II.

Staatliche Leitung des Pflanzen- und Vorratsschutzes und der Pflanzenquarantäne

§ 2

(1) Die Leitung, Koordinierung und Kontrolle des Pflanzen- und Vorratsschutzes, der Pflanzenquarantäne und des Forstpflanzenschutzes obliegt dem Minister für Land-, Forst- und Nahrungsgüterwirtschaft.

(2) Im Auftrag des Ministers für Land-, Forst- und Nahrungsgüterwirtschaft sichert der Leiter des Pflanzenschutzes des Ministeriums für Land-, Forst- und Nahrungsgüterwirtschaft die Durchführung und Kontrolle der gesamten Aufgaben des Pflanzen- und Vorratsschutzes und der Pflanzenquarantäne. Er hat dazu das Recht, den Leitern des Pflanzenschutzes der Räte der Bezirke Weisungen zu erteilen und von ihnen Rechenschaft zu fordern.

(3) In den Bezirken, Kreisen, Stadtkreisen, Städten, Stadtbezirken und Gemeinden obliegt die Leitung, Durchführung und Kontrolle des Pflanzen- und Vorratsschutzes und der Binnenquarantäne den örtlichen Räten. Dem Rat des Bezirkes obliegt des weiteren die Leitung, Durchführung und Kontrolle des Forstpflanzenschutzes.

(4) Die Leiter des Pflanzenschutzes der Räte der Bezirke sichern die Durchführung und Kontrolle der gesamten Aufgaben des Pflanzen- und Vorratsschutzes und der Binnenquarantäne im Bezirk. Sie haben dazu das Recht, den Leitern des Pflanzenschutzes der Räte der Kreise Weisungen zu erteilen und von ihnen Rechenschaft zu fordern. Die Leiter des Pflanzenschutzes der Räte der Bezirke unterstehen den Stellvertretern der Vorsitzenden der Räte der Bezirke für Land-, Forst- und Nahrungsgüterwirtschaft.

(5) Die Leiter des Pflanzenschutzes der Räte der Kreise sichern die Durchführung und Kontrolle der gesamten Aufgaben des Pflanzen- und Vorratsschutzes und der Binnenquarantäne im Kreis. Sie sind berechtigt, den Vorsitzenden der Produktionsgenossenschaften bzw. den Leitern der Betriebe und Einrichtungen Weisungen zu erteilen und von ihnen Rechenschaft zu fordern. Die Leiter des Pflanzenschutzes der Räte der Kreise unterstehen den Stellvertretern der Vorsitzenden der Räte der Kreise für Landwirtschaft und Nahrungsgüterwirtschaft.

(6) Der Leiter des Pflanzenschutzes des Ministeriums für Land-, Forst- und Nahrungsgüterwirtschaft und die Leiter des Pflanzenschutzes der Räte der Bezirke und Kreise (nachfolgend Leiter des Pflanzenschutzes genannt) sowie die Leiter der staatlichen Einrichtungen des Pflanzenschutzes und der Pflanzenquarantäne arbeiten bei der Verhütung und Bekämpfung von Pflanzenkrankheiten, Pflanzenschädlingen, Unkräutern und anderen besonderen Gefahren für die Kultur- und Nutzpflanzen und die pflanzlichen Rohprodukte sowie bei der Verhinderung der Einschleppung und Verschleppung von Pflanzenkrankheiten, Pflanzenschädlingen und Unkräutern mit anderen staatlichen und wirtschaftsleitenden Organen und den Produktionsgenossenschaften, Betrieben und Einrichtungen zusammen. Bei der Verhütung und Bekämpfung von Pflanzenkrankheiten und Pflanzenschädlingen, die zugleich Erkrankungen bei Menschen und Tieren hervorrufen können, hat eine Koordinierung der Maßnahmen mit den für das Gesundheits- und Veterinärwesen zuständigen Organen und Einrichtungen zu erfolgen.

§ 3

Die staatlichen Einrichtungen des Pflanzenschutzes und der Pflanzenquarantäne sind:

- das Zentrale Staatliche Amt für Pflanzenschutz und Pflanzenquarantäne beim Ministerium für Land-, Forst- und Nahrungsgüterwirtschaft (nachfolgend Zentrales Pflanzenschutzamt genannt),
- die Pflanzenschutzämter bei den Räten der Bezirke,
- die Pflanzenschutzstellen bei den Räten der Kreise,
- die Pflanzenquarantäneinspektionen beim Zentralen Staatlichen Amt für Pflanzenschutz und Pflanzenquarantäne.

§ 4

(1) Die Leiter des Pflanzenschutzes können zeitweise oder ständig bestimmte Aufgaben, Rechte und Pflichten auf die Leiter der staatlichen Einrichtungen des Pflanzenschutzes und der Pflanzenquarantäne ihres Territoriums, auf die Betriebspflanzenschutzagronomen und Fachkräfte des Pflanzenschutzes und die Beauftragten für den Forstpflanzenschutz gemäß § 7 Absätze 3 und 4 übertragen.

(2) Die Leiter des Pflanzenschutzes und der staatlichen Einrichtungen des Pflanzenschutzes und der Pflanzenquarantäne und die von ihnen besonders beauftragten Mitarbeiter haben in Wahrnehmung ihrer Aufgaben jederzeit das Recht, Zutritt zu Anlagen der Pflanzenproduktion, Produktionsgenossenschaften, Betrieben und Einrichtungen sowie zu Kultur- und Nutzpflanzen, pflanzlichen Rohprodukten, Pflanzenschutzmitteln und Mitteln zur Steuerung biologischer Prozesse sowie zu Maschinen und Geräten zur Ausbringung dieser Mittel zu erhalten und die erforderlichen Unterlagen einzusehen. Die Produktionsgenossenschaften, Betriebe und Einrichtungen haben auf Aufforderung die zur Durchführung dieser Aufgaben notwendige Hilfeleistung zu sichern.

(3) Die staatlichen und wirtschaftsleitenden Organe stützen sich bei der Vorbereitung und Durchführung ihrer Maßnahmen zur Verhütung und Bekämpfung von Pflanzenkrankheiten, Pflanzenschädlingen, Unkräutern und anderen besonderen Gefahren für die Kultur- und Nutzpflanzen, den Wald und die pflanzlichen Rohprodukte sowie zur Verhinderung der Einschleppung und Verschleppung von Pflanzenkrankheiten, Pflanzenschädlingen und Unkräutern auf die Mitwirkung der Bürger, der Ausschüsse der Nationalen Front der Deutschen Demokratischen Republik, des Verbandes der Kleingärtner, Siedler und Kleintierzüchter und anderer gesellschaftlicher Organisationen. Sie fördern deren Mitwirkung bei der Festlegung und Durchführung entsprechender Aufgaben.

(4) Durch die Leiter des Pflanzenschutzes und der staatlichen Einrichtungen des Pflanzenschutzes und der Pflanzenquarantäne ist die Aufklärungs- und Überzeugungsarbeit methodisch und inhaltlich so zu gestalten, daß die Bürger die Notwendigkeit der Verhütungs- und Bekämpfungsmaßnahmen von Pflanzenkrankheiten, Pflanzenschädlingen, Unkräutern und anderen besonderen Gefahren für die Kultur- und Nutzpflanzen, den Wald und die pflanzlichen Rohprodukte erkennen und aktiv unterstützen. Dabei sind die Möglichkeiten und Erfahrungen der gesellschaftlichen Organisationen und Einrichtungen sowie der Publikationsorgane zu nutzen.

(5) Die Aufgaben, Rechte und Pflichten der Leiter des Pflanzenschutzes und der staatlichen Einrichtungen des Pflanzenschutzes und der Pflanzenschutzquarantäne regelt der Minister für Land-, Forst- und Nahrungsgüterwirtschaft im Einvernehmen mit den Leitern der zuständigen zentralen Staatsorgane.

§ 5

(1) Zur Unterstützung und Koordinierung der Verhütungs- und Bekämpfungsmaßnahmen von Pflanzenkrankheiten, Pflanzenschädlingen, Unkräutern und anderen besonderen Gefahren für die Kultur- und Nutzpflanzen, den Wald und die pflanzlichen Rohprodukte ist beim Minister für Land-, Forst- und Nahrungsgüterwirtschaft eine zentrale Pflanzenschutzkommission tätig. Ihre Mitglieder werden vom Minister für Land-, Forst- und Nahrungsgüterwirtschaft berufen.

(2) In den Bezirken und Kreisen sind Pflanzenschutzkommissionen unter Leitung der Stellvertreter der Vorsitzenden der Räte der Bezirke für Land-, Forst- und Nahrungsgüterwirtschaft bzw. der Stellvertreter der Vorsitzenden der Räte der Kreise für Landwirtschaft und Nahrungsgüterwirtschaft tätig. Ihre Mitglieder werden von den Vorsitzenden der Räte der Bezirke und Kreise berufen.

(3) In den Gemeinden, Städten und Stadtbezirken ist das koordinierte Zusammenwirken aller Produktionsgenossenschaften, Betriebe und Einrichtungen und der Bürger bei der Verhütung und Bekämpfung von Pflanzenkrankheiten, Pflanzenschädlingen, Unkräutern und anderen besonderen Gefahren für die Kultur- und Nutzpflanzen, den Wald und die pflanzlichen Rohprodukte durch Pflanzenschutzaktivs bzw. Arbeitsgruppen unter Leitung der örtlichen Räte zu sichern.

III.

Maßnahmen zur Sicherung des Pflanzen- und Vorratsschutzes und der Pflanzenquarantäne

§ 6

Die Leiter der staatlichen und wirtschaftsleitenden Organe, die Vorsitzenden der Produktionsgenossenschaften und die Leiter der Betriebe und Einrichtungen haben alle Voraussetzungen für die Verhütung und Bekämpfung von Pflanzenkrankheiten, Pflanzenschädlingen, Unkräutern und anderen besonderen Gefahren für die Kultur- und Nutzpflanzen, den Wald und die pflanzlichen Rohprodukte zu schaffen und die die dazu notwendigen finanziellen, materiellen und personellen Voraussetzungen zu planen.

§ 7

(1) In den Produktionsgenossenschaften, Betrieben und Einrichtungen sind die vorbeugenden Maßnahmen zum Schutze der Kultur- und Nutzpflanzen, des Waldes und der pflanzlichen Rohprodukte vor Pflanzenkrankheiten, Pflanzenschädlingen, Unkräutern und anderen besonderen Gefahren Bestandteil der phytosanitären Sicherungsmaßnahmen. Sie bilden die Grundlage für alle Maßnahmen der

Leitung, Planung, Technologie, Organisation und Kontrolle der Produktion pflanzlicher Rohprodukte.

(2) Die Vorstände der Produktionsgenossenschaften und die Leiter der Betriebe und Einrichtungen sind für die erforderlichen Maßnahmen zur Verhütung und Bekämpfung von Pflanzenkrankheiten, Pflanzenschädlingen, Unkräutern und anderen besonderen Gefahren sowie für die Überwachung der Pflanzen- und Waldbestände und pflanzlichen Rohprodukte auf das Auftreten von Schaderregern voll verantwortlich, unabhängig davon, ob diese Arbeiten durch den eigenen Betrieb, durch agrochemische Zentren oder durch andere Betriebe und Einrichtungen durchgeführt werden.

(3) Die Vorstände der Produktionsgenossenschaften und die Leiter der Betriebe und Einrichtungen der Pflanzenproduktion haben für die Aufgaben des Pflanzen- und Vorratsschutzes und der Pflanzenquarantäne Betriebspflanzenschutzagronomen (außer in agrochemischen Zentren) und Fachkräfte des Pflanzenschutzes einzusetzen.

(4) Die Direktoren der staatlichen Forstwirtschaftsbetriebe haben für die Aufgaben des Forstpflanzenschutzes im Rahmen des Forstschutzes Beauftragte für den Forstpflanzenschutz einzusetzen.

§ 8

(1) Die Betriebspflanzenschutzagronomen und die Beauftragten für den Forstpflanzenschutz gemäß § 7 Absätze 3 und 4 sichern im Auftrag der Vorstände der Produktionsgenossenschaften bzw. der Leiter der Betriebe und Einrichtungen der Pflanzenproduktion die notwendigen Maßnahmen des Pflanzen- und Vorratsschutzes, der Pflanzenquarantäne und des Forstpflanzenschutzes. Sie sichern die Überwachung der Pflanzen- und Waldbestände und pflanzlichen Rohprodukte, informieren die Vorsitzenden der Produktionsgenossenschaften bzw. die Leiter der Betriebe und Einrichtungen der Pflanzenproduktion über die phytosanitäre Situation, organisieren gemeinsam mit dem zuständigen agrochemischen Zentrum die erforderlichen vorbeugenden oder Bekämpfungsmaßnahmen und kontrollieren die Einhaltung sowie qualitätsgerechte Durchführung der festgelegten Maßnahmen.

(2) Die Betriebspflanzenschutzagronomen und die Beauftragten für den Forstpflanzenschutz sind berechtigt, zur Wahrnehmung der Aufgaben des Pflanzen- und Vorratsschutzes, der Pflanzenquarantäne und des Forstpflanzenschutzes die notwendigen Maßnahmen für die Produktionsgenossenschaft, den Betrieb bzw. die Einrichtung vorzuschlagen. Werden diese Vorschläge von den Vorsitzenden der Produktionsgenossenschaften bzw. den Leitern der Betriebe und Einrichtungen der Pflanzenproduktion nicht berücksichtigt, haben die Betriebspflanzenschutzagronomen bzw. die Beauftragten für den Forstpflanzenschutz den zuständigen Leiter des Pflanzenschutzes zu informieren.

§ 9

(1) Die agrochemischen Zentren als zwischenbetriebliche Einrichtungen der Betriebe der Pflanzenproduktion führen, soweit diese Arbeiten nicht direkt durch die LPG, GPG, VEG und kooperativen Einrichtungen der Pflanzenproduktion erfolgen, die chemischen Pflanzenschutzmaßnahmen auf der Grundlage von langfristigen Verträgen und Jahresverträgen mit den Produktionsgenossenschaften, Betrieben und Einrichtungen durch und setzen hierzu Fachkräfte ein. Bei besonderen Gefahren für die Kultur- und Nutzpflanzenbestände übernimmt das agrochemische Zentrum auf mündliche Anforderung der Produktionsgenossenschaften, Betriebe und Einrichtungen kurzfristig die Durchführung der erforderlichen Pflanzenschutzmaßnahmen. Die schriftliche Vereinbarung darüber ist umgehend nachzuholen.

(2) Die agrochemischen Zentren planen die erforderlichen Pflanzenschutzmittel und Mittel zur Steuerung biologischer Prozesse, schließen dazu Lieferverträge ab und gewährleisten eine ordnungsgemäße Zwischenlagerung der Arbeitsvorräte an Pflanzenschutzmitteln und Mitteln zur Steuerung biologischer Prozesse. Sie sichern die technischen und personellen Kapazitäten zur Durchführung der notwendigen Pflanzenschutzmaßnahmen und zum gefahrlosen Verkehr mit Pflanzenschutzmitteln und Mitteln zur Steuerung biologischer Prozesse, die als Gifte eingestuft sind, in Kooperation mit den Produktionsgenossenschaften, Betrieben und Einrichtungen.

§ 10

Die auf dem Gebiet des Pflanzenschutzes, der Grundlagen- und Anwendungsforschung tätigen wissenschaftlichen Einrichtungen und die Pflanzenschutzmittel herstellenden Betriebe sind verpflichtet, Voraussetzungen für effektive vorbeugende und direkte Maßnahmen zur Verhinderung und Bekämpfung von Pflanzenkrankheiten, Pflanzenschädlingen, Unkräutern und anderen besonderen Gefahren für Kultur- und Nutzpflanzen zu schaffen und ständig weiterzuentwickeln. Dazu gehören insbesondere die Entwicklung neuer hochwirksamer Pflanzenschutzmittel und Pflanzenschutzverfahren sowie deren schnelle Überführung in die Produktion und ihre ständige Weiterentwicklung.

§ 11

Personen, die Kultur- und Nutzpflanzen und sonstige Pflanzen ständig oder zeitweise nutzen, anbauen oder pflanzliche Rohprodukte lagern, Pflanzenschutzmaßnahmen durchführen oder Grundstücke land- und forstwirtschaftlich, gartenbaulich oder zur Erholung nutzen, haben zu sichern, daß eine Gefährdung benachbarter Kultur- und Nutzpflanzen nicht eintritt und keine Übertragung von Pflanzenkrankheiten, Pflanzenschädlingen, Unkräutern oder anderen besonderen Gefahren auf andere Kultur- und Nutzpflanzen, pflanzliche Rohprodukte sowie auf Menschen und Tiere erfolgt.

§ 12

Das Züchten und Vermehren, das Inverkehrbringen sowie das Mitführen von Objekten der Pflanzenquarantäne ist verboten. Die Objekte der Pflanzenquarantäne sind in Listen erfaßt.[1] Ausnahmegenehmigungen erteilt der Leiter des Pflanzenschutzes des Ministeriums für Land-, Forst- und Nahrungsgüterwirtschaft.

IV.

Melde- und Informationspflicht

§ 13

(1) Das Auftreten und der Verdacht des Auftretens von Objekten der Pflanzenquarantäne und anderen besonders gefährlichen Schaderregern in oder an Kultur- und Nutzpflanzen oder pflanzlichen Rohprodukten ist dem für den jeweiligen Standort zuständigen Leiter des Pflanzenschutzes des Rates des Kreises bzw. des Rates des Bezirkes oder dessen Vertreter unverzüglich zu melden.

(2) Zur Meldung gemäß Abs. 1 sind die Vorsitzenden der Produktionsgenossenschaften, die Leiter der Betriebe und Einrichtungen, die Betriebspflanzenschutzagronomen, die Fachkräfte des Pflanzenschutzes, die Beauftragten für den Forstpflanzenschutz und die im § 11 genannten Personen, die verdächtige Erscheinungen wahrnehmen oder davon Kenntnis erhalten, verpflichtet.

(3) Ist die unverzügliche Meldung an den zuständigen Leiter des Pflanzenschutzes des Rates des Kreises bzw. des Rates des Bezirkes oder dessen Vertreter nicht durchführbar, ist die Meldung an staatlichen Einrichtungen des Pflanzenschutzes und der Pflanzenquarantäne oder an andere staatliche Organe zu erstatten, die verpflichtet sind, diese Meldungen unverzüglich an den Leiter des Pflanzenschutzes des Rates des Kreises bzw. des Rates des Bezirkes weiterzuleiten.

---

[1] Z. Z. gilt die Anlage 4 (Listen I und II) der Elften Durchführungsbestimmung vom 1. August 1960 zum Gesetz zum Schutze der Kultur- und Nutzpflanzen — Verhütung der Einschleppung von Pflanzenkrankheiten und -schädlingen — (GBl. I Nr. 48 S. 481) in der Fassung der Anordnung vom 15. März 1972 zur Verhütung der Einschleppung von Pflanzenkrankheiten und -schädlingen (GBl. II Nr. 20 S. 231).

(4) Dem zuständigen Leiter des Pflanzenschutzes sind alle Beobachtungen und Feststellungen über das Auftreten von Objekten der Pflanzenquarantäne und anderen besonders gefährlichen Schaderregern mitzuteilen und alle zur Feststellung notwendigen Hinweise und Hinweismaterialien zur Ermittlung der Einschleppung und möglichen Weiterverschleppung zur Verfügung zu stellen.

V.

Phytosanitäre Überwachung des grenzüberschreitenden Verkehrs

§ 14

(1) Lebende Pflanzen und Pflanzenteile, die für den Anbau und für die Vermehrung bestimmt sind, bedürfen zur Einfuhr in die Deutsche Demokratische Republik der phytosanitären Genehmigung des Zentralen Pflanzenschutzamtes. Die Einfuhr von lebenden Pflanzen, Pflanzenteilen und pflanzlichen Rohprodukten, die nicht zum Anbau bzw. zur Vermehrung bestimmt sind, und die Ausfuhr von Pflanzen, Pflanzenteilen und pflanzlichen Rohprodukten, soweit dafür vom Importland eine phytosanitäre Untersuchung und die Ausstellung von Gesundheitszeugnissen gefordert werden, ist dem Zentralen Pflanzenschutzamt vor ihrer Durchführung anzumelden. Für die Beantragung der phytosanitären Genehmigung bzw. die Anmeldung der Einfuhr und Ausfuhr ist der Importeur bzw. der Exporteur in der Deutschen Demokratischen Republik verantwortlich. Ausnahmen genehmigt das Zentrale Pflanzenschutzamt.

(2) Die Einfuhr und Ausfuhr von Zuchten bzw. Kulturen und lebenden Einzelobjekten von Pflanzenschädlingen und Erregern von Pflanzenkrankheiten ist verboten. Ausnahmegenehmigung erteilt der Leiter des Pflanzenschutzes des Ministeriums für Land-, Forst- und Nahrungsgüterwirtschaft.

(3) Die phytosanitäre Überwachung des grenzüberschreitenden Verkehrs zum Schutze vor der Einschleppung gefährlicher Pflanzenschädlinge oder von Erregern von Pflanzenkrankheiten sowie Unkrautsamen erfolgt durch das Zentrale Pflanzenschutzamt und dessen Pflanzenquarantäneinspektionen.

(4) Die staatlichen Einrichtungen des Pflanzenschutzes sind zur Mitwirkung bei der phytosanitären Abfertigung von Export- und Importsendungen von Pflanzen, Pflanzenteilen und pflanzlichen Rohprodukten verpflichtet.

(5) Die Durchführung der phytosanitären Kontrolle des grenzüberschreitenden Verkehrs und die durchzuführenden Maßnahmen regelt der Minister für Land-, Forst- und Nahrungsgüterwirtschaft im Einvernehmen mit den Leitern der zuständigen zentralen Staatsorgane.

VI.

Prüfung und Zulassung von Pflanzenschutzmitteln und Mitteln zur Steuerung biologischer Prozesse sowie von Maschinen und Geräten zur Ausbringung dieser Mittel

§ 15

(1) Pflanzenschutzmittel, Mittel zur Steuerung biologischer Prozesse sowie Maschinen und Geräte zur Ausbringung dieser Mittel unterliegen der staatlichen Eignungsprüfung und bedürfen der Zulassung. Pflanzenschutzmittel und Mittel zur Steuerung biologischer Prozesse bedürfen zur Gewährleistung des Anwender-, Verbraucher- und Umweltschutzes außerdem der hygienisch-toxikologischen Begutachtung.

(2) Für alle staatlich geprüften und zugelassenen Pflanzenschutzmittel und Mittel zur Steuerung biologischer Prozesse sind Festlegungen über Karenzzeiten und Anwendungsbegrenzungen zu treffen.

(3) Die Veröffentlichung des Verzeichnisses der zur Anwendung in der Deutschen Demokratischen Republik zugelassenen Pflanzenschutzmittel und Mittel zur Steuerung biologischer Prozesse erfolgt im periodisch erscheinenden Pflanzenschutzmittelverzeichnis, das gleichzeitig die festgelegten Karenzzeiten, die Einordnung dieser Mittel in die Abteilungen der Gifte sowie die Kennzeichnung hinsichtlich der Gefährlichkeit für Bienen enthält. In den Berichten zur landtechnischen Prüfung werden die Ergebnisse der Prüfung von Maschinen und Geräten zur Ausbringung von Pflanzenschutzmitteln und Mitteln zur Steuerung biologischer Prozesse veröffentlicht.

(4) Die staatliche Prüfung und Zulassung von Pflanzenschutzmitteln, Mitteln zur Steuerung biologischer Prozesse sowie Maschinen und Geräten zur Ausbringung dieser Mittel regelt der Minister für Land-, Forst- und Nahrungsgüterwirtschaft im Einvernehmen mit den Leitern der zuständigen zentralen Staatsorgane.

VII.

Anwendung von Pflanzenschutzmitteln und Mitteln zur Steuerung biologischer Prozesse und Karenzzeiten

§ 16

(1) Pflanzenschutzmittel und Mittel zur Steuerung biologischer Prozesse sowie Maschinen und Geräte zur Ausbringung dieser Mittel dürfen nur nach staatlicher Prüfung und Zulassung zur Anwendung in der Deutschen Demokratischen Republik vertrieben und eingesetzt werden.

(2) Die Anwender von Pflanzenschutzmitteln und Mitteln zur Steuerung biologischer Prozesse sind für die Einhaltung der vorgeschriebenen Aufwandmengen, Konzentrationen, Karenzzeiten und Anwendungsbegrenzungen verantwortlich.

(3) Die Vorstände der Produktionsgenossenschaften und die Leiter der Betriebe und Einrichtungen sind für die arbeitsmedizinische Absicherung der Anwendung von Pflanzenschutzmitteln und Mitteln zur Steuerung biologischer Prozesse sowie für die Einhaltung der Rechtsvorschriften über den Verkehr mit Giften[1], sofern es sich bei diesen Mitteln um Gifte handelt, verantwortlich.

(4) Über die Anwendung von Pflanzenschutzmitteln und Mitteln zur Steuerung biologischer Prozesse ist, sofern pflanzliche Rohprodukte damit behandelt und in den Verkehr gebracht werden, durch die Produktionsgenossenschaften, Betriebe, Einrichtungen und Bürger ein Nachweis zu führen.

(5) Die Vorstände der Produktionsgenossenschaften und die Leiter der Betriebe und Einrichtungen, die Pflanzenschutzmaßnahmen einschließlich der Beseitigung unerwünschten Pflanzenwuchses an Verkehrswegen u. dgl. durchführen, sind, soweit dabei Pflanzenschutzmittel und Mittel zur Steuerung biologischer Prozesse zur Anwendung kommen, die als Gifte der Abteilung 1 oder 2 eingestuft sind, dafür verantwortlich, daß mit diesen Mitteln nur durch Personen umgegangen wird, die die gesetzlich vorgeschriebene Erlaubnis oder Befähigung dazu besitzen.

VIII.

Zwangsweise Durchsetzung von Maßnahmen zum Schutze der Kultur- und Nutzpflanzen

§ 17

Die Leiter des Pflanzenschutzes, der Direktor des Zentralen Pflanzenschutzamtes, die Leiter der Pflanzenquarantäneinspektionen beim Zentralen Staatlichen Amt für Pflanzenschutz und Pflanzenquarantäne und die von ihnen beauftragten Mitarbeiter sind berechtigt, den Produktionsgenossenschaften, Betrieben, Einrichtungen und Bürgern unter Freisetzung Auflagen zur Durchführung von Maßnahmen zu erteilen, die zum Schutze der Kultur- und Nutzpflanzen, des Waldes oder der pflanzlichen Rohprodukte notwendig sind. Die Auflagen sind schriftlich zu erteilen.

---

[1] Z. Z. gilt das Gesetz vom 7. April 1977 über den Verkehr mit Giften — Giftgesetz — (GBl. I Nr. 10 S. 103).

IX.

Finanzierung der Maßnahmen zum Schutze der Kultur- und Nutzpflanzen

§ 18

(1) Die Kosten der Pflanzenschutzmaßnahmen tragen die zum Schutze der Kultur- und Nutzpflanzen, des Waldes und der pflanzlichen Rohprodukte verpflichteten Produktionsgenossenschaften, Betriebe, Einrichtungen und Bürger.

(2) Die Finanzierung von Sondermaßnahmen zur Verhütung und Bekämpfung von Pflanzenkrankheiten, Pflanzenschädlingen, Unkräutern und anderen besonderen Gefahren und zum Schutze der Kultur- und Nutzpflanzen, des Waldes und der pflanzlichen Rohprodukte regelt der Minister für Land-, Forst- und Nahrungsgüterwirtschaft im Einvernehmen mit dem Minister der Finanzen.

X.

Beschwerdeverfahren

§ 19

(1) Gegen die Auflagen gemäß § 17 kann Beschwerde eingelegt werden. Die von der Auflage Betroffenen sind darüber zu belehren, daß sie Beschwerde einlegen können.

(2) Die Beschwerde ist schriftlich oder mündlich mit Angabe von Gründen innerhalb einer Frist von 4 Wochen nach Zugang oder Bekanntgabe der Auflage bei dem Leiter des Pflanzenschutzes oder der staatlichen Einrichtungen des Pflanzenschutzes und der Pflanzenquarantäne einzulegen, der die Auflage erteilt hat oder in dessen Auftrag sie erteilt worden ist.

(3) Die Beschwerde hat keine aufschiebende Wirkung.

(4) Über die Beschwerde ist innerhalb von 2 Wochen nach ihrem Eingang durch den Leiter zu entscheiden, bei dem sie eingelegt wurde. Wird der Beschwerde nicht oder nicht in vollem Umfang stattgegeben, ist sie innerhalb dieser Frist dem jeweiligen übergeordneten Leiter des Pflanzenschutzes bzw. der staatlichen Einrichtungen des Pflanzenschutzes und der Pflanzenquarantäne zur Entscheidung zuzuleiten. Der Einreicher der Beschwerde ist davon zu informieren. Der übergeordnete Leiter des Pflanzenschutzes bzw. der staatlichen Einrichtung des Pflanzenschutzes und der Pflanzenquarantäne hat innerhalb weiterer 2 Wochen endgültig zu entscheiden.

(5) Kann im Ausnahmefall eine Entscheidung innerhalb der Frist nicht getroffen werden, ist rechtzeitig ein Zwischenbescheid unter Angabe der Gründe sowie des voraussichtlichen Abschlußtermins zu geben.

XI.

Ordnungsstrafbestimmungen

§ 20

(1) Wer vorsätzlich oder fahrlässig

a) die Auflagen der Leiter des Pflanzenschutzes, des Direktors des Zentralen Pflanzenschutzamtes, der Leiter der Pflanzenquarantäneinspektionen und der von ihnen beauftragten Mitarbeiter gemäß § 17 nicht befolgt,

b) Pflanzenschutzmittel und Mittel zur Steuerung biologischer Prozesse sowie Maschinen und Geräte zur Ausbringung dieser Mittel entgegen § 16 Absätze 1 und 2 vertreibt, einsetzt oder anwendet,

c) die Verpflichtungen gemäß § 7 Absätze 3 und 4, § 12, § 13 Abs. 2 und § 14 Absätze 1 und 2 nicht einhält,

kann mit Verweis oder Ordnungsstrafe von 10 M bis 300 M belegt werden.

(2) Ist eine vorsätzliche Handlung nach Abs. 1 aus Vorteilsstreben oder ähnlichen, die gesellschaftlichen Interessen mißachtenden Beweggründen oder wiederholt innerhalb von zwei Jahren begangen und mit Ordnungsstrafe geahndet worden oder ist ein größerer Schaden verursacht worden oder hätte er verursacht werden können, kann eine Ordnungsstrafe bis zu 1000 M ausgesprochen werden.

(3) Die Durchführung des Ordnungsstrafverfahrens obliegt den Leitern des Pflanzenschutzes, dem Direktor des Zentralen Pflanzenschutzamtes und den Leitern der Pflanzenquarantäneinspektion.

(4) Für die Durchführung des Ordnungsstrafverfahrens und den Ausspruch von Ordnungsstrafmaßnahmen gilt das Gesetz vom 12. Januar 1968 zur Bekämpfung von Ordnungswidrigkeiten — OWG — (GBl. I Nr. 3 S. 101).

XII.

Schlußbestimmungen

§ 21

Wenn die Deutsche Demokratische Republik in völkerrechtlichen Verträgen anderslautende Vereinbarungen getroffen hat bzw. noch trifft oder Zusagen gemacht hat bzw. noch macht, gehen diese Vereinbarungen oder Zusagen entgegenstehenden Bestimmungen dieser Verordnung und den dazu erlassenen Durchführungsbestimmungen vor.

§ 22

Durchführungsbestimmungen zu dieser Verordnung erläßt der Minister für Land-, Forst- und Nahrungsgüterwirtschaft im Einvernehmen mit den Leitern der zuständigen zentralen Staatsorgane.

§ 23

(1) Diese Verordnung tritt am 1. Januar 1979 in Kraft.

(2) Gleichzeitig treten außer Kraft:

- Verordnung vom 30. Mai 1952 zur Neuordnung des Pflanzenschutzes (GBl. Nr. 73 S. 454),
- Anordnung vom 31. März 1960 über die Bildung von Pflanzenschutzämtern (GBl. II Nr. 15 S. 149),
- Dreizehnte Durchführungsbestimmung vom 18. Dezember 1961 zum Gesetz zum Schutze der Kultur- und Nutzpflanzen — Organisation und Aufgaben des Pflanzenschutzdienstes — (GBl. II 1962 Nr. 2 S. 6),
- Einundzwanzigste Durchführungsbestimmung vom 25. April 1966 zum Gesetz zum Schutze der Kultur- und Nutzpflanzen — Bildung und Verwendung eines zentralen Fonds zur Durchführung besonderer Maßnahmen des Pflanzenschutzes — (GBl. II Nr. 48 S. 297).

Berlin, den 10. August 1978

Der Ministerrat
der Deutschen Demokratischen Republik
W. Stoph
Vorsitzender

Ministerium für Gesundheitswesen

Rahmenlehrplan für Vorbereitungslehrgänge zur Erlangung des Befähigungsnachweises für Giftbeauftragte

vom 20. November 1978

Veröffentlicht in Verfügungen und Mitteilungen Nr. 1/79 vom 30. Januar 1979

Inhaltsverzeichnis

1. Zielstellung

Entsprechend dem Gesetz vom 7. April 1977 über den Verkehr mit Giften — Giftgesetz — (Gbl. I. Nr. 10) sind die Leiter der Betriebe und Einrichtungen dafür verantwortlich, daß in Produktionsabteilungen, Lagern, Laboratorien, Handelseinrichtungen, Bildungseinrichtungen und dergleichen, in denen mit Giften umgegangen wird, Giftbeauftragte eingesetzt werden.

Zur Ausübung ihrer Tätigkeit bedürfen die Giftbeauftragten eines Befähigungsnachweises, der nach entsprechender Vorbereitung und Teilnahme an einem Lehrgang durch Ablegen einer Prüfung erworben werden kann.

Zur Durchführung der Vorbereitungslehrgänge dient vorliegender Rahmenlehrplan.

Die Voraussetzungen für die Qualifizierung zum Giftbeauftragten sowie die Beantragung der Zulassung zur Prüfung sind im Giftgesetz vom 7. April 1977 (GBl. I Nr. 10 S. 103) und in der Ersten Durchführungsbestimmung zum Giftgesetz vom 31. Mai 1977 (GBl. I Nr. 21 S. 275) geregelt.

In der Prüfung sollen die Teilnehmer Kenntnisse über

— die Rechtvorschriften über den Verkehr mit Giften sowie über einschlägige Bestimmungen des Gesundheits- und Arbeitsschutzes sowie Brandschutzes,
— die Zusammensetzung, Eigenschaften und Wirkung der Gifte,
— das Erkennen von Vergiftungen und Maßnahmen der Ersten Hilfe und
— das Verhalten bei Havarien und anderen Vorkommnissen im Verkehr mit Giften

nachweisen.

Die künftigen Giftbeauftragten haben, gestützt auf sichere Kenntnisse und Fertigkeiten, eine verantwortungsvolle Aufgabe des sozialistischen Staates im Verkehr mit Giften zu erfüllen. Durch bewußte Anwendung des erworbenen Wissens in der praktischen Tätigkeit tragen sie dazu bei, daß die Bürger sowie die Tier- und Pflanzenwelt geschützt und volkswirtschaftliche Aufgaben erfüllt werden. Außerdem müssen sie die sich aus den Bestimmungen des Gesundheits- und Arbeitsschutzes sowie Brandschutzes ergebenden Pflichten kennen und entsprechend handeln können.

2. Stundentafel

Themengruppen	Stunden	
	Unterricht	Selbststudium
Einführung	2	
Rechtsvorschriften über den Verkehr mit Giften	4	3
Bestimmungen des Gesundheits- und Arbeitsschutzes sowie Brandschutzes	4	3
Zusammensetzung, Eigenschaften und Wirkung der Gifte sowie Maßnahmen der Ersten Hilfe	3	2
Schadlose Beseitigung von Giften	2	1
	15	9

3. Hinweise zur Durchführung des Unterrichtes

Der Rahmenlehrplan orientiert auf die wichtigsten Stoffgebiete, deren Kenntnisse die Lehrgangsteilnehmer bei der Prüfung zum Erwerb des Befähigungsnachweises für Giftbeauftragte nachzuweisen haben.

Mit der Durchführung des Unterrichtes sollten Pharmakologen, Fachärzte für Arbeitshygiene und Pharmazeuten oder Chemiker betraut werden.

Der Unterricht sollte praxisnah und unter Einsatz von Anschauungsmitteln gestaltet werden. Durch angeleitetes Selbststudium ist der aktive Wissenserwerb zu fördern.

Den Betrieben und Einrichtungen wird empfohlen, die Lehrgangsteilnehmer bei der notwendigen Literaturbeschaffung zu unterstützen.

Bei den Lehrveranstaltungen sind die unterschiedlichen Voraussetzungen der Teilnehmer zu berücksichtigen.

Die Wissensvermittlung kann entsprechend der vorgesehenen Tätigkeit auf bestimmte Gifte beschränkt werden. Der Umfang des Unterrichtes und des Selbststudiums zur Themengruppe „Zusammensetzung, Eigenschaften und Wirkung der Gifte sowie Maßnahmen der Ersten Hilfe" wird durch die Anzahl der zu behandelnden Gifte bestimmt.

Um Überschneidungen zu vermeiden, stimmen die Lehrkärfte die Stoffinhalte rechtzeitig untereinander ab.

Die künftigen Giftbeauftragten sind zu befähigen, die in § 12 der Ersten Durchführungsbestimmung zum Giftgesetz vom 31. Mai 1977 (GBl. I Nr. 21 S. 275) genannten Aufgaben und Befugnisse wahrzunehmen.

Vorbereitungslehrgang und Prüfung sind möglichst innerhalb von 6 Wochen durchzuführen.

4. Themengruppen/Themen

Stunden		Themengruppen/Themen
Unterricht	Selbststudium	
2		*Einführung* Definition, Grundsätze, Organisation und Bedeutung des Verkehrs mit Giften
4	3	*Rechtsvorschriften über den Verkehr mit Giften* Gesetz über den Verkehr mit Giften — Giftgesetz — Erste Durchführungsbestimmungen zum Giftgesetz Zweite Durchführungsbestimmung zum Giftgesetz — Verzeichnis eingestufter Gifte — Dritte Durchführungsbestimmung zum Giftgesetz — Transport von Giften — Anordnung über den Postdienst — Postordnung — Transportordnung gefährlicher Güter — TOG —

Stunden		Themengruppen/Themen
Unter-richt	Selbst-studium	
		Anordnung über die Mitnahme gefährlicher Güter in öffentliche Beförderungsmittel Zweite Durchführungsbestimmung zur Sechsten Durchführungsverordnung zum Landeskulturgesetz — Schadlose Beseitigung toxischer Abprodukte und anderer Schadstoffe — ● Didaktisch-methodische Hinweise Die Lehrgangsteilnehmer sollen einen umfassenden Überblick über die Giftgesetzgebung erhalten. Sie müssen sichere Kenntnisse auf dem Gebiet der Rechtsvorschriften erwerben, die den Verkehr mit Giften in ihrem künftigen Arbeitsbereich betreffen. Es wird empfohlen, den Unterricht möglichst weitgehend seminaristisch zu gestalten. Voraussetzung hierzu ist ein gezielt durchgeführtes Selbststudium der Lehrgangsteilnehmer.
4	3	*Bestimmungen des Gesundheits- und Arbeitsschutzes sowie Brandschutzes* Grundlagen des Gesundheits- und Arbeitsschutzes sowie Brandschutzes Arbeitsschutzverordnung — ASVO — Arbeitsschutzanordnung Nr. 108 Gesetz über den Brandschutz in der Deutschen Demokratischen Republik — Brandschutzgesetz — TGL 30582/01-03, Chemische Arbeiten in Laboratorien TGL 30817, Sicherheitsfarben und Sicherheitszeichen Havarieplan der Einrichtung ● Didaktisch-methodische Hinweise Vorrangig ist eine gründliche Behandlung der gesetzlichen Bestimmungen, die für den speziellen Tätigkeitsbereich der künftigen Giftbeauftragten Bedeutung haben. Auf der Grundlage betriebsspezifischer Vorschriften soll das Verhalten bei Havarien eingehend besprochen werden. An-

Stunden		Themengruppen/Themen
Unterricht	Selbststudium	
		dere Vorkommnisse im Verkehr mit Giften sind durch Fallbeispiele aus dem Arbeitsbereich der Lehrgangsteilnehmer zu erläutern.
3	2	*Zusammensetzung, Eigenschaften und Wirkung der Gifte sowie Maßnahmen der Ersten Hilfe* Zusammensetzung, Eigenschaften und Wirkung der Gifte Die Aufnahme von toxischen Stoffen durch den Körper Erkennen von Vergiftungen Maßnahmen der Ersten Hilfe
		● Didaktisch-methodische Hinweise Bei der Behandlung der Thematik ist das Hauptaugenmerk auf die Gifte zu richten, mit denen der künftige Giftbeauftragte in seinem Tätigkeitsbereich in Berührung kommt. Die Lehrgangsteilnehmer müssen erkennen, daß der sachgemäße Umgang mit Giften gute Kenntnisse erfordert und eine verantwortungsvolle Aufgabe ist. Sie sind zu befähigen, bei etwaigen Vergiftungen notwendige Maßnahmen der Ersten Hilfe einzuleiten. Der Einsatz spezieller Lehr- und Anschauungsmittel ist zu empfehlen. Kleine Übungen unterstützen die Stoffvermittlung.
2	1	*Schadlose Beseitigung von Giften* Maßnahmen zur schadlosen Beseitigung von Giften Wiederverwendung von Giften
		● Didaktisch-methodische Hinweise Die Lehrgangsteilnehmer müssen vor allem mit den gesetzlichen Bestimmungen über die schadlose Beseitigung von Giften vertraut gemacht werden. Anhand von konkreten Beispielen aus der praktischen Tätigkeit ist die Wiederverwendung von Giften zu behandeln.

5. Literaturverzeichnis

Gesamtübersicht für Dozenten und Lehrgangsteilnehmer

- Gesetz über den Verkehr mit Giften — Giftgesetz — vom 7. April 1977, GBl. 1977, Teil I Nr. 10
- Erste Durchführungsbestimmung zum Giftgesetz vom 31. Mai 1977, GBl. 1977 Teil I Nr. 21
- Zweite Durchführungsbestimmung zum Giftgesetz — Verzeichnis eingestufter Gifte — vom 31. Mai 1977, GBl. 1977 Teil I Nr. 21
- Dritte Durchführungsbestimmung zum Giftgesetz — Transport von Giften — vom 31. Mai 1977, GBl. 1977 Teil I Nr. 21
- Anordnung über den Postdienst — Postordnung — vom 21. November 1974, GBl. 1975 Teil I Nr. 13
- Ordnung vom 30. Januar 1979 über den Transport gefährlicher Güter mit Eisenbahn, Kraftfahrzeugen und Binnenschiffen — Transportordnung für gefährliche Güter (TOG) —, Tarif- und Verkehrsanzeiger 153/20/79
- Anordnung über die Mitnahme gefährlicher Güter in öffentliche Beförderungsmittel vom 27. Februar 1979, GBl. 1979 Teil I Nr. 11
- Zweite Durchführungsbestimmung zur Sechsten Durchführungsverordnung zum Landeskulturgesetz — Schadlose Beseitigung toxischer Abprodukte und anderer Schadstoffe — vom 21. April 1977, GBl. 1977 Teil I Nr. 15
- PAULENZ, H. und P. ELSTNER; Giftgesetz der DDR — Rechtsvorschriften mit Kommentar — Berlin: Akademie-Verlag (erscheint voraussichtlich 1980)
- AHRENS, G.: Giftgesetz — Giftverkehr, Leipzig: Johann Ambrosius Barth, 1979
- Gift, Broschüre, *Hrsg.*: Bundesvorstand des FDGB, Abt. Arbeitsschutz, Berlin: Verl. Tribüne
- MÜLLER, R. K.: Die toxikologisch-chemische Analyse, Dresden: Verl. Theodor Steinkopff 1976
- Industrie-Toxikologie, Berlin: Verl. Tribüne, 1971. — (Arbeitswissenschaftliche Lehrbriefe 14/15/16)
- Gesetz über den Brandschutz in der Deutschen Demokratischen Republik — Brandschutzgesetz — vom 19. Dezember 1974, GBl. 1974 Teil I Nr. 62
- Arbeitsschutzverordnung — ASVO — vom 1. Dezember 1977, GBl. 1977 Teil I Nr. 36
- Arbeits- und Brandschutzanordnung Nr. 108 — Pflanzenschutz- und Schädlingsbekämpfungsmittel —, GBl. 1969 Teil II Nr. 52
- TGL 30582/01-03, Chemische Arbeiten in Laboratorien, 1976.
- TGL 30817, Sicherheitsfarben und Sicherheitszeichen, 1976

— Handbuch für den Arbeits-, Gesundheits- und Brandschutz, Band I, Berlin: Verl. Tribüne 1976
— LUGENHEIM, W.: Gesundheits-, Arbeits- und Brandschutz bei chemischen Arbeiten in Laboratorien, Berlin: Verl. Tribüne 1977
— BRÜCKNER, Ch.; R. GRÄFE; G. LEISTNER: Gesundheitsschutz, Arbeitsschutz und Brandschutz im Gesundheitswesen, 4. überarb. Auflage, Dresden: Verl. Theodor Steinkopff, 1977.
— SCHÄR, W.: Wissensspeicher Erste Hilfe, 4., unveränderte Auflage, Berlin: Verlag Volk und Gesundheit, 1976
— LUDEWIG, R.; K.-H. LOHS: Akute Vergiftungen, 5., durchges. Auflage, Jena: Gustav Fischer Verl., 1975
— KEMPLER, G.: Chemie organischer Pflanzenschutz- und Schädlingsbekämpfungsmittel, Berlin: Dt. Verlag d. Wiss., 1973
— Pflanzenschutzmittelverzeichnis 1978/79, Berlin: Dt. Landwirtschaftsverl. 1978
VVB Agro-Chemie und Zwischenprodukte, Hinweise für den Umgang mit chemischen Pflanzenschutz- und Schädlingsbekämpfungsmitteln der DDR-Produktion und Richtlinien für die Erste-Hilfe-Leistungen bei Vergiftungen durch unsachgemäße Anwendungen, 1976
— LÜDEMANN, H.; K. UNGER: Sicherer Umgang mit Pflanzenschutz- und Schädlingsbekämpfungsmitteln, Berlin: Verl. Tribüne, 1976
— LOHS, K.-H.; D. MARTINETZ: Entgiftungsprobleme im Laboratorium und Technikum, Z. Chemie 16 (1976) H. 8, S. 293
— Pflanzenschutz- und Schädlingsbekämpfungsmittel; Toxikologie Therapie, VVB Agrochemie 1976

Kontrollauftrag für Hygieneinspektionen und Arbeitshygieneinspektionen zur Überwachung des Giftverkehrs[1]

1. Datum der Kontrolle:
2. Name, Anschrift, Telefon-Nr. der Einrichtung, Betriebsnummer:
3. Übergeordnetes wirtschaftsleitendes Organ (Betriebsnummer) oder Ministerium:
4. Kontrollierende Dienststelle:
5. Namen der Teilnehmer am Kontrollgang:
6. Zuständiges VP-Kreisamt:
7. Giftbeauftragte

Name, Bereich/ Abteilung	Befähigungsnachweis Ausstellungsdatum	Umgang mit Giften d. Abt. 1	Persönliche Erlaubnis vorhanden
Hauptgiftbeauftragter:			
. . . .			
Giftbeauftragte:			
. . . .			

8. Bereiche, die mit Giften der Abt. 1 arbeiten:
9. Bereiche, die mit Giften der Abt. 2 arbeiten:

---

[1] In dreifacher Ausfertigung, davon 1 Expl. an das zuständige VP-Kreisamt und 1 Expl. an die zuständige Hygieneinspektion/Arbeitshygieneinspektion senden.

10.	Erlaubnis zum Verkehr mit Giften vorhanden? — durch wen erteilt?	ja/nein[1]
11.	Werktätige, die mit Giften der Abt. 1 arbeiten	
11.1.	Anzahl:	
11.2.	Bestätigung vorhanden?	ja/nein
11.3.	Vierteljährliche aktenkundige Belehrung über Bestimmungen des Giftgesetzes erfolgten: (durchgeführt von Koll./Kolln. . . . . . . am . . . .)	ja/nein
12.	Folgende Ordnungen und Pläne sind vorhanden:	
12.1.	Giftordnung:	ja/nein
12.2.	Schlüsselordnung:	ja/nein
12.3.	Havarieplan:	ja/nein
12.4.	Maßnahmeplan für Erste-Hilfe-Leistungen:	ja/nein
12.5.	Verfahrensweise zur schadlosen Beseitigung nicht mehr nutzbarer Gifte bekannt:	ja/nein
13.	Anträge auf Neueinstufungen gestellt: — für welche chemischen Stoffe? — wann?	ja/nein
14.	Nachweis, Meldung, Kontrolle, Lagerung und Kennzeichnung	
14.1.	Gifte der Abt. 1	
14.1.1.	Nachweisunterlagen in Ordnung:	ja/nein
14.1.2.	Jährliche Meldung an das zuständige VP-Kreisamt über den Bestand erfolgte pünktlich:	ja/nein
14.1.3.	Monatliche Kontrolle der Lagerbestände:	ja/nein
14.1.4.	Lagerung in Ordnung (Lagerungsbedingungen, getrennte Lagerung von Giften der Abt. 1 und 2 im Raum):	ja/nein
14.1.5.	Verpackung und Kennzeichnung in Ordnung:	ja/nein
14.1.6.	Kennzeichnung der Arbeitsgeräte in Ordnung:	ja/nein
14.1.7.	Sind Verluste zu verzeichnen?	ja/nein
14.1.8.	Protokoll über etwaige Verluste vorhanden (nur bei positiver Beantwortung von 14.1.7. berücksichtigen)	ja/nein
14.2.	Gifte der Abt. 2	
14.2.1.	Nachweisunterlagen in Ordnung:	ja/nein
14.2.2.	Jährliche Kontrolle des Bestandes:	ja/nein

[1] Nichtzutreffendes streichen.

14.2.3. Meldung gemäß § 7 Abs. 4 des Giftgesetzes an das zuständige VP-Kreisamt über den Verkehr mit Giften erfolgte: ja/nein

14.2.4. Verpackung und Kennzeichnung in Ordnung: ja/nein

14.2.5. Gelagerte Gifte wurden gegen Zugriff unbefugter Personen gesichert: ja/nein

15. Beseitigung von Giften durchgeführt: ja/nein

15.1. Wurden die gesetzlichen Bestimmungen des § 10 des Giftgesetzes eingehalten? ja/nein

15.2. Welche Gifte wurden beseitigt?

15.3. Art der Beseitigung:

16. Traten Gesundheitsbeeinträchtigungen beim Umgang mit Giften auf? ja/nein

17. Sind Voraussetzungen für Maßnahmen der Ersten Hilfe vorhanden (z. B. Fließendes Wasser, Antidots) ja/nein

18. Stehen geeignete Körperschutzmittel zur Verfügung? ja/nein

19. Festgestellte Mängel und terminisierte Auflagen zu ihrer Beseitigung:

Kenntnis genommen:

. . . .

Unterschrift d. Betriebsleiters — Unterschrift d. Kontrollierenden

DDR-Standard auszugsweise

DK 621-777.1/.6:614.8 | Januar 1976

Deutsche Demokratische Republik	Gesundheits- und Arbeitsschutz, Brandschutz Sicherheitsfarben und Sicherheitszeichen Allgemeine Festlegungen	TGL 30817 Gruppe 923070

Охрана здоровья и труда пожарная безопасность Сигнальные Цвета и знаки безопасности Общие установления	Occupational Safety and Health Fire Protection Warning Colours and Safety Signs General Specification

Deskriptoren: Gesundheitsschutz; Arbeitsschutz; Brandschutz; Sicherheitsfarbe; Sicherheitszeichen

verbindlich ab 1. 1. 1981

Für die Herstellung verbindlich ab 1. 1. 1977

Für Neuanwendung und Ersatz verbindlich ab 1. 1. 1979

Dieser Standard gilt nicht für den Straßenverkehr, den Betriebsdienst der Deutschen Reichsbahn, für U-Bahnen, Seilbahnen und Anschlußbahnen, für die Binnen- und Seeschiffahrt sowie für Rohrleitungen.

3. SICHERHEITSFARBEN

3.1. Arten

Tabelle 1 Sicherheitsfarben und die ihnen zugeordneten Kontrastfarben und Bedeutungen

Sicherheitsfarbe		Kontrastfarbe		Bedeutung
	Farbnummer[1)]		Farbnummer[1)]	
Gelb	0209	Schwarz	0002	Warnung Achtung! Gefahr

3.2.2. Gelb

Die Sicherheitsfarbe Gelb ist anzuwenden für

3.2.2.2. Behälter mit gefährlichen Substanzen (feuergefährlich, giftig, ätzend usw.)

Diese Behälter sind mit einem umlaufenden gelben Streifen zu markieren.
Sehr kleine Objekte sind vollständig mit gelber Sicherheitsfarbe zu kennzeichnen.
An den Türen der Räume, in denen mit solchen Substanzen gearbeitet wird, ist das entsprechende Sicherheitszeichen anzubringen.

4. SICHERHEITSZEICHEN

4.1. Gestaltung

4.1.1. Die geometrischen Formen und die Sicherheitsfarben sind den Aussageformen - Verbot, Gebot, Warnung, Hinweis - gemäß Tabelle 2 zuzuordnen.

Tabelle 2 Zuordnung von geometrischer Form und Farbe zur Bedeutung der Sicherheitszeichen

geometrische Form	Sicherheitsfarbe	Bedeutung
Dreieck	gelb	Warnung

4.1.4. Warnzeichen

Dreieck mit gelber Innenfläche, schwarzem Rand und gelber Lichtkante; auf der gelben Innenfläche schwarzes Sinnbild.

4.1.6. Zur Spezifizierung der Aussage sind für Sicherheitszeichen nur Sinnbilder nach Abschnitt 4.3. einzusetzen. Soll einem Sicherheitszeichen eine zusätzliche Information beigefügt werden, ist ein Zusatzzeichen nach Abschnitt 4.4. zu verwenden. Bei Verbotszeichen muß die mit Sicherheitsfarbe gekennzeichnete Oberfläche mindestens 35 % der Gesamtfläche betragen und bei den übrigen Zeichen mindestens 50 %.

Tabelle 5 Warnzeichen

Kurzzeichen	Darstellung	Bedeutung	Beispiel für die Anwendung
C 1		Warnung vor Gefahr durch ätzende Stoffe	Behälter mit ätzenden Stoffen; Räume, in denen man diese Stoffe lagert oder mit ihnen arbeitet
C 6		Warnung vor giftigen Substanzen	Behälter mit giftigen Stoffen; Räume, in denen man diese Stoffe lagert oder mit ihnen arbeitet

4.4. Zusatzzeichen

Zusatzzeichen dürfen mit Text und/oder Richtungspfeil angewendet werden. Sie haben Rechteckform und sind unter oder rechts neben dem Sicherheitszeichen anzubringen.

Das Zusatzzeichen muß dieselbe Sicherheitsfarbe tragen wie das Sicherheitszeichen, dem es beigefügt wird. Schrift und Richtungspfeil sind in der entsprechenden Kontrastfarbe nach Tabelle 1 auszuführen.
Die Beschriftung muß nach TGL 0-1451 in fetter Engschrift oder fetter Mittelschrift vorgenommen werden.
Die Seitenlänge des Zusatzzeichens soll übereinstimmend mit dem Durchmesser oder der Seitenlänge des verwendeten Sicherheitszeichens gewählt werden

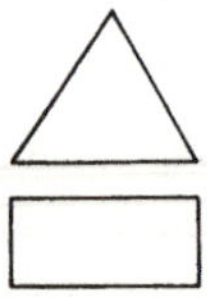

Bild 1

Zusatzzeichen unter das Warnzeichen gesetzt

Bild 2

Zusatzzeichen rechts neben das Warnzeichen gesetzt

7.2. Werkstoff

Sicherheitszeichen sind aus Werkstoffen herzustellen, die gegen die jeweiligen Umweltbedingungen im Anwendungsbereich beständig sind.
Sicherheitszeichen, die an elektrischen Anlagen verwendet werden, dürfen nicht aus elektrisch leitendem Material sein.

7.3. Beleuchtung von Sicherheitszeichen

Sicherheitszeichen, die bei Dunkelheit oder beeinträchtigter Sicht (z.B. durch Rauch, Nebel, Dampf) erkannt werden müssen, sind zu beleuchten.
Es ist zu gewährleisten, daß durch die Beleuchtung keine Veränderungen der Farbwirkung eintreten.
Beleuchtete Zeichen für Notausgänge und Brandschutzeinrichtungen sind mit vom Netz unabhängigen Stromquellen für die Beleuchtung zu versorgen.

7.4. Befestigung

Die Vorrichtungen zur Befestigung von Sicherheitszeichen müssen so stabil sein, daß die Sicherheitszeichen in ihrer ursprünglichen Lage nicht verändert werden können.

Schadstoffdokumentationstellen in der DDR

(Nach Kh. LOHS und H. SWART: „Zum Stand der Schadstoffdokumentation in der DDR", Mitt.-Bl. chem. Gesellsch. 24 (1977) 11/12 S. 262)

Institution	Datenspeicher Zahl der Stoffe	Schwerpunkte
ASMW Fachgebiet Stoffdaten 1020 Berlin Wallstraße 16 Tel. 6 70 28 91	Stoffdatenblätter des ASMW ca. 40	Physikalische, thermodynamische und Transporteigenschaften, sicherheitstechnische und arbeitshygienische Daten.
Staatliches Gesundheitswesen des Kreises Schönebeck Bereich Gesundheitsschutz in den Betrieben 3300 Schönebeck Dammstraße 8 Tel. 53 49	Stoffkartei ca. 600	Zusammensetzung, physikalische und toxikologische Daten von im Bezirk Magdeburg erzeugten oder verwendeten Industrieprodukten; Erste Hilfe.
WTZ für Arbeitsschutz beim Ministerium für Bauwesen Chem.-toxikologisches Labor 1136 Berlin Marzahner Chaussee 19—33 Tel. 5 20 13 71	Arbeitshygienische Richtlinien für das Bauwesen (ARB) ca. 200	Zusammensetzung, toxikologische und arbeitsmedizinische Daten im Bauwesen verwandter Produkte; Schutzmaßnahmen.

Institution	Datenspeicher Zahl der Stoffe	Schwerpunkte
Institut für Energetik Arbeitshygienisches Zentrum Kohle/Energie 7024 Leipzig Torgauer Straße 114 Tel. 6 82 37 23	Katalog „Toxische Schadstoffe im Bereich des Ministeriums für Kohle und Energie“ ca. 35	Physikalische und toxikologische Eigenschaften, Vergiftungssymptome, Erste Hilfe und Therapie, Schutzmöglichkeiten.
WTZ für Arbeitsschutz, Arbeitshygiene und Toxikologie in der chemischen Industrie 4000 Halle Reilstraße 27 Tel. 2 10 59	Stoffkennwertekartei des WTZ für Arbeitsschutz, ... im Aufbau	Physikalische, thermodynamische und Transporteigenschaften, sicherheitstechnische, toxikologische und arbeitsmedizinische Daten.
AdW der DDR Zentralinstitut für Krebsforschung 1115 Berlin-Buch Lindenberger Weg 80	Katalogartige Zusammenstellung kanzerogener Stoffe (in 2. Auflage)	Alle tierexperimentell ermittelten und am Menschen beobachteten kanzerogenen Wirkungen, gegliedert nach Spezies und Organen.
AdW der DDR Institut für Geographie und Geoökologie 1199 Berlin-Adlershof Rudower Chaussee 5 Tel. 6 70 28 41/37 49	Dokumentation über Agrochemikalien ca. 45	Chemische, physikalische und toxikologische Daten, Wirkungsmechanismus, Umweltverhalten, Erste Hilfe und Therapie, Gesetze.
AdW der DDR Forschungsstelle für chemische Toxikologie 7010 Leipzig Johannisallee 20 Tel. 6 59 23	Chemisch-toxikologische Schadstoffkartei ca. 250 erweiterte Form im Aufbau	Physikalische, sicherheitstechnische Daten, chemische Reaktivität, Analytik, Entgiftung, Beseitigung, Toxikologie, Erste Hilfe, Arbeitshygiene, Arbeitsschutz, Umweltschutz.

Institution	Datenspeicher Zahl der Stoffe	Schwerpunkte
Zentralinstitut für Arbeitsmedizin FB Klinische Arbeitsmedizin 1134 Berlin Nöldnerstraße 40—42 Tel. 55 81 01	Arbeitsmedizinische Stoffkartei	Physikalische, biochemische, toxikologische und arbeitsmedizinische Daten, Nachweis, Therapie.
Institut für Wasserwirtschaft 1190 Berlin Schnellerstraße 140	Wasserschadstoff-Katalog ca. 250	Physikalische und toxikologische Eigenschaften, Abbau- und Eliminierungsmöglichkeiten, hygienische u. a. Grenzwerte.
Forschungsinstitut für Hygiene und Mikrobiologie 9933 Bad Elster	Stoffkartei geplant	Toxikologie und Umweltschutz von Pestiziden, PCB, Schwermetallen, Nitrosoverbindungen u. a.
Institut für Lacke und Farben 3014 Magdeburg Fichtestraße 29 Tel. 3 25 24	Stoffdatenkartei für den Industriezweig Lacke und Farben im Aufbau	Physikalische, thermodynamische, arbeitsschutztechnische, sicherheitstechnische und toxikologische Daten, Korrosionsverhalten.
VEB Petrolchemisches Kombinat Schwedt Zentrale Schutzgütekommission 1330 Schwedt Tel. 710/29 88	Produktbeschreibung ca. 40	Physikalische, sicherheitstechnische, toxische Daten der Kombinatsprodukte; Verpackung, Schutzmaßnahmen, Transport
VEB Leuna-Werke 4220 Leuna 3 Tel. Merseburg 43/32 65	Schutzgütenachweis	Physikalische, sicherheitstechnische und arbeitshygienische Daten.

Institution	Datenspeicher Zahl der Stoffe	Schwerpunkte
Zentralstelle für Schutzgüte der VVB Chemieanlagen 8010 Dresden Ernst-Thälmann-Straße 25—29	Schutzgüte-Arbeitsmappe der Zentralstelle für . . .	Sicherheitstechnische Kennwerte, Toxikologie, Arbeitshygiene.
VEB Chemiekombinat Bitterfeld Betriebspoliklinik 4400 Bitterfeld Zörbiger Straße	Toxikologische Kartei des CK Bitterfeld ca. 500	Physikalische Daten, Toxikologie, Therapie.
VEB Gummikombinat Thüringen Abt. Inf./Dok. 5812 Waltershausen Eisenacher Landstraße 70 Tel. 510	Katalog „Schadstoffe in der Gummiindustrie“ ca. 210	Toxikologie, Arbeitshygiene, Arbeitsschutz, Erste Hilfe, Therapie, Gesetze.
VEB Arzneimittelwerk Dresden Direktionsbereich Forschung 1 8122 Radebeul Wilhelm-Pieck-Straße 191	Präparatekartei	Hersteller, Analogpräparate, Pharmakologie, Therapieerfahrungen, Nebenwirkungen, Kontraindikation, galenische Form.

Verfügungen und Mitteilungen des Ministeriums für Gesundheitswesen Nr. 6
Ausgabetag: 18. Juli 1978

Mitteilung Nr. 1
über die Einstufung chemischer Stoffe als Gifte
vom 20. Juni 1978

Nachstehende Pflanzenschutzmittel, Vorratsschutzmittel, Holzschutzmittel, Mittel zur Steuerung biologischer Prozesse und Mittel zur Bekämpfung von Gesundheitsschädlingen wurden gemäß § 5 Abs. 2 des Giftgesetzes vom 7. April 1977 (GBl. I Nr. 10 S. 103) als Gifte eingestuft:

1. Gasförmige oder Gase entwickelnde Gifte der Abteilung 1

Präparat	Wirkstoff(e)
Delicia-Gastoxin	Aluminiumphospid
Delicia-Gastoxin-Pellets	
Delicia-Kornkäfer-Begasungspräparat	
Dow-Fume MC-2	Methylbromid und Chlorpikrin
E-Methylbromid	Methylbromid[1]
Evercyn	Cyanwasserstoffsäure
Leutox	Äthylenoxid
Methylbromid mit Chlorpikrin ICC	Methylbromid und Chlorpikrin
Methylbromid ohne Chlorpikrin ICC	Methylbromid
Methylbromid SU	Methylbromid

[1] Entsteht bei der Mischung der Komponenten I (Brom, Methanol und Wasser) und II (roter Phosphor).

Präparat	Wirkstoff(e)
Methylbromid-Helm	Methylbromid und Chlorpikrin
2. Gifte der Abteilung 1	
— 1. Fungizide/Beizmittel	
Bayer 5072	Fenaminosulf
Falisan-Universal-Feuchtbeize	N,N-Bis(methylquecksilber)-p-toluolsulfamid
Falisan-Universal-Feuchtbeize 1.2	N,N-Bis(methylquecksilber)-p-toluolsulfamid
— 2. Nematizide und Bodendesinfektionsmittel	
Temik 10 G	Aldicarb
— 3. Insektizide/Akarizide	
Birlane 24 EC	Chlorfenvinphos
Birlane 25 WP	Chlorfenvinphos
Bladafum II	Sulfotepp
Celathion EC 50	Chlorthiophos
Disyston-Granulat	Disulfoton
Fekama-Dichlorvos 50	Dichlorvos
Fekama-Dichlorvos 80	Dichlorvos
Folimat	Omethoat
Furadan 75 DBS	Carbofuran
Gusathion-Spritzpulver	Azinphos-methyl
Hedolit-Konzentrat	DNOC
Helm-Endosulfan 35 e. c.	Endosulfan
Lannate 90 W	Methomyl
Nogos 50 EC	Dichlorvos
Nogos G 50 EC	Dichlorvos
Phosdrin	Mevinphos
Pol-Enolofos 50	Chlorfenvinphos
Tamaron	Methamidophos
Temik 10 G	Aldicarb
Terra Sytam	Dimefox und Schradan
Thiodan 35 flüssig	Endosulfan
Thiodan Spritzpulver 17,5%ig	Endosulfan

Präparat	Wirkstoff(e)
Tinox 50	Demephion-O und Demephion-S
Tinox 25	Demephion-O und Demephion-S
Ultracid 40 WP	Methidathion
Wofatox-Konzentrat 50	Parathion-methyl
Wofatox-Spritzpulver 30	Parathion-methyl
— 4. Herbizide/Mittel zur Steuerung biologischer Prozesse	
Aretit flüssig	Dinosebacetat
Aretit-Spritzpulver	Dinosebacetat
BNP 20	Dinoseb
Dinoseb 20	Dinoseb
Hedolit-Konzentrat	DNOC
Herbizid Leuna 30	Allylalkohol
— 5. Mittel zur Bekämpfung von Gesundheitsschädlingen	
Fekama-Dichlorvos 50	Dichlorvos
Radox-Ameisenfreßlack D 1	Natriumarsenat
— 6. Holzschutzmittel	
Dohnalit UA	(Natriumfluorid, Natriumarsenat, Kaliumdichromat, Kaliumhydrogenfluorid)
Dohnalit UA II	(Natriumfluorid, Natriumarsenat, Kaliumdichromat, Kaliumhydrogenfluorid)
3. Gifte der Abteilung 2	
— 1. Fungizide Beizmittel	
Afugan	Pyrazophos
Brestan 60	Fentinacetat und Maneb
Euparen	Dichlofluanid
Falisan-CX-Universal-Trockenbeize	Phenylquecksilberacetat und Carboxin
Falisan-HB-Universal-Trockenbeize	Phenylquecksilberacetat und Hexachlorbenzol

Präparat	Wirkstoff(e)
Falisan-Saatgut-Naßbeize	Phenylquecksilberacetat
Falisan-Universal-Trockenbeize 69	Phenylquecksilberacetat
Gamma-Falisan-Universal-Trockenbeize 69	Phenylquecksilberacetat und Lindan
FL 284	Thiram, Carboxin und Carbendazim
Trimastan	Fentinacetat und Maneb
Wolfen-Thiuram 85	Thiram
— 2. Nematizide und Bodendesinfektionsmittel	
Basamid-Granulat	Dazomet
Basamid-Pulver	Dazomet
Dicid	Metham-Natrium
Nefusan	Dazomet
Nematin	Metham-Natrium
Terra Fume	Metham-Natrium
Vapam	Metham-Natrium
Wolfen-Thiuram 85	Thiram
— 3. Insektizide/Akarizide	
Arbitex-Spritzpulver	Lindan
Arbitol-Aerosprühmittel	Lindan und Polychlorcamphen
bercema-Aero-Super	DDT und Lindan
bercema-Becosal	DDT
bercema-Raps-Inkrustiermittel	Lindan
bercema-Spritzaktiv-Emulsion	DDT und Lindan
bercema-Spritz-Lindan 50	Lindan
bercema-Spritzpulver NMC 50	Carbaryl
bercema-Zwiebel-Bekrustal	DDT
Bi 58 EC	Dimethoat
Croneton	Ethiophencarb
Cumflinex	Dichlorvos
Delicia-Defog 70	Lindan

Präparat	Wirkstoff(e)
Delicia-Fribal-Emulsion	Polychlorcamphen
Despirol	Kelevan
Dimethoat-Nebelmittel	Dimethoat
Dratex	Lindan
Duplexan-Spritzpulver	DDT und Lindan
FC 7402	Butonat
Fekama-Butonat	Butonat
Fekama-Naled EC	Naled
Fekama-Spezial neu	Dichlorvos und Lindan
Flugzeugsprühmittel FIP	Dimethoat
Gammakarbatox 50 WP	Carbaryl und Lindan
HL-Spritz- und Gießmittel	Lindan
Imidan 50 WP	Phosmet
Karbatox-extra P 75	Carbaryl und Chlorfenvinphos
Kombinal TO	Tributylzinnoxid
Melipax-Aerosprühmittel	Polychlorcamphen
Melipax-Spritzmittel	Polychlorcamphen
Metation E-50	Fenitrothion
Mitac 20	Amitraz
Oleo-Wofatox	Parathion-methyl
Padan 50 SP	Cartap-hydrochlorid
Pirimor 50 DP	Pirimicarb
Pirimor-Räucherdose	Pirimicarb
Previcur	Prothiocarb-hydrochlorid
Wofatox-Aerosprühmittel	Parathion-methyl
Wofatox-Spritzmittel	Parathion-methyl
Wotexit 80 SP	Trichlorfon
Wotexit-Spritzmittel	Trichlorfon
— 4. Mittel zur Vogelabwehr	
Delicia-Sperlingsweizen	Strychninnitrat
— 5. Rodentizide	
Delicia-Fribal-Emulsion	Polychlorcamphen
Delicia-Fribal-Staub 20	Polychlorcamphen
Delicia-Giftgetreide	Zinkphosphid
Delicia-Ratron-Compact	Warfarin
Delicia-Ratron-Fertigköder	Warfarin
Delicia-Ratron-Köder G	Warfarin

Präparat	Wirkstoff(e)
Delicia-Ratron-Köder	Warfarin
Delicia-Ratron-Streumittel	Warfarin
Delicia-Rattekal-Paste	Zinkphosphid
Delicia-Wühlmauspräparat	Zinkphosphid
Melipax-Spritzmittel	Polychlorcamphen
— 6. Herbizide	
Bi 3411 neu	Chloralhydrat und Chloralmethylhalbacetat
Bidisin forte	Chlorfenpropmethyl
Carbyne	Barban
Gramoxone	Paraquat
Gulf Barban	Barban
Lasso	Alachlor
Mezopur	Methazol
Ramrod	Propachlor
Reglone	Diquat
Selest	2,4,5-T und 2,4-D
Selest 100	2,4,5-T und 2,4-D
SYS 67 Actril P	Ioxynil und Dichlorprop
SYS 67 B	2,4-DB
SYS 67 Buctril A	MCPA und Bromoxynil
SYS 67 Buctril P	Bromoxynil und Dichlorprop
SYS 67 MB	MCPB
SYS 67 Oxytril C	Mecoprop, Bromoxynil und Ioxynil
SYS 67 Prop-Amin	Dichlorprop
Voraussaatherbizid Bi 3411	Chloralhydrat
— 7. Mittel zur Steuerung biologischer Prozesse	
bercema CCC	Chlormequat
Dicid	Metham-Natrium
Gramoxone	Paraquat
Nematin	Metham-Natrium
Reglone	Diquat
Terra Fume	Metham-Natrium
Vapam	Metham-Natrium
— 8. Mittel zur Bekämpfung von Gesundheitsschädlingen	
Baygon EC	Propoxur

Präparat	Wirkstoff(e)
Bi 58 EC	Dimethoat
Delicia-Defog 70	Lindan
Delicia-Spezial-Aerosol	Lindan, Pyrethrum und Piperonylbutoxid
Flibol E	Trichlorfon
— 9. Holzschutzmittel	
Dohnalit FPI	(Kaliumhydrogenfluorid, Ammoniumbromid, Ammoniumsulfat, Diammoniumphosphat)
Dohnalit U	Natriumfluorid, Kaliumdichromat
Dohnalit Ull	(Natriumfluorid, Kaliumhydrogenfluorid, Kaliumdichromat)
Hylotox IP	Pentachlorphenol, DDT
Hylotox IP-braun	Pentachlorphenol , DDT
Hylotox S	Pentachlorphenolnatrium
Kombinal TO	Tributylzinnoxid, Monochlorbenzol
Kombinal TO-natur	Tributylzinnoxid, Monochlorbenzol
Kulbalat farbig	Pentachlorphenol
Ricolit DT 420	Öl- und Teergemisch
Vogel Fluat	Zinkhexasilikofluorid

Hauptabteilung Hygiene und Staatliche Hygieneinspektion
MR Dr. Theodor
Direktor und Haupthygieniker

Weiterführende Literatur

Ahrens, G.: „*Giftgesetz und Giftverkehr*", Barth-Verlag, Leipzig 1979

Braun, W., A. Dönhardt: „*Vergiftungsregister*", Thieme-Verlag, Stuttgart, 2. Auflage 1975

Klimmer, O. R., „*Pflanzenschutz- und Schädlingsbekämpfungsmittel. Abriß einer Toxikologie und Therapie von Vergiftungen*", Hundt-Verlag, Hattingen/Ruhr, 2. Aufl. 1971

Ludewig, R., Kh. Lohs: „*Akute Vergiftungen*", VEB Fischer-Verlag, 4. Aufl., Jena 1974

Moeschlin, S.: „*Klinik und Therapie der Vergiftungen*", Thieme-Verlag, 5. Auflage, Stuttgart 1972

Register

Bei Fragen zur Produktsicherheit wenden Sie sich bitte an:
If you have any questions regarding product safety,
please contact:

Walter de Gruyter GmbH
Genthiner Straße 13
10785 Berlin
productsafety@degruyterbrill.com